应用型本科市场营销专业精品系列规划教材

公共关系学

主　编　周小波　曾　霞　芦亚柯
副主编　但秀丽　叶菲菲　杨仕梅　李红瑛
参　编　沈泽梅　李晓楠　曹红梅　邹　卒

北京理工大学出版社
BEIJING INSTITUTE OF TECHNOLOGY PRESS

内容简介

本书介绍的主要内容包括公共关系概述、公共关系目标、公共关系三要素、公共关系沟通技能、公共关系工作程序、公共关系CIS战略、危机公共关系、公共关系专题活动、互联网公共关系、公共关系礼仪。本书内容通俗、可读性强、生动、易懂，并强调应用性和时代性。

本书可作为高等学校管理类专业应用型本科教材，也可作为公共关系公司员工或从事公共关系相关工作的职员学习公共关系理论和增强公共关系能力的辅助材料，还可作为社会组织的管理者和员工培养公共关系意识和规范职场行为的参考书。

版权专有　侵权必究

图书在版编目（CIP）数据

公共关系学/周小波，曾霞，芦亚柯主编．—北京：北京理工大学出版社，2018.1（2018.2重印）

ISBN 978-7-5682-5250-8

Ⅰ.①公⋯　Ⅱ.①周⋯ ②曾⋯ ③芦⋯　Ⅲ.①公共关系学-高等学校-教材　Ⅳ.①C912.31

中国版本图书馆CIP数据核字（2018）第015342号

出版发行 /	北京理工大学出版社有限责任公司
社　　址 /	北京市海淀区中关村南大街5号
邮　　编 /	100081
电　　话 /	（010）68914775（总编室）
	（010）82562903（教材售后服务热线）
	（010）68948351（其他图书服务热线）
网　　址 /	http://www.bitpress.com.cn
经　　销 /	全国各地新华书店
印　　刷 /	北京紫瑞利印刷有限公司
开　　本 /	787毫米×1092毫米　1/16
印　　张 /	16
字　　数 /	378千字
版　　次 /	2018年1月第1版　2018年2月第2次印刷
定　　价 /	42.00元

责任编辑 / 李志敏
文案编辑 / 赵　轩
责任校对 / 黄拾三
责任印制 / 施胜娟

图书出现印装质量问题，请拨打售后服务热线，本社负责调换

前言

公共关系学是一门实践性、应用性很强的课程，于19世纪末20世纪初发端于美国，随后又向世界各国广泛传播。20世纪80年代初公共关系学传入中国，到20世纪90年代公共关系理论已经发展得比较成熟。目前公共关系已被广泛地应用于社会的各个领域，许多优秀的企业对公共关系的运用已经十分娴熟，并对企业的发展起到了重要的推动作用。公共关系学主要研究社会组织在发展中与社会公众之间的关系，包含公众关系组织的建立、公共关系活动规律的把握、公共关系活动方法与手段的运用等，所涉及的专业知识包括营销学、广告学、社会学、心理学、政治学和经济学等。

本书在编写过程中，力求突出以下特点：

1. 理论与实践相结合

本教材特别强调理论与实践的结合，重要的章节都有实训内容，考虑到我国大学生的文化背景和在基础教育阶段养成的吸纳知识的习惯，增强了趣味性。尤其是精选的实例，都富有哲理和时代感，耐人寻味，能让学生在轻松的氛围中得到思想启迪与营销智慧。注重培养学生的分析能力和公共关系基本技能，使学生能够更好地把理论知识应用于实践，在案例分析和技能训练中，及时检验对相关内容的掌握程度，提高公共关系实践能力，适应未来公共关系工作的需要，体现了"实践—理论—再实践"的认知学习规律。

2. 教材体系完整、严密

在体系上，旨在帮助学生掌握本课程的主干内容，同时可极大诱发学生学习的自主性、积极性，由过去教师讲、学生听的被动行为变为学生的主动探索行为，使学生通过课程学习逐步养成职业能力，完成"从实践到理论、从具体到抽象、从个别到一般"和"提出问题、解决问题、归纳总结"的教学程序。因此，学生在学习本书时要按"掌握、熟悉、了解"三个层次要求进行：掌握，要求学生非常清楚地理解有关知识和技能并能够灵活运用；熟悉，要求学生理解有关知识和技能；了解，要求学生知道有关知识和技能。

3. 内容新颖

在内容上，每个章节的安排先点明学习目标与主要内容，通过最新、最典型的案例引出目标内容。教学内容先进、重点突出，结构清晰、层次分明，表述深入浅出，用平实的语言阐释高深的理论，信息传递高效简洁。在做到学习情境与职业情境紧密结合的同时，注意行文的活泼与优美，使其具有可读性。尽量运用形象化、具体化的语言，使学生可以直观、形象地获取知识。值得一提的是，书中用了很大的篇幅，强调互联网公共关系的迅速发展对该领域各个方面造成的冲击，增加了本书的实用性和时代感。通过本书的学习，学生不仅能理解、掌握公共关系基本理论和专业知识，而且能运用公共关系理论去发现问题、分析问题和解决问题，培养公共关系职业素养，提高公共关系职业技能。

本书由周小波、曾霞、芦亚柯担任主编并设立基本框架，但秀丽、叶菲菲、杨仕梅、李红瑛担任副主编。具体编写分工如下：曾霞编写第一章、第二章、第五章，周小波编写第七章、第九章，芦亚柯编写第三章、第十章，但秀丽编写第四章，叶菲菲编写第六章、第八章，杨仕梅、李红瑛、沈泽梅、李晓楠、曹红梅、邹卒共同收集素材、整理图片。全书由周小波、芦亚柯统一加工整理，最后由周小波编审定稿。

本书编写过程中参阅了论著、报纸、杂志、网站上的一些相关资料，恕不能一一列举，这里谨向相关作者表示深深的敬意和由衷的感谢！由于编者水平有限，加之时间仓促，书中疏漏与不妥之处在所难免，敬请有关专家和读者批评指正。

编 者

课时分配建议表

序号	章节	教学内容	学习要点		课时
1	第一章	公共关系概述	第一节	公共关系的概念	4
			第二节	公共关系学的研究对象及研究内容	
			第三节	公共关系学的学科特点及其相关学科	
			第四节	公共关系的职能和基本原则	
2	第二章	公共关系目标	第一节	公共关系目标概述	6
			第二节	公共关系基本核心目标——塑造组织形象	
			第三节	公共关系三大量化目标	
3	第三章	公共关系三要素	第一节	公共关系的主体——社会组织	6
			第二节	公共关系的客体——公众	
			第三节	公共关系的媒介——传播	
4	第四章	公共关系沟通技能	第一节	公共关系沟通概述	6
			第二节	公共关系沟通原则	
			第三节	公共关系沟通方式	
			第四节	公共关系沟通障碍	
			第五节	公共关系沟通策略	
5	第五章	公共关系工作程序	第一节	公共关系调查	8
			第二节	公共关系策划	
			第三节	公共关系实施	
			第四节	公共关系评估	
6	第六章	公共关系CIS战略	第一节	名牌战略	6
			第二节	CIS战略	
			第三节	CIS的构成要素及设计	
			第四节	CIS的导入	
7	第七章	危机公共关系	第一节	危机公共关系概述	8
			第二节	危机公共关系组织	
			第三节	危机预防机制	
			第四节	公共关系危机处理	
			第五节	危机事件修复	

续表

序号	章节	教学内容	学习要点		课时
8	第八章	公共关系专题活动	第一节	公共关系专题活动概述	8
			第二节	庆典活动	
			第三节	展销会	
			第四节	新闻发布会	
			第五节	赞助	
9	第九章	互联网公共关系	第一节	互联网公共关系概述	6
			第二节	互联网公共关系的方式	
			第三节	互联网公共关系技巧	
			第四节	互联网公共关系的发展与转型	
10	第十章	公共关系礼仪	第一节	公共关系礼仪概述	6
			第二节	形象礼仪	
			第三节	见面礼仪	
			第四节	语言礼仪	
			第五节	通信礼仪	
			第六节	商务礼仪	
		课时总计			64

上述学时分配仅供参考，建议教师根据本校具体课时要求和教学需要，在讲解时整合相关章节的内容。

目 录

第一章 公共关系概述 ··· (1)

第一节 公共关系的概念 ·· (3)
  一、公共关系概念的引出 ··· (3)
  二、公共关系的定义 ··· (3)
  三、公共关系的构成要素 ··· (5)
  四、公共关系的特征 ··· (6)

第二节 公共关系学的研究对象及研究内容 ··· (7)
  一、公共关系学的研究对象 ·· (8)
  二、公共关系学的研究内容 ·· (8)

第三节 公共关系学的学科特点及其相关学科 ····································· (9)
  一、公共关系学的学科特点 ·· (9)
  二、公共关系学与相关学科 ·· (9)
  三、公共关系学与相关学科概念和实践范畴的辨析 ··························· (11)

第四节 公共关系的职能和基本原则 ··· (13)
  一、公共关系的职能 ··· (13)
  二、公共关系的基本原则 ·· (15)
  三、公共关系有所不为 ··· (16)

第二章 公共关系目标 ··· (19)

第一节 公共关系目标概述 ··· (20)
  一、公共关系目标的定义 ·· (20)
  二、确定公共关系目标的意义 ··· (20)
  三、确定公共关系目标的依据 ··· (21)
  四、公共关系目标的分类 ·· (21)

第二节 公共关系基本核心目标——塑造组织形象 ··························· (23)

| 一、组织形象概述 ……………………………………………… (24)
    二、塑造组织形象 ……………………………………………… (27)
  第三节 公共关系三大量化目标 ………………………………… (29)
    一、公共关系三大量化目标的内涵 …………………………… (30)
    二、公共关系三大量化目标的意义 …………………………… (33)

第三章 公共关系三要素 ……………………………………… (36)
  第一节 公共关系的主体——社会组织 ………………………… (37)
    一、社会组织概述 ……………………………………………… (38)
    二、公共关系组织机构 ………………………………………… (40)
    三、公共关系人员 ……………………………………………… (42)
  第二节 公共关系的客体——公众 ……………………………… (47)
    一、公众的含义及相关概念 …………………………………… (47)
    二、组织目标公众 ……………………………………………… (52)
  第三节 公共关系的媒介——传播 ……………………………… (58)
    一、公共关系与传播 …………………………………………… (59)
    二、公共关系传播媒介 ………………………………………… (61)
    三、公共关系传播效果 ………………………………………… (64)

第四章 公共关系沟通技能 …………………………………… (69)
  第一节 公共关系沟通概述 ……………………………………… (70)
    一、沟通的含义与作用 ………………………………………… (70)
    二、公共关系沟通的含义与特征 ……………………………… (71)
  第二节 公共关系沟通原则 ……………………………………… (71)
    一、互动原则 …………………………………………………… (72)
    二、共感原则 …………………………………………………… (72)
    三、整合原则 …………………………………………………… (72)
    四、实效原则 …………………………………………………… (72)
  第三节 公共关系沟通方式 ……………………………………… (73)
    一、公共关系的语言沟通 ……………………………………… (73)
    二、公共关系的非语言沟通 …………………………………… (75)
    三、企业公共关系沟通模式 …………………………………… (77)
  第四节 公共关系沟通障碍 ……………………………………… (78)
    一、沟通障碍 …………………………………………………… (78)
    二、公共关系沟通中存在的障碍 ……………………………… (80)
  第五节 公共关系沟通策略 ……………………………………… (82)
    一、沟通主体策略 ……………………………………………… (82)
    二、沟通客体策略 ……………………………………………… (84)

第五章 公共关系工作程序 (88)

第一节 公共关系调查 (89)
一、公共关系调查的意义 (89)
二、公共关系调查的内容 (91)
三、公共关系调查的程序 (94)
四、公共关系调查的方法 (95)

第二节 公共关系策划 (97)
一、公共关系策划概述 (97)
二、公共关系策划的步骤 (101)
三、公共关系策划方案的撰写 (107)

第三节 公共关系实施 (113)
一、公共关系实施的含义、意义与要求 (113)
二、公共关系实施的特点 (115)
三、公共关系实施障碍的排除 (116)

第四节 公共关系评估 (118)
一、公共关系评估的意义与作用 (118)
二、公共关系评估的内容 (120)
三、公共关系评估的方法 (122)
四、公共关系评估的程序 (123)
五、公共关系评估结果报告 (124)

第六章 公共关系 CIS 战略 (128)

第一节 名牌战略 (129)
一、名牌的含义 (129)
二、名牌战略的必要性 (131)
三、名牌战略的效应 (132)
四、名牌战略的特征 (132)

第二节 CIS 战略 (133)
一、CIS 战略的含义 (133)
二、CIS 战略的发展 (134)
三、CIS 战略的特征 (134)
四、CIS 战略与中国经济的发展 (135)

第三节 CIS 的构成要素及设计 (138)
一、企业理念识别 (138)
二、企业行为识别 (140)
三、企业视觉识别 (141)

第四节 CIS 的导入 (144)

一、导入 CIS 的准备 …………………………………………………（144）
　　二、CIS 的企划 ……………………………………………………（145）
　　三、CIS 的发布 ……………………………………………………（146）

第七章　危机公共关系 …………………………………………（151）

第一节　危机公共关系概述 ……………………………………（154）
　　一、危机公共关系的定义 ………………………………………（154）
　　二、公共关系危机事件的特点 …………………………………（155）
　　三、公共关系危机的类型 ………………………………………（157）
　　四、公共关系危机成因 …………………………………………（158）

第二节　危机公共关系组织 ……………………………………（159）
　　一、危机公共关系组织的构成 …………………………………（159）
　　二、危机管理小组 ………………………………………………（161）

第三节　危机预防机制 …………………………………………（162）
　　一、树立危机意识 ………………………………………………（162）
　　二、建立预警系统 ………………………………………………（163）
　　三、制订危机预案 ………………………………………………（164）

第四节　公共关系危机处理 ……………………………………（165）
　　一、公共关系危机处理的意义 …………………………………（165）
　　二、公共关系危机的发展阶段 …………………………………（166）
　　三、公共关系危机处理的原则 …………………………………（166）
　　四、公共关系危机处理的程序 …………………………………（168）
　　五、危机公共关系传播 …………………………………………（169）

第五节　危机事件修复 …………………………………………（172）
　　一、开展活动挽回形象 …………………………………………（172）
　　二、危机工作评价与总结 ………………………………………（173）

第八章　公共关系专题活动 ……………………………………（176）

第一节　公共关系专题活动概述 ………………………………（177）
　　一、公共关系专题活动的主要特征、目的和主题 ……………（177）
　　二、公共关系专题活动筹划 ……………………………………（179）

第二节　庆典活动 ………………………………………………（180）
　　一、庆典活动的作用 ……………………………………………（180）
　　二、庆典活动的类型 ……………………………………………（181）
　　三、庆典活动的程序 ……………………………………………（182）
　　四、举办庆典活动的注意事项 …………………………………（183）

第三节　展销会 …………………………………………………（184）
　　一、展销会的作用 ………………………………………………（184）

二、展销会的特点 ·· (185)
　　三、展销会的类型 ·· (185)
　　四、展销会的组织实施 ······································ (186)
第四节　新闻发布会 ·· (189)
　　一、新闻发布会的含义和来源 ································ (189)
　　二、新闻发布会的特点 ······································ (189)
　　三、新闻发布会的组织实施 ·································· (190)
　　四、新闻发布会的注意事项 ·································· (192)
第五节　赞助 ·· (194)
　　一、赞助的作用 ·· (194)
　　二、赞助活动的类型 ·· (195)
　　三、赞助的形式 ·· (196)
　　四、赞助应注意的问题 ······································ (196)

第九章　互联网公共关系 ·· (198)

第一节　互联网公共关系概述 ···································· (199)
　　一、互联网及其时代特征、互联网思维、互联网传播特点 ········ (199)
　　二、互联网公共关系内涵 ···································· (204)
　　三、互联网公共关系的特点 ·································· (207)
　　四、互联网公共关系的发展历程 ······························ (207)
　　五、网络时代公共关系应该注意的问题 ························ (208)
第二节　互联网公共关系的方式 ·································· (209)
　　一、传统互联网公共关系的方式 ······························ (210)
　　二、新媒体时代公共关系的方式 ······························ (210)
　　三、互联网公共关系效果评估 ································ (212)
第三节　互联网公共关系技巧 ···································· (213)
　　一、"三讲" ··· (213)
　　二、"三有" ··· (214)
　　三、"三招" ··· (216)
第四节　互联网公共关系的发展与转型 ···························· (219)
　　一、互联网时代公共关系发展趋势 ···························· (219)
　　二、互联网时代公共关系的新契机与挑战 ······················ (221)
　　三、互联网背景下的公共关系行业转型 ························ (222)

第十章　公共关系礼仪 ·· (224)

第一节　公共关系礼仪概述 ······································ (225)
　　一、公共关系礼仪的含义 ···································· (225)
　　二、公共关系礼仪的重要性 ·································· (226)

第二节　形象礼仪 …………………………………………………………… (227)
　　一、卫生礼仪 ……………………………………………………………… (227)
　　二、举止礼仪 ……………………………………………………………… (227)
　　三、服饰礼仪 ……………………………………………………………… (231)
第三节　见面礼仪 …………………………………………………………… (232)
　　一、介绍 …………………………………………………………………… (232)
　　二、称呼 …………………………………………………………………… (232)
　　三、握手 …………………………………………………………………… (233)
　　四、名片 …………………………………………………………………… (234)
第四节　语言礼仪 …………………………………………………………… (234)
　　一、公共关系语言中的聆听礼仪 ………………………………………… (234)
　　二、公共关系语言中的说话礼仪 ………………………………………… (235)
第五节　通信礼仪 …………………………………………………………… (236)
　　一、打电话 ………………………………………………………………… (236)
　　二、接电话 ………………………………………………………………… (236)
　　三、使用手机的礼仪 ……………………………………………………… (237)
第六节　商务礼仪 …………………………………………………………… (237)
　　一、接待礼仪 ……………………………………………………………… (237)
　　二、宴请礼仪 ……………………………………………………………… (239)

参考文献 …………………………………………………………………… (243)

第一章

公共关系概述

★ 学习目标

　　知识目标：了解公共关系的基本概念，公共关系学的研究对象、研究内容；了解现代公共关系发展的过程；掌握构成公共关系的三要素及相关特征，明确公共关系工作的类型。
　　技能目标：学会为组织营造良好的社会环境。
　　素养目标：具有运用公共关系学的相关知识去分析公共关系活动的意识。

★ 建议课时

4课时。

★ 案例导入

上海世博会之中国馆
——"东方之冠" 鼎盛中华

　　2010年世博会以空前壮丽的景象在中国上海拉开了帷幕，相比奥运会的竞技场，这是一次无以比拟的大派对。4月30日晚开幕式进行到第三章"世界共襄"，当新西兰毛利歌舞团、索韦托非洲合唱团以及美国、日本等国家的演员像在自己的家乡一样在舞台上欢歌劲舞时，人们可以感受到从北京奥运到上海世博一种精神和专业的延续、深化和拓展。
　　从世博园浦东主入口一进场就能看到中国馆。馆体造型雄浑有力，宛如华冠高耸，通体披上鲜亮的红色，又似一只展翅翱翔的火凤凰。上海世博会中国馆以城市发展中的中华智慧为主题，表现出东方之冠、鼎盛中华、天下粮仓、富庶百姓的中华文化精神与气质。
　　国家馆外形与国家气质是息息相关的。中国馆让公众对中国的斗拱、斗冠等形成联想，因而被命名为"东方之冠"。这种斗拱的造型，也寓意着"天下粮仓"的美好夙愿，表现中华民族同舟共济的民族精神和强大凝聚力。"庄严、大气、华美"是中国馆的设计构想。中国馆设计师何镜堂在设计时考虑了中国馆的形象功能,既要体现中华文化和中国泱泱大国的形象,也要避免庄重严肃给人以压迫感。所以将中国馆设计为架空升起、居中鼎立的形式,并采用层层悬挑的结构。中国馆造型上还有其他一些传统文化符号,比如,通风口做成了红色印章的造型,这在中国建筑史上是个创举。馆的四面各覆以"叠篆文字",文字内容分别是东、南、西、北以及二十四节气,体现出中国的传统文化。

馆身采用了极具中国元素的"中国红",在红色渐次加深下,凸显了层次感和空间感。"中国红"让公众从中了解中国人特有的文化观念,在中国的古老文化里,红色代表喜庆、盛大、吉祥。中国馆的"中国红"不仅是源自古老的传承,也是对现代中国的祝福,"火红的中国必将引燃火红的世界"。中国馆最终披上的"中国红",象征着中华民族热忱、奋进、团结的民族品格,可以视为对"中国红"概念的经典诠释。

中国馆的展示以"寻觅"为主线,参观者行走在"东方足迹""寻觅之旅""低碳行动"三个展区,可以从中发现并感悟城市发展中的中华智慧。著名学者吴良镛指出,中国城市文化之博大和高远,并没有在当今世界得到普遍承认,在世博会上,中国馆理应宣扬中国城市的传统文化。

"天亮了,在疏林薄雾中,两个脚夫赶着驮炭的毛驴,缓缓走向城门,此时,虹桥上已是熙熙攘攘的人流。太阳升起,一行轿夫抬着主人走向集市,西域回来的商人牵着一队骆驼进城⋯⋯"在"东方足迹"展区,100多米长的电子动态画《清明上河图》让人惊喜,游客仿佛穿越历史时空,置身于北宋汴京繁荣的城市风情中。从宁静的郊区一直到热闹的城内街市,汴京各阶层人民的生活得以展示,一千多年前汴京繁荣的城市面貌和生活气息如在眼前。来到"低碳行动"展区,参观者有了新奇的低碳体验。一只"地球"形状的圆形显示屏上,展示了地球正面临着的种种遭遇,诸如地震、海岛被淹没、北极熊灭绝等。这里还展出了风能、海藻生物、光能等清洁能源的利用技术。通过一场"低碳行动"的体验,展现中国应对环境和气候变化的认知和努力,表现中国人应对未来城市化挑战的信心与勇气。

(资料来源:张云强. 中国馆:东方之冠 鼎盛中华 [N]. 济南日报,2010-04-28(14))

案例分析:

中国馆是展示中国形象的亮丽名片,也是办好上海世博会的重点。中国馆馆长徐沪滨认为,中国馆努力展示出中华民族5000年的灿烂文明和现代成就,在这个基础上诠释城市发展中"自强不息、厚德载物、和而不同、师法自然"的特点。

世博会这样的政府项目所带动的公共关系机会无疑是巨大的。主办政府,参展的国际、国内政府及民间组织,以及大量的参展商和赞助企业,在不同的轨道上共同把对于战略、形象、沟通的公共关系需求交织成了一张巨大的世博公共关系传播网络,以中国为核心覆盖并延伸至世界各个角落。

公共关系是现代社会发展的产物,而它的出现又推动了现代社会的发展。开展现代公共关系理论研究和社会实践,具有重要的意义。随着我国进入全面建设小康社会、加快推进社会主义现代化新的发展阶段,公共关系以其独特的功能和魅力,越来越广泛地应用于社会生活的各个领域,成为市场经济发展的催化剂和竞争的强有力手段。

第一节　公共关系的概念

一、公共关系概念的引出

公共关系简称"公关",是由英文"Public Relations"翻译而来的,既可以理解为"与公众的关系",也可以理解为"公众间的关系"。随着历史的推移,英文 Public Affairs、Public Communication 也被译为公共关系。公共关系逐步发展,并被赋予了越来越多的内容。

中文中的"公共关系"也是多义词,因此对公共关系含义的理解和定义的表述也必然是多层次的。这一概念至少有几层含义,例如:

(1) 长城饭店的公共关系不错(指静态评价)。
(2) 张三是干公共关系的(指职业)。
(3) 李四是学公共关系的(指学科)。
(4) 王五很有公共关系头脑(指观念意识)。
(5) A 公司赞助希望小学是在搞公共关系(指活动、专项活动)。
(6) 尼克松下台是公共关系的失败(指形象和舆论环境)。
(7) 刘老师写了本《公共关系》(指公共关系理论)。
(8) 有人说,张骞通西域、郑和下西洋就是中国的公共关系(指古代不自觉的"公共关系萌芽")。

根据近 20 年的研究成果,公共关系这个概念至少可以归纳为以下几层含义:

(1) 公共关系是一种状态。有人说,世界上有了两个人就有了人际关系,有了两个集团、组织,就有了"公共关系"。也就是说,公共关系是一种客观存在,是自古就有的,不管你承认与否,它都会影响组织的生存与发展。

(2) 公共关系是一种活动。当人们逐步认识到外界关系的重要性,并主动去调整这种关系时,就产生了一些类似于现代公共关系的活动。这些活动可视为公共关系实务的前奏。但是,尽管它们自古就存在,却都不是自觉的公共关系活动,而只是一种谋求发展的本能与努力。只有现代科学的公共关系产生之后的自觉的公共关系活动才被统称为公共关系实务。

(3) 公共关系是一种职业。1903 年,艾维·李创立宣传事务所,以收费的形式为企业进行公共关系策划,公共关系职业由此正式诞生,艾维·李也被誉为"公共关系之父"。

(4) 公共关系是一门学科。1923 年,著名公共关系教育家、实践家爱德华·伯纳斯出版了世界上第一本公共关系专著《舆论明鉴》,并在纽约大学开设了公共关系课。这是对公共关系实践的总结与提炼,是公共关系的飞跃性发展与突破。

(5) 公共关系是一种意识、观念与思想。公共关系状态的客观存在、公共关系实践的发展与理论的日渐深入人心,使公共关系的观念得以逐步传播。公共关系观念作为人类精神文明的一种成果为越来越多的人所接受,对社会的进步和发展起着日益重要的作用。

二、公共关系的定义

关于公共关系的定义,国内外公共关系学者没有一个公认的统一的标准。仁者见仁,智者见智，众说纷纭。可以说有多少公共关系著作，就有多少种公共关系的定义。通过对几种公共关系定义的列举可以看出，尽管公共关系作为一种职业活动，已有百年多的历史，作为一门学科，也有近百年的历史，但时至今日，人们很难找出一个能够被所有人认同的科学定义。我们列举国内外流行的几种公共关系的定义，透过不同定义所强调的侧面，可以看到公共关系的多维实质。

（一）各国公共关系学会、协会下的定义

1. 美国公共关系学会下的四则定义

（1）"公共关系是企业管理机构经过自我检讨与改进后，将其态度公诸社会，借以获得顾客、员工及社会的好感和了解这样一种经常性的工作。"

（2）"首先，公共关系是一个人或一个组织为获取大众的信任与好感，借以迎合大众的兴趣而调整其政策与服务方针的一种经常性的工作。其次，公共关系是将此种已调整的政策与服务方针加以说明，以获得大众了解与欢迎的一种工作。"

（3）"公共关系是一种技术，此种技术在于激发大众对于任何一个人或一个组织的了解而对之发生信任。"

（4）"公共关系是工商管理机构用以测验大众态度，检查本企业的政策与服务方针是否得到大众的了解与欢迎的一种职能。"

2. 英国公共关系协会下的定义

"公共关系是实施一种积极的、有计划的以及持久的努力，以建立及维护一个机构与其公众之间的相互了解。"

3. 国际公共关系协会下的定义

"公共关系是分析趋势，预测结果，为组织领导提供决策咨询，执行既有利于组织又有利于公众的行动计划的艺术和科学。"

（二）大型辞书下的定义

1. 《韦伯斯特20世纪新辞典》下的定义

"公共关系是通过宣传与一般公众建立的关系；是公司、组织或军事机构等向公众报告它的活动、政策等情况，企图建立有利的公众舆论的职能。"

2. 《大英百科全书》下的定义

"公共关系是旨在传递有关个人、公司、政府或其他组织的信息，并改善公众对其态度的种种政策或行动。"

（三）国外著名学者下的定义

（1）斯科特·卡特李普和阿伦·森特在其合著的《实用公共关系学》中下的定义："公共关系是一种通过优良的品格和负责的行为来影响公众舆论的有计划的努力，它建立在双方满意的双向交流的基础上。"

（2）莱克斯·哈罗博士在分析了472个公共关系定义后提出的定义："公共关系是一种特殊的管理功能。它在一个组织及其公众之间建立并保持双向的传播、谅解、接受与合作；它参与处理各种问题与矛盾；它帮助管理部门及时了解舆论并做出反应；它明确和强调管理部门为公众利益服务的责任；它帮助管理部门随时掌握并有效地利用变化的形势，帮助预测发展趋势，以作早期警报系统。"

（3）弗兰克·杰弗金斯在他撰写的《公共关系学》一书中提出的定义："公共关系是一个组织为了达到与它的公众之间互相了解的确定目标，而有计划地采用一切向内和向外的传播方式的总和。"

（四）国内学者下的定义

1. 居延安所著《公共关系学导论》中的定义

"公共关系是一个社会组织用传播手段使自己与公众相互了解和相互适应的一种活动或职能。"

2. 毛经权主编的《公共关系》中的定义

"公共关系是一个组织运用各种传播手段，在组织与社会公众之间建立相互了解和依赖的关系，并通过双向的信息交流，在社会公众中树立良好的形象和声誉，以取得理解、支持和合作，从而有利于促进组织本身目标的实现。"

3. 方宏进所著《公共关系原理》中的定义

方宏进认为没有必要在众多的公共关系定义之外再重下一个定义。但提出了对公共关系四个方面的理解："目的：争取公众的理解与支持；作用：发挥管理的职能；工作方式：有计划的主动行动；具体工作：对话与交流等双向沟通。"

（五）本书关于公共关系定义的阐述

上述公共关系定义没有哪两条是完全相同的，它们各有侧重。归纳起来，我们基本上可以从中看出公共关系的本质、任务、职能、目标和基本精神，从而得出一个完整的公共关系的概念。

（1）公共关系在本质上是一个组织借助传播手段开展的一种管理活动。

（2）公共关系的任务是协调一个组织和它的各类公众之间的关系。

（3）公共关系的职能是在收集信息的基础上，评估一个组织实施的政策和行为在公众中产生的影响，进而提出公共关系活动的具体目标和计划，通过传播沟通的实践活动将其目标和计划付诸实施，最后通过收集反馈信息，对下一步行动进行设计。

（4）公共关系的目标是为组织树立良好形象，获得内外公众的信任与支持，创造最佳的社会环境。

（5）公共关系的基本精神是诚实、开放、互惠互利。

根据上述认识，笔者给公共关系下这样的定义：公共关系是组织在经营管理中运用信息传播沟通媒介，促进组织与相关公众之间的双向了解、理解、信任与合作，为组织机构树立良好的公众形象的管理活动。这个定义反映了公共关系的三个本质特征：公共关系是一种"公众"关系；公共关系是一种传播活动；公共关系是一种管理职能。

三、公共关系的构成要素

公共关系是由社会组织、公众、传播三个要素构成的。

（1）社会组织。社会组织是指各种政治组织、经济组织、军事组织、文化团体及民间组织等具体机构。社会组织可以发起和从事公共关系活动，是公共关系的主体。

（2）公众。公众是指与公共关系主体发生相互作用，其成员面临着某种共同问题、共同利益的社会群体。公众对社会组织的生存、发展具有实际的或潜在的利害关系。社会组织的公共关系活动，就是要与这些有关公众搞好关系，它们是公共关系活动的对象，是公共关系的客体。

（3）传播。传播是指社会组织为了达到某个目标而运用现代化大众传播媒介和传播工具与公众进行信息、思想和观念传递的过程。传播手段是沟通联络公共关系主、客体之间的中介和桥梁。

社会组织、公众、传播这三个要素存在于同一个社会环境中，并构成了公共关系，如图1-1所示。

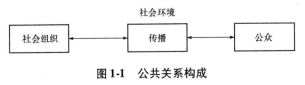

图1-1 公共关系构成

四、公共关系的特征

（一）以社会组织为主体

在一般社会关系中，关系的双方均为主体，而公共关系则不然，在公共关系中只有一方为主体（即社会组织），社会组织在与公众的关系中处于主导地位，社会组织与公众关系良好与否取决于社会组织，公众处于被影响的地位。就其关系形式而言，公共关系是社会组织与公众之间的关系；就其行为而言，公共关系是社会组织的行为，它是一种组织的活动、组织的职能，而不是个人行为。

（二）以塑造美好形象、创造和谐氛围为目标

在公众中塑造、建立和维护组织的良好形象是公共关系活动的根本目的，而这种形象既与组织的总体有关，也与公众的状态和变化趋势直接相连。这就要求组织必须有合理的经营决策机制、正确的经营理念和创新精神，并根据公众、社会的需要及其变化，及时调整和修正自己的行为，不断地改进产品和服务，以便在公众面前树立良好的形象。可以这么说，良好的形象是组织最大的财富，是组织生存和发展的出发点和归宿，企业的一切工作都是为了顾客展开，失去了社会公众的支持和理解，组织也就没有存在的必要了。从某种意义上说，公共关系以塑造美好形象、创造和谐氛围为目标促进了社会的安定团结，净化了社会风气，有利于社会主义物质文明和精神文明的建设。

（三）以真诚合作为信条

追求真实是现代公共关系工作的基本原则，在人际交往中，真诚能获得他人的信任，同样，社会组织要想获得公众的信任，也要真诚地对待公众。早在1903年，艾维·李就明确指出：一个企业、一个组织要获得良好的声誉，不是依靠向公众封锁消息或者以欺骗来愚弄公众，而是必须把真实情况披露于世，把与公众利益相关的所有情况都告诉公众，以此来争取公众对组织的信任。真诚是公共关系的生命所在，是建立友好关系的保证。认识公共关系以真诚为信条这一特征，有利于消除人们对公共关系的误解，即认为公共关系就是阿谀奉承、弄虚作假、哄骗公众的把戏。

（四）以互惠互利为原则

在现代社会中，个人或团体为了生存和发展，就必须同另一些个体或团体建立和维持某种关系。社会组织作为公共关系的主体，总是生活在社会公众之中，这些公众一方面满足了主体的需要，另一方面也从主体那里获得了自身的利益。利益从来都是相互的，从来没有一相情愿的利益。人际交往中人们常说：与人方便就是与己方便；而对社会组织而言，只有在互惠互利的情况下，才能真正实现自身利益的最大化。组织的公共关系工作之所以有成效、有必要，恰恰在于它能协调双方的利益，通过公共关系，可以实现双方利益的最大化，这也是具备公共关系意识的组织和不具备公共关系意识的组织的最大区别。

（五）以着眼于长远打算为方针

以着眼于长远打算为方针包含三层意思：

（1）公共关系不是短期行为。公共关系的根本任务是为社会组织树立良好的形象。

（2）公共关系是一项系统工程。社会组织要想得到公众的认同与支持不是一朝一夕就能办到的，要靠公共关系的工作手段，利用和创造各种机会争取公众的了解与认识，这是一项系统工程，着眼于社会组织的长远利益。

（3）"投入"与"产出"不同步。所谓的不同步是指投入后不一定很快获得产出，而是要持续一段时间，甚至是更长的时间。

（六）以双向沟通为手段

在现代社会中，社会组织与公众打交道，实际上是通过信息双向交流和沟通来实现的。正是通过这种双向交流和信息共享的过程，才形成了组织与公众之间的共同利益和互动关系。这是公共关系区别于法律、道德和制度等意识形态的地方。在这里，组织和公众之间可以进行平等自愿的、充分的信息交流和反馈，没有任何强制力量，双方都可畅所欲言，因而能最大限度地降低副作用。

由于公共关系活动过程的三个基本要素是"社会组织""传播"和"公众"，任何公共关系活动都是由这三个要素构成的，可见公共关系本质上就是组织机构与相关公众之间的双向传播与沟通。而其他的一些说法都可以归结到传播沟通说上：现代公共关系是组织的一种管理职能，这种管理职能的本质属性就是"组织与公众之间的传播管理"；建立良好的社会关系以及达到主、客体相互适应的目的也都是通过传播沟通来实现的。可见"双向传播与沟通"是贯穿整个公共关系的一条基线，是现代公共关系理论的精髓，是公共关系的本质属性。

第二节　公共关系学的研究对象及研究内容

公共关系学与公共关系是两个不同的概念。公共关系是一种社会存在，是客观存在的一种关系；公共关系学是一门专门研究社会组织与其相关公众相互作用、相互协调，彼此合作的规律性及工作技法的一门科学。

一、公共关系学的研究对象

任何一门科学,都有自己的研究对象。公共关系学作为一门科学也有自己的、带有客观规律性的研究对象。

公共关系学的研究对象实际上包含在它的定义中,就是研究社会组织与其公众的关系的规律及各种公共关系活动的技巧。具体讲包括四方面内容:

(1) 研究各种具体的"公众"关系,如员工关系、股东关系、政府关系、媒介关系、顾客关系、社区关系等。

(2) 研究社会组织与公众之间的信息传播规律,如研究信息传播的原理、信息传播的形式、信息传播的机制和技巧、信息传播体系等。

(3) 研究公共关系作为社会组织的管理职能的种种规律,如帮助组织建立并维持与公众之间的交流、理解、认可、合作,帮助管理部门了解民意,使公共关系工作本身具有目的性、计划性、连续性等。

(4) 研究公共关系活动及其策划、实施的艺术与方法,如确立公共关系的目标、制定公共关系工作的程序、进行公共关系谈判、策划公共关系广告、撰写新闻稿件等。

二、公共关系学的研究内容

公共关系学的研究内容是由历史、理论、应用三部分组成的。

(一) 公共关系学的历史研究

历史研究主要是研究公共关系是如何产生、如何发展的。目的是从历史的变迁中了解公共关系是如何随着社会的进步、环境的变化而改变自己的工作内容、工作重心和工作策略的,了解哪些做法应予以坚持,哪些做法应予以修改,哪些做法应予以摒弃,以便探索、掌握公共关系的发展规律。

(二) 公共关系学的理论研究

理论研究可分为基础理论研究和核心理论研究。公共关系学是一门综合性的交叉学科,它涉及社会学、心理学、广告学、传播学、管理学、市场学、舆论学、新闻学、伦理学、民俗学等,因此,这些学科的许多理论就构成了公共关系学的基础理论部分,它们虽然不是公共关系学理论"本身",但是公共关系学必须加以研究,公共关系从业人员必须予以掌握。例如,公共关系学要研究一个社会组织与环境之间的关系,研究组织本身如何自觉地与环境相适应、相协调,这就需要有社会学、环境学的理论;公共关系中与人打交道强调人的心理,这就需要介入心理学的概念和理论;公共关系在营销上有非常重要的作用,这就需要市场学的理论。公共关系学的综合性、交叉性、边缘性,决定了它的基础理论的广阔性,学科知识的广博性。公共关系学的基础理论是其创立的理论基础。公共关系学的核心理论就是紧紧围绕公共关系学这门学科的核心而提出的理论。公共关系学的核心理论部分比较狭窄,内核较小,但却反映了该学科的质的规定性,如研究公共关系的构成要素及工作过程、方法,考察公共关系的地位、职能、基本原则等,都是紧紧围绕研究公共关系本身的理论体系及其结构的。

(三) 公共关系学的应用研究

应用研究内容最为丰富，主要研究如何应用公共关系学的原理去指导实践，以提高公共关系活动的效果，达到公共关系活动的目标。应用研究的内容包括如何制定公共关系目标、活动的程序、具体内容及其组织方法与技巧等。公共关系学是一门应用性较强的学科，其所有的原理、技能、工作方法等都是从实践中总结出来而又被应用于实践中去的。当今国际、国内流传较广的公共关系学著作大多也是以应用研究为重点展开讨论和阐述的。

第三节 公共关系学的学科特点及其相关学科

一、公共关系学的学科特点

（一）应用性

公共关系学是一门技术多于理论，操作性、应用性很强的学科。

公共关系学发展之快、传播之广，从某种意义上说，和该学科本身具有很强的应用性是分不开的。公共关系具有多种功能，其中主要的功能是管理功能、传播沟通功能、社会交往功能等，这些都是社会活动的体现。另外，公共关系是社会组织参加社会竞争的一门艺术、一种手段。所以无论从哪方面都能清晰地看到，公共关系学是一门应用性很强的学科。

（二）边缘性

公共关系学学科的外延很广，公共关系的本体知识内涵并不多，但与之相关的交叉学科却非常之多，基础理论相互渗透，实际进行公共关系操作时，需要交叉运用各种学科的知识和手段。这是由公共关系的特点所决定的。

（三）多维性

公共关系学的多维性首先表现在功能的多维性。公共关系有许多功能，如沟通功能、管理功能、社交功能，这就要求学科本身的构架要照顾到多方面。其次，由于公共关系的层次不同，具体从事公共关系工作的人员所在组织的类别、性质也不同，同时对公共关系人员的要求也不同，表现在学科上就出现多维性。再次，公共关系学的多维性还表现在研究方向及方法上，不同的研究者，根据自身的经验与见解，有着不同的切入点，会用自己认为正确、完善的体系来构建公共关系学。

（四）综合性

公共关系学是在经营管理学、市场营销学、大众传播学、社会心理学等其他有关学科的基础上，综合广告、交际、传播等技术手段所形成的一门综合性较强的学科。

二、公共关系学与相关学科

由于公共关系学具有边缘性、综合性和多维性，所以与之相关的学科特别多又特别杂，为理顺它们与公共关系学的关系，我们把这些多而杂的学科划分成四大部分，即背景学科、基础学科、交叉学科和技术学科。

（一）背景学科

公共关系学的背景学科指的是哲学、经济学、政治学、文化学、文学、历史学、法学、社会学、心理学等学科。它们为公共关系学提供整个文化理论背景。没有这些学科，公共关系也就没有了理论的起点、方法指导和科学假设，甚至公共关系无从产生。

在整个背景学科中，对公共关系影响最深刻的是哲学，因为哲学是关于世界观的学问，它为人们提供了观察问题和解决问题的总的方法。关于公共关系的研究和操作也是这样。例如，用什么样的观点去剖析关系、认识关系，正确的人生观、价值观的确立等，这些问题如果仅靠公共关系本身去解决、去探讨是不够的，必须借助于哲学层次去思考。比如，"公众必须被告知"的公共关系原则的提出，其背后就有深层的哲学原理做支撑。至于哲学指出的科学研究方法，对公共关系的指导作用更是明显。

其他背景学科也是如此，如经济学中的关于生产关系、商品经济、价值规律、卖方市场、买方市场、股份制等理论，无不为公共关系提供理论背景，社会学中的社区、群体等理论，心理学中的关于认知、模仿、从众、共识等理论，无不为公共关系所广泛应用。

总之，背景学科对公共关系学所起的作用以及相互间的联系是显而易见的，对公共关系理论的形成起着一个铺垫的作用。

（二）基础学科

公共关系学的基础学科包括管理学、传播学和与管理学相关的市场学，以及与传播学相关的人际传播、大众传播、组织传播、舆论学等，公共关系学是在传播学和管理学的基础上，综合了这两方面的有关理论而形成的一门学科。

需要说明的是，尽管公共关系是一种软性管理手段，具有管理功能，但它并不能代替管理科学与艺术的全部，它仅仅是管理的一个方面，在管理目标系统中，公共关系仅能实现塑造形象这一局部目标。

（三）交叉学科

公共关系学的交叉学科指有一部分内容与公共关系学彼此重叠的学科，如广告学、营销学、创造学、竞争学、人际关系学等。

广告学是研究广告艺术的，它通过广告的宣传、鼓动、劝说、诱导等来达成商品的促销目的，公共关系在一定意义上也可以说是一种促销手段。相比之下，广告推销的是商品，公共关系推销的是组织，它们一个是直接促销，一个是间接促销，二者都为了一个共同目的，所以内容上有交叉是很自然的。

公共关系学与创造学也有一定的交叉。这主要表现在公共关系活动的创造策划上。公共关系活动要求"新""奇""特"，因为这样能产生轰动效果，对公众产生较强的吸引力。公共关系活动若没有创新，就不能取得良好的公共关系效果。

公共关系学虽然研究的是组织与环境的关系，但组织也是人的集合体，并且公共关系的实施者也是具体的人，所以公共关系学也要涉及人际关系学的某些内容，二者出现交叉重叠也理所当然。

（四）技术学科

公共关系学是一门操作性很强的学科，对具体的公共关系人员来说，要求"站起来能说，坐下来能写，走出去能干"，所以与"说""写""干"相关的知识便成了公共关系学研究的内容之一，如演讲学、口才学、写作学等有关知识便成了公共关系人员必备的知识。

公共关系活动离不开写作，从写新闻稿、总结报告、司法文书到各种慰问信、贺信等，都需要一定的写作技能。因此，作为公共关系人员，必须掌握有关的写作知识。

演讲能力同样为公共关系人员所不可缺少，无论是宣传性的公共关系游说，还是面临形象危机的紧要关头，用演讲来稳住公众、解决危机，都需要公共关系人员具有一定的演讲能力。演讲的有关知识必然也要渗透于公共关系学之中。

另外，作为技术学科，不但包括以上一些传统的学科门类，而且还应包括录入、计算机文档操作、美术设计等学科门类。

三、公共关系学与相关学科概念和实践范畴的辨析

作为一门应用性学科，公共关系学涉及许多不同的学科领域和实践范畴。长期以来，这门学科在理论和实践上均存在着许多混淆和误解，对这些混淆和误解加以辨析，是正确理解公共关系属性所必需的。

（一）公共关系与人际关系

人际关系又称私人关系，是在社会实践中形成的人与人之间的相互联系、影响和作用。公共关系经常要借助人际关系沟通的方法来进行，但是它们之间是有本质区别的。例如，公共关系强调运用大众传播的方式做远距离、大范围的沟通，而人际关系主要靠个人的交际技巧和能力。

（二）公共关系与宣传

宣传是向公众说明情况、讲清道理，以使公众了解、信任并支持某项政策或行动的一系列活动。公共关系工作借助各种宣传手段吸引公众、影响公众。但是宣传只是公共关系工作的一项内容，而不是全部内容，公共关系工作的内容是多方面的。

（三）公共关系与交际

公共关系工作离不开交际，如代表本组织接待、宴请合作单位代表，出席合作伙伴的庆典活动，双方互访等。但是，这些交际活动只是公共关系工作的一些具体内容，公共关系工作的内容十分丰富，交际只是公共关系方案实施过程中所要运用的手段之一。

（四）公共关系与广告

在宣传组织和塑造组织形象方面，公共关系与广告有类似之处。公共关系与广告都具有传播信息的共性，公共关系对广告有指导作用。公共关系与广告的区别如下：

1. 传播的目标不同

公共关系的目标是赢得公众的信赖、好感、合作与支持，树立良好的整体形象，"让别人喜欢我"。广告的目标是激发人们的购买欲望，使人们对产品产生好感，"让别人买我"。

2. 传播的周期不同

广告的周期一般不会太长，有比较明显的季节性、阶段性。公共关系的传播则是长期

的，其任务主要是树立整个企业的信誉和形象。

3. 所处的地位不同

一般来说，广告在经营管理的全局中所处的地位是局部性的，其成败好坏，对全局没有决定性的影响。公共关系在经营管理中处于全局性的地位，贯穿于经营管理的全过程，公共关系工作的好坏，决定着整个企业的信誉、形象，决定着整个企业的生死存亡。

4. 传播的效果不同

广告的效果是直接的、可预测的，其经济效果是显而易见的。就某一个产品来说，其广告的效果又往往是局部的，只影响到这个产品的销路。所以，广告的效果是局部性的、战术性的。而公共关系的效果则是战略性的、全局性的。

★ 案 例

公共关系将杀死广告吗？

美国著名营销大师里斯在《公共关系第一，广告第二》一书的营销新理念中提到，良好的营销策略应该让公共关系先行，广告随后，即用公共关系创建品牌，用广告维护品牌。里斯的这一观点在营销界引起巨大反响。诚如里斯所言，广告和公共关系就像古老的伊索寓言中的北风和太阳，当风拼命吹时，人们往往是把大衣裹紧，太阳则利用它的温暖光芒，轻松地让人脱下大衣。

当注意力获得和创意一样成为可能时，里斯先生并不期待他的书是广告死亡的信号。"它甚至意味着要做更多的广告，但那是在一个品牌被发布之后，"他说，"我们不是肯定地说广告死亡了……你能用广告使火焰烧得更旺，但你不能用广告点火。"

（资料来源：黄昌年. 公共关系学教程［M］. 2版. 杭州：浙江大学出版社，2007.）

（五）公共关系与市场营销

公共关系与市场营销的关系是紧密的，公共关系工作在企业中几乎与市场营销是融合在一起的，公共关系可以涉及市场营销的方方面面。但是它们之间的区别也是明显的，如公共关系比市场营销具有更广泛的社会性，应用范围也更为广阔。除企业外，公共关系还涉及政府、学校、医院等各种组织，远远超过了经济领域。

（六）公共关系与庸俗关系

所谓庸俗关系是指为了谋取个人或小团体的某些私利而不惜采取各种手段进行"拉关系""走后门"，建立"关系网"或"关系户"的行为。在这种情形下双方的关系是以权钱交易或损公肥私，损害社会公众或国家利益为前提的"合作关系"。公共关系与庸俗关系有着本质区别，具体如下：

1. 产生的社会基础不同

公共关系是市场经济条件下的产物。在激烈的市场竞争条件下，企业从对商品的竞争转向对公众的竞争，谁拥有公众，谁就能在竞争中取胜，而对公众的竞争实质上就是组织形象的竞争。一个社会组织塑造良好的形象、构建良好的公共关系已成为其赖以生存和发展的必要前提。而庸俗关系则是生产力低下、卖方市场和经济落后的表现。当经济落后、商品数量短缺时，即使劣质产品和服务往往也供不应求，公共关系对于组织还没有成为需要；同时，人们的活动范围也局限狭小，固定的地域使社会关系具有浓厚的宗族关系、地域关系的性质，人们习惯于生活在同族、同乡的熟人世界中，并对外人产生排他性，局外人想从这个关系网中分享一分利益，获得某些商品或服务，就必须与其中的某个人建立关系，"拉关系""走后门""饭桌合同"的根源就在于此。

2. 代表的利益不同

公共关系将组织利益和公众利益有机地结合在一起。公共关系所追求的是组织在公众心目中的良好形象，强调通过组织的政策、行动来赢得公众的理解和支持。任何一个组织，只有在组织利益和公众利益相互协调、互利互惠的前提下才能得到发展，因此组织利益和公众利益是一致的。而庸俗关系则背离广大公众的利益，所追求的是小团体特别是个人的私利，甚至为了一时的既得利益，不惜损人利己、损公肥私，危害社会和公众的利益。

3. 手段不同

公共关系活动以事实为基础，利用大众传播媒介，通过双向信息交流，协调组织与公众的关系，以取得公众对组织的了解和支持，因此公共关系人员光明正大地采用公开的、合法的、符合社会道德准则的手段来塑造组织的良好形象，实现组织与公众的共同利益。而庸俗关系则为逃避公众舆论的谴责和法律的制裁，总是采取隐蔽的、不正当的、不合法的手段进行私下交易，如行贿受贿、徇私舞弊等，通过投机钻营以达到不可告人的目的，因此被形象地称为"走后门"。

4. 性质不同

公共关系对组织的生存和发展具有重要意义，因此公共关系是现代组织应予以重视、研究和应用的一门新兴管理学科；庸俗关系则是一种不正之风，它损害了国家和集体的利益，应借纠正党风、反腐倡廉之机，对之进行坚决抵制、反对和肃清。

5. 产生的效果不同

公共关系通过一系列有计划的活动，使社会组织在与社会整体利益一致的前提下不断发展，其结果是组织、社会、国家和公众都受惠，为社会创造一种以诚相见、讲求信誉、提高声望的良好风气，促进社会的发展。庸俗关系则将人际交往商品化，使人们变得唯利是图、目光短浅，整个社会充满市井侩气，个人中饱私囊，而国家和公众的利益却遭到损害。因此，庸俗关系会严重污染社会风气，毒化人们的心灵，破坏正常的人际关系，降低社会的文明程度，对社会产生恶劣的影响，阻碍社会进步。

第四节　公共关系的职能和基本原则

一、公共关系的职能

不同类型的公共关系活动，公共关系的职能有所不同。公共关系的职能主要体现在三个方面：常规活动、提升活动和危机管理。

(一) 常规活动

1. 搜集监测

公共关系的搜集监测职能是指公共关系通过广泛搜集、整理和分析有关组织生存发展的信息，了解组织的现状，预测组织发展的未来趋势，帮助组织及时调整自己的政策和行为，使之与变化的社会环境保持动态平衡。

2. 咨询决策

公共关系的咨询决策职能是指公共关系在组织经营管理决策过程中，发挥着咨询、建议、参谋的作用，协助决策者分析复杂的社会因素，平衡复杂的社会关系，从社会公众和整体环境角度评价决策的社会影响和社会后果，使决策目标能够反映公众的利益，使决策方案具备一定的社会适应力和社会应变力，使决策实施的效果有利于树立组织的良好形象。

3. 传播沟通

公共关系的传播沟通是公共关系众多职能中最为重要的职能之一。在常规状态下，传播沟通的主要任务是建立起有效的信息渠道，让公众知道并正确地了解组织，为组织和公众之间架设一条没有障碍的通路。通过建立良好的公共关系沟通传播机制，增强组织与公众之间的相互了解，避免与公众产生纠纷。

(二) 提升活动

1. 关系协调

公共关系的关系协调职能是指改善社会组织和内外部公众之间的社会联系状态，使组织与公众之间的关系向着密切、和谐、融洽和平衡的状态转化，从而形成有助于组织生存发展的内部生命系统和外部生态环境。提升活动阶段表现在尽量避免各种来自内外部摩擦的产生，同时通过有效的预警机制，及时地防止矛盾扩大。

2. 教育引导

提升活动阶段的组织，不但不会触碰道德底线，甚至会高于社会普遍水准，这就形成了教育引导的功能。不管是积极投身于赈灾，或是参与公益事业，或是提倡环保，作为具有影响力的组织，在形成自身良好形象的同时，无形中也为整个社会的和谐发展起到了教育引导和身体力行的双重作用。

3. 传播沟通

提升活动阶段，组织通过传播沟通得以强化舆论，扩大影响，即运用各种现代媒介加深公众对组织的印象，深化公众对组织的了解，提高组织的社会知名度和美誉度，为组织及其产品推广形象，扩大影响。

(三) 危机管理

1. 危机处理

组织在运行过程中，难免会有因自身的过失、错误而与公众发生冲突的时候。一旦发生冲突，必然导致相关公众对组织的不满，使组织处于一个充满敌意和冷漠的舆论环境。如果对这种状况缺乏正确的认识，对问题处理不当，就会产生公共关系纠纷，导致严重的公共信任危机，对组织、公众、社会都会带来极大的危害。而公共关系的危机处理，就是为了抵御和应对这些情况的发生。

2. 关系协调

危机管理阶段的关系协调职能具有非常明确的指向性。对外,针对危机事件涉及的外部利益相关者要进行行之有效的积极善后,同时尽可能协调他们与组织及彼此之间的关系,尽可能修补已造成损伤的关系,同时避免可能造成新的不良后果。对内,尽量通过有效的关系协调实现创伤平复及信任重建的使命。

3. 传播沟通

危机管理阶段的传播沟通难度最大,而且常常是在被动状态下的被迫应对。在新传播时代的危机状态下,组织和公众之间的信息差极度缩小,因此传播沟通必须建立全新思维,即全面传播、真诚沟通。组织不要试图隐瞒或打压,传播不实之词,扰乱视听,而是要抢在众多信息源爆发之前告知真相,真正起到传播沟通的作用。

二、公共关系的基本原则

(一) 真实性原则

真实性原则是指社会组织的公共关系工作,要以事实为基础,真实全面地传递信息,反映情况。公共关系的职能之一是通过传播和交流来树立良好的组织形象。因此,信息的真实准确就成了公共关系工作获得成功的基本前提。组织要做到信息真实准确,就要据实、客观、公正。据实,就是尊重事实,是好说好,是坏说坏,有一说一,有二说二,不掩饰、不夸大。客观,就是在调查研究的基础上,客观地反映事实,不以主观想象代替客观事实。公正,就是给公众和其他相关组织同等机会,同时对事实采取公众可接受的立场,不袒护、不推诿。

(二) 互惠互利原则

互惠互利原则是指公共关系应以公众利益为导向,使公众的利益要求得到满足,谋求组织与公众的共同发展。公共关系是以一定的物质利益为基础的,但公共关系工作并非仅考虑组织利益,而是在公众利益的基准点上,以公众利益的实现和需求的满足,来获得自身的盈利与发展。只有这样,才能实现组织与公众之间真正的沟通与合作,争取到社会各方的支持。所以说,没有互惠互利原则就没有公共关系。

★案 例

越后屋"借"雨伞

日本有一家著名的衣料店名叫"越后屋"。每逢下雨时,许多没有带伞的顾客或路人,都会纷纷聚集在这家衣料店的屋檐下或店堂里避雨。此时,店员便会拿出一把把雨伞"借"给他们,让他们能早点回家。这些雨伞上都印有醒目的"越后屋"三个大字。顾客们打着伞走了,"越后屋"的名字随之传到了各处,即便有人忘了归还也无妨。借伞的人,常怀有感激之情,一买衣料就免不了想到"越后屋"。"越后屋"的名字伴随一把把的雨伞传到各处,同时,"越后屋"的情义和美誉也传到了各处。

(资料来源:蔡志刚. 公共关系原理与实务 [M]. 西安:西北工业大学出版社,2010.)

（三）双向沟通原则

公共关系强调双向沟通。一方面，组织要经常调查了解民情民意和社会舆论，以不断地调整和完善自己；另一方面，组织又要不断地将自己的有关信息对外传播，使公众认识和了解自己，从而获得公众的支持与合作，促使组织目标的实现，同时帮助决策者准确地把握形势，使政策的制定更正确。双向沟通可以消除外界对组织机构的误解，减少或避免摩擦，为组织机构创造"人和"的社会环境。在信息爆炸的时代，任何一个组织都必须不断地宣传自己，并对外界的信息及时做出反应，做到既有信息的传播，也有信息的反馈。

（四）长远观点原则

由于公共关系是建立互惠互利关系的过程，这个过程既包括向公众传递信息的过程，也包括影响并改变公众态度的过程，甚至还包括组织转型（如改变现有形象、塑造新形象）的过程。所有这一切，都不是一朝一夕就能完成的，必须经过长期艰苦的努力。因此，在公共关系工作中，公共关系组织和公共关系人员要着眼于长远利益，只要持续不断地努力，付出总会有回报。

（五）全员公共关系原则

全员公共关系原则是指组织的全体员工都参与组织的公共关系活动，组织的每一个成员都是从事公共关系工作的人员。因此，要求组织的全体成员都要树立公共关系观念，都能积极、主动、自觉地参与组织的公共关系活动，并做出贡献。全员公共关系原则要做到两个方面：一是最高层的决策者必须支持公共关系工作，具备强烈的公共关系意识。二是全体员工自觉地支持、关心公共关系工作，自觉地认识到组织形象是组织的无形资产，维护好组织形象和声誉人人有责，这需要全体员工的共同努力。

三、公共关系有所不为

从世界范围来说，公共关系理论的出现已有百年多的历史，它在现代政治、经济及其他社会活动中的重要性已被普遍承认。人们对它已不感到陌生和好奇。现在把公共关系理解成夜总会的人已经越来越少了，但是把公共关系理解为是炒作，是专门买通媒体处理危机的人却越来越多了。当一些人用"公共关系"做幌子，用片面的操作方式干一些不光彩的事时，人们又开始感到困惑：公共关系究竟是什么？公共关系到底该怎么做？

公共关系的主要职能就是帮助组织解决与公众的沟通问题。对于合情合理、有理有据的事，应该去做，但必须做到不浮夸、不贬损；出了问题之后，应妥善善后，不隐瞒真相、不误导舆论，更不打着公共关系的幌子，以公共关系的名义进行"桌底下的游戏"。公共关系行为的合理运用可以使组织的发展如鱼得水，产生推波助澜的效果。反之，公共关系的不合理或不道德行为，就是一剂剧烈的毒药。

公共关系不是万能的，公共关系更不能成为扰乱市场、攻击同行和混淆视听的帮凶和打手。公共关系是一门沟通的艺术，是组织与媒介、消费者、政府等进行互动沟通和交流的重要手段。当组织将公共关系纯粹当作征战的刀枪随意挥舞时，最终受伤的不仅是公众，也将是组织本身。

章后案例

北京应对"奥运公关"聘专业公司让世界更了解中国

近 4 万名各国和各地区的媒体记者齐聚北京,他们会怎样向身后的数十亿观众描述北京、介绍中国?2008 年北京奥运会给北京奥组委、中国各级政府和全体中国人提出了这样一个新命题。当时,北京奥组委新闻宣传部一位官员表示,北京奥运会对于中国在国际社会树立良好形象而言,将是"机遇空前、挑战空前"。面对中西方思想观点的差异、多数海外媒体记者对中国现状和社会不熟悉的状况,"奥运宣传"如何才能为中国加分?"媒体报道"怎样才能客观公正?我们该如何为这次空前的"公共关系活动"备课?政府官员和各路专家都在努力!

北京奥运会期间,来自世界各地的 21 600 名注册的文字、摄影和广播电视的记者,以及约 1 万名非注册媒体记者将涌入中国。仅英国 BBC 一家媒体派到中国的记者,就超过英国参加北京奥运会的运动员人数,使得奥运会变成一场新闻大战。

为更好地接待媒体,让世界了解真实的中国和北京奥运会,北京奥组委等相关单位厉兵秣马,积极备战。

一、请专业公共关系公司

北京奥组委作为北京 2008 年奥运会的唯一官方信息发布机构,显然早已意识到"奥运公共关系"的重要性和专业性,并开始向专业机构寻求帮助。2005 年 2 月,北京奥组委按照国际惯例,面向全球公开招标"公共关系服务机构",包括伟达公共关系公司、奥美公共关系公司等 8 家国际公共关系公司参加竞聘。最终,北京奥组委与被列为全球三大国际公共关系公司之一的伟达公共关系顾问公司签订合作协议,聘请伟达公共关系顾问公司作为北京 2008 年奥运会的传播顾问。

伟达公共关系(中国)公司董事孙玉红是北京奥运会国际公共关系项目全球负责人。据她介绍,伟达公共关系顾问公司为北京奥组委提供从策略制定到媒体服务的全方位的公共关系服务。"伟达的全球团队与北京奥组委新闻宣传部的工作人员一起,共同做好北京奥运的国际传播工作。"

二、积极培训迎接挑战

除了寻求"外力"援助,北京奥组委也在积极修炼"内功"。6 月 17 日,在钓鱼台国宾馆 5 号楼耀眼的会议大厅里,首期"国际传媒管理高级课程"举行了隆重的开学典礼。引人注目的是在首批受训的 10 名学员中,有 7 名来自北京奥组委,其中就包括北京奥组委新闻中心主任李湛军、志愿者部部长刘剑等。

让官员了解西方媒体,懂得如何跟西方媒体沟通,成为这些受训官员的主要课程之一。中国人民大学新闻学院教授周小普认为,"在新闻技术发达、沟通渠道多元化的今天,如果不能在第一时间发出自己的声音,就会失去发言的空间,将话语权拱手相让。"

三、让海外媒体了解中国

"奥运公共关系是全面的公共关系,它不仅是赛事和活动本身的公共关系,更与举办城市、举办国的形象推广不可分割。"孙玉红表示,国际媒体中的许多人是从来没有来过中国的,他们谈论北京奥运会更多的是从个人的经验或既有观念出发,有时难免会有偏见。"因此，做好记者邀请和接待工作非常重要，我们相信'Seeing is believing'（眼见为实）。"

为了更好地让国际媒体了解中国，伟达公共关系顾问公司和北京奥组委一起积极邀请国际媒体访华。其中既包括国际媒体集团的CEO，也包括奥运记者和著名媒体的专栏作家，如《纽约时报》专栏作家、《世界是平的》作者托马斯·弗里德曼。

为了让众多媒体记者透明地了解北京奥运会，北京奥组委出台了一系列保障措施，如"定期新闻发布制度""部长媒体见面日""媒体一站式服务""受理媒体采访'零拒绝'标准"等。

（资料来源：http://sports.sina.com.cn/o/2008-06-30/09303755858.shtml）

案例分析题：

1. 结合本案例，分析北京奥组委等相关单位应对"奥运公共关系"的表现。
2. 积极开展公共关系活动具有哪些重要的意义？

思考题

1. 什么是公共关系？它的特征主要有哪些？
2. 公共关系学的研究对象是什么？
3. 简述公共关系学与相关学科的关系。
4. 学习公共关系学有什么重要意义？

第二章

公共关系目标

★ 学习目标

知识目标：熟悉公共关系目标的定义；掌握组织形象的含义；了解公共关系目标的分类；理解公共关系三大量化目标的内涵及其之间的关系。

技能目标：通过公共关系工作促进公共关系目标的实现。

素养目标：初步培养公共关系意识。

★ 建议课时

6课时。

★ 案例导入

广州本田自我曝光

广州本田汽车有限公司根据《缺陷汽车产品召回管理规定》要求，向国家质检总局递交了召回报告，决定从2007年3月19日起，召回部分雅阁、奥德赛和飞度轿车。

本次召回包括2003年1月7日到2006年12月21日期间生产的各款雅阁轿车共419 613辆。召回范围内车辆在长期使用过程中，助力转向油管在炎热气候的条件下受发动机舱温度和管内油温的共同影响，油管材料物理性能下降，可能会加速助力转向油管老化，导致助力转向油管出现渗漏。情况严重时，可能出现转向操纵力增加，方向盘转动沉重。广州本田将对召回范围内的车辆更换散热性能更好的助力转向油管。

本次召回还包括2005年2月22日到2007年2月14日期间生产的2005款、2007款奥德赛轿车共68 993辆。召回范围内车辆在使用过程中，助力转向泵螺栓可能受到过大弯曲应力而产生断裂，进而导致皮带脱落，造成打方向变重，发动机不能正常运行。广州本田将在助力转向泵固定螺栓处安装加强件，以防止此类现象的发生。

本次召回还包括2005年8月1日到2005年9月30日期间生产的39800辆雅阁、奥德赛和飞度轿车。在此范围内的车辆由于燃油泵继电器内部可能有密封胶流入，缠线部位被密封胶固定，可能会造成油泵不能正常供油，严重时可能导致发动机熄火，不能再次起动。广州本田将为召回范围内的车辆更换改善后的燃油泵继电器。

（资料来源：http://auto.sina.com.cn/news/2007-03-16/1259257582.shtml）

案例分析：

美誉度指一个组织获得公众信任、好感、接纳和欢迎的程度，是评价组织声誉好坏的社会指标，侧重于"质"的评价，即组织社会影响的好坏。因此，美誉度的基础首先是企业产品质量的好坏，但公共关系工作的基本原则是实事求是，对公众说真话，如果企业的产品质量出了问题，顾客迟早会知道的。顾客公共关系要求企业把顾客的利益摆在首位，本田的做法，正是对顾客负责的一种表现。本田自揭"家丑"的行动，虽然短时期内造成了企业利润损失，但这一行动却引起了本田全体员工对质量的重视，用外部的压力增加了组织内部的凝聚力，使产品的质量反而有所上升，重新赢得了顾客，赢得了市场。

第一节 公共关系目标概述

一、公共关系目标的定义

公共关系目标是指组织通过策划和实施公共关系传播活动所追求和渴望达到的一种状态或目的，是公共关系全部活动的核心和公共关系工作努力的方向。整个公共关系实务工作的过程就可以理解为制定和实现公共关系目标的过程。公共关系目标必须符合组织整体发展的要求，与组织的其他活动目标协调统一。任何组织都是由很多要素构成的具有明确目标的有机系统。当组织面对突发性的公共关系危机而不得不采用防御型公共关系时，其主要活动方向不是忙于应付公众的抱怨与指责，而是要迅速根据各方面传来的信息，准确找出造成危机的原因，在此基础上再提出补救措施，采取相应的行动。

二、确定公共关系目标的意义

确定公共关系总目标和各项具体目标是制订公共关系活动计划的重要环节，是指导组织公共关系实务工作的关键，是组织公共关系全部活动的核心。因此，确定公共关系目标的重要意义表现在以下几个方面：

（1）确定公共关系工作的方向和一定时期内必须完成的任务。
（2）确定公共关系目标是制订公共关系活动计划的基础。
（3）确定公共关系目标是安排指导和协调控制公共关系工作的依据。
（4）确定公共关系目标是评价公共关系活动效果的标准与尺度。
（5）确定公共关系目标是提高公共关系工作效率，实现公共关系活动价值的保证。

三、确定公共关系目标的依据

（一）社会组织自身形象的调查

社会组织要通过公共关系的调查与分析，客观地认识本组织的公共关系状况，了解本组织的类型、性质和地位，以此进行准确的形象定位。尤其是要了解公众对组织的评价，即组织在公众心目中的印象，由此得出组织的实际形象。在此基础上，发现社会组织形象定位中存在的问题，科学设定公共关系目标。

（二）公众的需要及其对组织的要求和期望

社会组织要注重了解公众的需要，公共关系目标的确定，要以满足公众的需要，尤其是满足公众日益增长的精神需要为目标；社会组织还要了解公众对社会组织的要求和期望，在设定公共关系目标时要兼顾公众的要求和期望，这也符合"公众总是对的"这一法则。

（三）组织的总体目标和发展战略

组织的总体目标和发展战略是社会组织确定公共关系目标的重要依据。组织的公共关系目标必须保持与总体目标的协调一致，必须为组织的整体发展战略服务。

（四）组织的资源状况及可提供的活动条件和环境条件

组织可通过广泛的调查研究工作取得及时、准确的资源状况、活动条件和环境条件等各项信息，为公共关系目标的确定提供可靠的依据。组织的公共关系部门及公共关系人员应积极主动地收集有关信息，了解与本组织有关的和受其影响的个人、组织、社会群体的态度和反应，及时发现组织在公共关系方面存在的问题，以此确定公共关系目标。

四、公共关系目标的分类

根据公共关系的主要工作内容，可派生出公共关系的三大基本目标，即形象设计与塑造、关系协调、传播与沟通，其中形象设计与塑造是整个公共关系工作的核心目标。具体公共关系活动的目标，则因不同的任务和要求而有所不同。

在不同的公共关系目标的指导下，组织会策划和实施不同的公共关系活动方案。为了使组织的公共关系活动与公共关系目标相一致，必须对公共关系目标进行合理、准确的分类，以利于组织根据不同的公共关系目标，开展有针对性的公共关系活动。公共关系目标可以根据以下不同的标准进行分类。

（一）按目标的时间跨度分类

1. 长期目标

长期目标是指与组织总体发展规划、组织的长远利益相一致的目标，是关于组织发展的战略目标。它的时间跨度通常在 5 年以上，对组织的发展起长远的指导作用，是一个方向性的奋斗目标。

2. 中期目标

中期目标是指对组织公共关系长期目标所提出的基本任务进行分析所形成的目标，时间跨度一般为 2~5 年。组织依据中期目标指导和开展其公共关系工作。

3. 短期目标

短期目标是指年度目标，即组织公共关系活动在一年内的工作计划和要达到的标准。短期目标是根据组织的长期目标和中期目标而制定的。短期目标将组织公共关系工作总目标的有关任务落实到公共关系活动计划上，对组织在一年中的各项具体公共关系活动起着指导作用。

4. 具体目标

具体目标是组织针对各项具体问题而开展的专项公共关系活动所制定的目标。组织为达到与公众沟通的目的，经常会开展一些专项公共关系活动，如召开一次新闻发布会，处理一次突发的危机事件，开展一项公益活动等。要达到专项公共关系活动的特定效果，必须制定各项具体目标以指导活动的顺利开展。

（二）按目标实现的顺序分类

1. 传播信息目标

传播信息目标是指组织向公众开展传播宣传活动，让公众知晓有关组织的真实情况，是公共关系最基本的目标，是公共关系策划首先要考虑的问题。连接公共关系主体与客体的中介就是传播，因此大量的公共关系工作将围绕这一目标而开展。在进行公共关系策划时，对传播信息的手段、方式、场所、人力、财力、物力因素都要加以周密思考，妥善安排，这样才能保证传播信息目标的实现。

2. 联络感情目标

联络感情目标是组织依靠某种行为去争取公众对组织的好感和信任。它既是一项具有长期性的任务，也可以在较短的时期内见到成效。在进行公共关系策划时，首先要考虑方式方法，要区别于一般人际关系，避免出现不正当的"拉关系""走后门"现象。如果事前策划不当，不但会消耗大量的人力、财力、物力，还可能无所作为；反之，按照科学的方法和正当的途径则可以产生事半功倍的效果。

3. 改变态度目标

无论现代公共关系理论有了什么新发展，组织通过引导、沟通，改变公众对组织的某种观念和态度，始终是公共关系的主要目标。

（三）按目标的性质分类

1. 战略型公共关系目标

战略型公共关系目标可分为适应型公共关系目标和控制型公共关系目标。适应型公共关系目标是指组织对各种社会环境因素（如社会文化、政治、法律、经济等）方向变化的适应；控制型公共关系目标是指组织在适应环境的过程中能动的范围。这是根据组织公共关系的具体情况而开展的活动所追求的目标，它具有很强的可操作性。

2. 战术型公共关系目标

由于各组织的情况不同，同一组织在不同时期的工作重点也不同，所以组织公共关系的战术目标也各不相同。根据公共关系对象不同，战术型公共关系目标可分为内向公共关系目标和外向公共关系目标。内向公共关系目标是针对组织内部公众而制定的公共关系目标，主要为改善内部公众之间的关系，增进组织内部公众对组织的了解和信任，创造良好的合作环境，激发内部公众的积极性和创造性。外向公共关系目标是针对组织外部公众而制定的公共关系目标，它以公众的利益为出发点，从协调与外部公众的利益关系、相互之间的理解和信任等因素入手，取得外部公众的支持。

（四）按组织所处的社会环境和战略目标所起作用的性质分类

1. 进攻型公共关系目标

进攻型公共关系是指社会组织采取主动出击的方式来树立和维护组织良好形象的公共关系模式。

进攻型公共关系以制造新闻，主动扩大组织影响为开展公共关系工作的目标。它以积极的自我调整和改造环境条件为特点，以攻为守，抓住一切有利时机和有利条件主动出击，在短时期内造成较大声势和空前影响，开创新局面。它是组织在需要拓展或与外部环境发生摩擦时所采用的一种公共关系工作目标类型。

制定进攻型公共关系目标有三点要求：

（1）以"创"为主，发挥主观能动性。这就是说，进攻型公共关系在解决与外部环境的矛盾时，要充分发挥组织对环境的能动作用，以具有创造性的行为去建立组织与环境的协调关系。

（2）研究环境变化，掌握时机。进攻型公共关系活动讲究时机条件，并不是组织与外部环境条件一发生矛盾冲突就采用这种模式，比如在缺乏一定的社会、环境条件时，尤其是在组织的内在应变能力本来就不强时，就不能开展这种公共关系活动。如果时机条件把握不好，盲目进攻，不仅会伤了组织自身的元气，还会加剧组织与外部环境的冲突。

（3）注重公众利益，遵守道德准则。开展进攻型公共关系活动，必须注意遵循公共关系的职业道德准则。"火药味"无论多浓，都不能做出损人利己或损害社会大利益、保全组织小利益的行为。否则，就违背了公共关系的初衷，与公共关系活动的原则与目标就不相符了。

2. 防御型公共关系目标

防御型公共关系是社会组织在出现潜在危机（或不协调）时，为防止自身公共关系失调而采取的一种公共关系模式。

防御型公共关系目标是组织为防止自身公共关系失调而采取的一种公共关系工作目标类型。其目的是将不协调因素和摩擦苗头尽量消除，防患于未然。其特点是防守与引导相结合、预测与措施相结合，以退守防御的方式，开创更为有利的时机和局面，使防守工作科学化、制度化，把可能出现的问题和危机控制起来，重塑被损害的组织形象，挽救组织的声誉。这种防御型公共关系多用于应付突发性的公共关系危机。

第二节　公共关系基本核心目标——塑造组织形象

★案　例

2001年6月23日晚，世界著名三大男高音歌唱家在紫禁城午门广场联袂演出，在"6·23国际奥林匹克日"掀起北京申奥活动的高潮。时任国务院副总理的李岚清和数万热情的中外观众一同观赏了这场精彩的演出。当晚三位"歌剧之王"身着黑色燕尾服，神采奕奕地站在了紫禁城的古老红墙之间的舞台上，他们演唱了近三十首脍炙人口的歌剧选段或歌曲。从卡雷拉斯的《我知道这个花园》，到多明戈的《星光灿烂》，再到帕瓦罗蒂的《今夜无人入睡》，洪亮且有穿透力的歌声，赢得了现场3万名观众的热烈掌声。昔日皇帝曾在这里议政，如今三位西方音乐大师在这里纵情高歌。东方建筑的神韵与西方艺术经典在这里完美地交融，古老的紫禁城在一个充满激情的夜晚被唤醒，改革开放的中国以一场东西文化交融的音乐盛会向世界展示了她积极走向世界的宽广胸怀。紫禁城午门广场，"歌剧之王"帕瓦罗蒂、多明戈、卡雷拉斯深情演绎音乐盛典，取得了空前的成功，音乐会电视直播可覆盖全球110多个国家和地区的33亿观众。

（资料来源：http://www.ppkao.com/shiti/6660783/）

一、组织形象概述

（一）组织形象的概念

公共关系以建立社会组织的良好形象为核心目标。组织形象，即社会公众对组织的总体认识和综合评价，它是社会组织的外在形象和内在气质在公众心目中的一种综合反映。外在形象是指组织的名称、产品形象、组织的设备装置、组织存在的空间环境等，是构成组织形象的"硬件"。内在气质是社会组织在运行中处理各种问题时所表现出来的精神风貌、价值取向、道德观念、组织的凝聚力、办事效率等无形的东西，是构成组织形象的"软件"。组织形象包括的内容很多，如组织精神、价值观念、行为规范、道德准则、经营作风、管理水平、人才实力、经济效益、福利待遇等，组织形象是这些要素的综合反映。

组织形象的含义包括以下三个方面：

(1) 组织形象是一种总体评价，是各种具体评价的总和。具体评价构成局部形象，总体评价构成总体形象。

(2) 组织形象的评定者是社会公众。

(3) 组织形象的好坏源于组织的表现。社会公众对组织的印象和评价不是凭空产生的，也不是公众强加给组织的，而是组织的特征和表现在社会公众心目中的印象。

★案例

一个售货员的铜像

北京王府井百货大楼广场中，高高矗立着一座铜像，镌刻在铜像的花岗岩底座上的陈云同志的题词"一团火精神光耀神州"金光闪闪。在铜像背后还刻着两行字：全国劳动模范、王府井百货大楼售货员张秉贵同志。"一个售货员的铜像！"人们赞叹着，张秉贵没有惊天动地的经历，没有辉煌显赫的业绩，但是他几十年如一日，主动、热情、诚恳、耐心、周到地为顾客服务。张秉贵的铜像矗立在广场上，表明了王府井百货大楼全心全意为顾客服务的企业宗旨，从而在消费者公众中树立了良好的企业形象。

（二）组织形象的特点

1. 整体性

组织形象是一个有机的整体，是由组织内部诸多因素共同作用的结果。以一个企业为例，企业形象包括：

（1）企业历史、社会地位、经济效益、社会贡献等综合性因素。

（2）员工的思想、文化、技术及服务方式、服务态度、服务质量等人员素质因素。

（3）产品质量、产品结构、经营方针、经营特色、基础管理、专业管理、综合管理等经营管理因素。

（4）技术实力、物资设备、地理位置等其他因素。

这些不同的因素形成不同的具体形象，但这些具体形象只是构成企业整体的基础，而完整的企业形象是各个形象要素所构成的具体要素的总和，这才是对组织具有决定性意义的宝贵财富。当然，对有些组织而言，可能会因某一方面的形象比较突出，进而掩盖其他方面的形象，导致组织形象的片面性或不完整性。其实这也是正常的，因为组织宣传有侧重点，公众也不可能全面了解组织的所有情况，公众对于组织的印象大部分都是源于他们所能接触到的组织的一个或少数几个方面的情况，这就要求组织要认真对待每一个方面、每一个环节，从而在公众心目中形成良好的总体印象。

2. 主观性

组织形象是公众对组织的意见或看法，是一种主观性的东西。因为社会公众本身具有差异性，他们的社会地位、价值观念、思维方式、认识能力、审美标准、生活经历等各不相同，他们观察组织的角度、审视组织的时空维度也不相同，从而社会公众对同一企业及其行为的认识和评价就必定有所不同。"公说公有理，婆说婆有理"就是这个道理。此外，在形象塑造和传播过程中，必然要发挥组织员工的主观能动性，渗透员工的思想、观念，因此，组织形象是主观的。

3. 客观性

形象是一种观念，是人的主观意识，但观念反映的对象却是客观的。也就是说，组织形象所赖以形成的物质载体都是客观的，建筑物是实实在在的，产品是实实在在的，组织的员工是实实在在的，组织的各种活动也是实实在在的。所以，组织形象作为客观事物的反映，是不以人的意志为转移的，不能在虚幻的基础上构筑组织形象。

4. 相对稳定性

当社会公众对组织产生一定的认识和看法以后，一般会保持一段时间，而不会轻易改变或消失，这就是组织形象的相对稳定性。要在公众心中留下一个印象并不容易，特别是在当今产品众多、广告泛滥的年代；然而，要改变一种产品或一个组织在公众心中的形象就更难了。组织形象的相对稳定性可能会产生两种结果，其一是组织因良好形象被维持而受益，其二是组织因不良形象难以改变而受损。当然形象不是一成不变的，但要改变一种形象总是不容易的。

★ 案 例

狗不理包子

到天津不吃"狗不理包子"，是旅游者的遗憾。刚出屉的热气腾腾的包子，看上去如同薄雾之中含苞待放的秋菊，再咬上一口，油水汪汪，香而不腻。狗不理包子好吃的关键在于选料、配方、搅拌,甚至揉面、擀面都是有一定的绝招儿,特别是包子褶花匀称,每个包子都不少于 15 个褶。"狗不理"包子铺原名"德聚号",已有百余年历史,店主叫高贵友,他的乳名叫"狗子"。因其父四十得子,为求平安养子,故取其名。他的包子很受顾客欢迎,生意越做越火,"狗子"卖包子忙得顾不上与顾客说话,人们取笑他:"狗子卖包子,一概不理。"日久天长,喊顺了嘴。包子出名了,高贵友的大名反倒被忘记了。狗不理包子不仅在历史上受到慈禧太后的喜爱;在今天,也深得大众百姓和外国友人的青睐。

(资料来源:http://www.edu-gov.cn/news/18401.html)

(三) 组织形象的分类

组织形象是多层次、多维度的,因此我们也应该从不同角度来把握组织形象。组织形象根据不同的标准可划分为不同的类型。

1. 根据组织形象的内容划分

根据组织形象的内容划分,可分为特殊形象和总体形象。

(1) 特殊形象。特殊形象是某一方面或少数几个方面给公众留下的印象,或者组织在某些特殊公众心中形成的形象。例如,企业的良好服务给某些顾客留下了"优质服务企业"的形象,企业的某一次慈善捐款给公众留下了乐善好施、热心公益事业的形象。特殊形象对企业很重要,因为公众是不可能全方位、全面地了解组织的,组织在他们心中留下的往往就是这种特殊形象,而且某些公众就是因为组织在某些方面的独特形象而支持组织的,如歌迷之于演唱会、球迷之于球星等。因此,特殊形象是组织改善形象的突破口。

(2) 总体形象。总体形象是企业各种形象因素所形成的形象的总和,也是各种特殊形象的总和,但两者又不是简单的总和。一个比较极端的例子是:某个员工工作敬业、技术一流,人际关系也好,深得领导和同事的赞许;但不喜欢他的人可能说,他没有个性或没有特长等。对一个组织而言,就应该努力追求总体形象和特殊形象的和谐统一。

2. 根据组织形象的真实程度划分

根据组织形象的真实程度划分,可分为真实形象和虚拟形象。

真实形象是指组织留给公众的符合组织实际情况的形象,虚拟形象则是组织留给公众的不符合企业实际情况的形象。虚拟形象形成的原因是多方面的,既有传播信息过程中的信息失真原因,也可能有公众评价的主观性、偏向性原因。需要说明的是,真实形象不一定就是好形象,而虚拟形象也未必等于坏形象,如企业因经营伪劣产品被曝光在公众中形成的不好形象是真实形象,而一个骗子在被揭穿之前的公众楷模形象往往是虚拟形象。一些企业也通过虚假统计数据而在上级部门(官员)那里形成了一种好形象,但这肯定是虚拟的。对企业来说,应追求真实的良好形象,而避免虚假的、不好的形象。

3. 根据组织可见性划分

根据组织可见性划分,可分为有形形象和无形形象。

(1) 有形形象。有形形象是指那些可以通过公众的感觉器官直接感觉到的组织形象,包括产品形象(如产品质量性能、外观、包装、商标、价格等)、建筑物形象、员工精神面貌、实体形象(如市场形象、技术形象、社会形象等),它是通过组织的经营作风、经营成果、经济效益和社会贡献等形象因素体现出来的。

（2）无形形象。无形形象是通过公众的抽象思维和逻辑思维而形成的观念形象，这些形象虽然看不见，但可能更接近企业形象的本质，是企业形象的最高层次。对企业而言，这种无形形象包括企业经营宗旨、经营方针、经营哲学、企业价值观、企业精神、企业信誉、企业风格、企业文化等。这些无形形象往往比有形形象有价值，如对麦当劳、可口可乐、索尼、劳斯莱斯等企业而言，它们的企业信誉等无形资产比那些机器设备和厂房要重要得多。

二、塑造组织形象

中国市场经济体制的建立，对中国企业的经营工作提出了更高的要求，如何运用现代化的经营手段，适应新经济体制的要求，塑造企业良好的形象，提高企业竞争力，成为当前企业发展的首要课题。企业与社会的关系，由于商品经济的发展而变得频繁和复杂。在计划经济体制下，企业只是产品生产工厂，必须按照国家计划生产，不存在任何经营活动。在市场经济条件下，合理地运用公共关系理论及其管理手段，是搞好现代企业工作的有效途径。

组织形象是公共关系理论的核心。组织形象问题是公共关系理论的核心问题。组织形象概念是整个公共关系理论概念群中的核心概念。组织形象是组织机构及其成员的客观形态和外在表现，在社会公众心目中所形成的总体印象和评价，对组织来说，形象的塑造至关重要。

（一）塑造组织形象的方法

曾经有人说，如果可口可乐遍及世界各地的工厂，在一夜之间被大火烧光的话，那么第二天世界各大媒体的头一条新闻就是：各国银行巨头争先恐后向它贷款。因为可口可乐已经得到了世界的接纳，通过长期有效的公共关系工作，可口可乐为自己树立了"世界第一饮料"的形象，人们绝不会让这样的形象消失。这说明，良好的组织形象对企业来说是一笔重要的无形资产，它能够为该企业的产品或服务创造出一种消费信心，从而提高企业的竞争能力，得到消费者的信任和光顾。

一般来说，要塑造良好的组织形象，应该做好以下几个方面工作：

1. 消除组织形象塑造中的误区，树立正确的组织形象观

尽管组织形象的重要性已为越来越多的组织领导层所认识，但在实际中，还是存在着对组织形象的若干误区。

（1）组织形象无用论。组织形象是摆花架子、图形式，中看不中用，以前从没听说或没塑造过组织形象，不也照样获得成功吗？市场竞争是短兵相接，时间就是金钱，市场是不会让企业从容地塑造好形象再参与竞争的。只注重有形资产，不注重无形资产，势必降低企业资产的含金量，在企业向股份制或合资企业转换过程中，也势必造成企业资产的大量流失，或带来经济上的巨大损失。如美加净在1993年与美国庄臣公司合资，只注意在有形资产（厂房、设备、资金、原料等）方面与美方讨价还价，忽略了对无形资产的保护，以每年1 500万元的低价商标使用费将"美加净"商标转让给美方，自己改用"明星"商标。一年后，"明星"商标不为顾客所接受，库存积压的损失大大超过1 500万元的商标使用费。此时美加净才领悟到"美加净"商标的价值，又痛下决心用2 100万元的高价将"美加净"商标买了回来。买回商标以后，每年的纯利润为6 000万元，是商标使用费的4倍。

（2）组织形象万能论。组织形象是点金术，是灵丹妙药，企业形象一导（导入）就灵；

只要导入组织形象战略，组织就会像可口可乐那样名扬四海，像微软公司那样财源广进，像清华同方那样潜力无限。

（3）组织形象趋同化。照搬照抄的组织理念设计和行为设计，大同小异，毫无本组织的特色和个性。例如，在设计企业精神时，大部分企业都是选择"团结、创新、求实、奉献、文明"等词，形成一种高度趋同化的企业精神。

（4）组织形象盲目化。组织形象应该是组织长期的经营理念、经营宗旨及其他方面的集中、综合反映，应该具有典型性、代表性、综合性。但很多组织在塑造组织形象的过程中，既不了解组织的历史及发展过程，又不针对公众而开展调研，因此这样塑造出的组织形象往往带有很大的盲目性，很难被公众认同。

针对上述组织形象塑造过程中的误区，组织在进行形象塑造时必须树立正确的组织形象观，努力避免或消除对组织形象的错误看法。既不要因看不到组织形象的作用而轻视，也不要因组织形象有作用而人为拔高，同时在组织形象设计和实施过程中要注意特色，注意针对性和代表性，只有这样才能真正搞好组织形象的塑造工作。

2. 捕捉组织形象塑造的有利时机，以达到事半功倍的效果

不同的时期，组织形象塑造的途径和方法会有所不同，能巧妙地把握时机，因势利导，就能起到事半功倍的效果。

（1）新组织创立时期。新组织创建开业时，还未能与社会各界建立广泛的联系，知名度不高。这时，组织如能确立正确的经营理念、完善的组织架构和员工行为规范，设立独特的视觉识别系统及最佳的传播方式和媒介，就能给公众留下良好的第一印象。

（2）组织顺利发展时期。这时应致力于保持和维护组织的形象和声誉，巩固已有成果，再接再厉，进一步提高知名度和美誉度，以强化组织在公众心目中的良好形象。当组织处于顺利发展时期，其各方面运转往往较好，因此可供利用的宣传机会和"扬名"机会自然也会多些。"经济效益上台阶，文化生活辟新路，组织荣誉接踵至，主要公众赞扬多"等，都是可以利用的极好契机。

（3）组织处于逆境时期。组织的发展不可能一帆风顺，当组织处于逆境时，公共关系人员应沉着、冷静，善于捕捉组织中的亮点，然后抓住有利时机，采取灵活的宣传策略，以赢得组织内外公众的支持、理解和合作，帮助组织顺利渡过难关。即使组织处在最困难的时期，只要公共关系人员勤于思考，敏于发现，总能找到组织的一些亮点。例如，某企业因经营不善导致亏损，经济效益下滑，员工福利受到影响，外部的公众如供应商、代理商、顾客的支持力度也有减弱的趋势，组织经营很困难。这时，公共关系人员便要努力寻找组织亮点，如企业虽暂时处于困境，但企业有雄厚的基础，或者有良好的企业形象，或者有超强的技术开发实力，或者有诱人的发展前景，或者有乐观自信的员工……这些都可作为对内对外宣传的突破口，作为使组织重新赢得公众信心的催化剂。正如一句流行语所说，"只要思想不滑坡，办法总比困难多"。

（4）组织推出新产品、新服务项目、新的方针政策或经营方式时期。这时组织面临的最大挑战就是如何消除公众的观望与等待态度。由于受消费惯性的影响，社会公众在组织推出新产品、新服务或新举措时，往往会持观望和等待态度。这表明消费者对这些新产品、新服务、新举措还不了解，还有疑虑，还存有戒备心理。这时公共关系部门应主动出击，采取

有针对性的措施，如现场产品（服务）展示、操作示范、广告宣传、顾客承诺等，消除公众的疑虑和摇摆态度，把公众的注意力尽快地吸引到组织的新产品、新服务、新举措上来。

3. 保持组织形象的统一性和连续性

在塑造组织形象过程中，组织要统筹兼顾，全面安排，以保证组织形象的统一性和连续性。许多企业经营不佳、形象不好，并不是因为没有去塑造组织形象，而是因为缺乏连贯一致的组织形象。假如某组织今年强调成本低、价廉物美，明年强调服务好、体贴入微，后年又强调革新、创新制胜，不仅内部职工无所适从，也会导致外部公众无法对其形成一个稳定的印象。

国际上的一些知名公司在这方面就很值得我们借鉴和学习。例如，美国国际商业机器公司（IBM）在其成长过程中，产品不断更新，管理体制也发生了变化，但它最近公布的组织目标及目前所强调的基本信念，仍然没有离开其第一任领导老托马斯·沃森最初的设想；日本松下公司所遵循的整体企业精神，仍然是公司创始人松下幸之助所拟定的一些信条。可见，保持组织形象的一贯性、连续性，对于一个企业的长远发展至关重要。

（二）塑造组织形象的原则

1. 特色性原则

各企业都有自己特定的发展目标和特定的公众对象，因此要根据本企业的特点，塑造富有新意、避免雷同的组织形象。

2. 长期性原则

组织形象的树立是一个长期的战略任务，要经过持久的努力，同时由于企业自身和社会环境都处于不断变化之中，要适应变化，不断完善、充实、更新组织形象。

3. 整体性原则

许多企业中，树立形象工作由各部门分散进行，这可能会出现各自为政、相互矛盾的局面。因此，要坚持整体性原则，制定统一的公共关系政策。

4. 培养企业公共关系人员及其员工良好的公共关系意识

公共关系意识是总结了企业经营、行政管理和多年公共关系实践经验而提出的一整套现代管理的根本原则和哲学思想，对于搞好公共关系有极大的指导和促进作用。公共关系人员应具备的公共关系意识包括重视企业形象的意识、双向沟通的意识、重视社会整体效益的意识和真诚合作的意识等。

第三节　公共关系三大量化目标

★案　例

中国产的青岛啤酒，经美国检验其主要品质指标均高于美国的百威啤酒。但在1994年评估时青岛啤酒的品牌价值（商标在我国估价）只有2亿元人民币，而百威啤酒为843亿元人民币。百威啤酒的品牌价值为青岛啤酒的421.5倍。

品牌的价值以产品质量和服务为基础，质量和服务不过硬的产品肯定成不了名牌。但是，产品质量和服务仅仅是品牌价值形成的一个必要条件，而不是充分条件。也就是说，质量不高和服务不好的产品肯定不会有很高的品牌价值，更不可能成为名牌，但质量高、服务好的产品不一定就会有很高的品牌价值或必然成为名牌。

"青岛"与"百威"相比，主要是差在知名度和美誉度上，以及由此涉及二者在品牌定位、品牌形象塑造、品牌延伸，甚至广告宣传、市场调研、公共关系等品牌营销手段上的不同，导致品牌价值差异。所以，组织形象是具有价值效益的。

一、公共关系三大量化目标的内涵

组织形象评估应以"认知度""美誉度""和谐度"作为三大目标。认知度侧重公众对组织进行道德价值的评判，其中，和谐度主要是就组织与目标公众的关系而言。

公共关系目标是组织目标的一个子系统，是指社会组织通过一系列工作，所欲达到的树立组织形象、与公众取得和谐的状态。与组织目标一样，公共关系目标也是一个变量，有长期目标、中期目标、短期目标、具体目标之分；但它与组织目标在一个时期往往由特定的工作重心派生出特定的目标不一样，公共关系目标由于涉及的主要是组织与公众的长远关系，其制定与衡量便有着一个统一的标准，这就是社会组织的认知度、美誉度、和谐度。

毋庸讳言，在既有的公共关系教科书中，公共关系目标的表述一直为"知名度""美誉度"，然而，伴随着公共关系实践与理论的交替推进，"知名度""美誉度"的"二度目标"的提法，越来越暴露出其不足来：其一，"知名度"本身无法做量的分解，即它表示的仅仅是组织被知晓的广度，而无法表示组织被认识的深度。例如，一个组织仅仅被公众知道名称，与既被公众知道名称又被公众知道其运行信息，其引发的结果必然大不一样；而组织更多的信息被公众知晓却是"知名度"无法涵盖的。其二，仅以"知名度"与"美誉度"来表达组织的公共关系目标，很大程度上表示的是组织的非目标公众对组织的知晓与评价，虽然任何一个组织都需要非目标公众的良好评价，但从组织存在的本质上看，组织更需要的是与目标公众取得和谐，在目标公众的心目中树立良好的形象。例如，广州"白云山"、郑州"亚细亚"一度追求的只是"知名度"与"美誉度"，但由于与内外部的目标公众不相和谐，以致经营出现困境。因此，从一定意义上说，"二度目标"远离了组织利益的关注点，即脱离了社会组织的实际。其三，由上述两点决定，"二度目标"对社会组织的公共关系工作的要求来说存在着不周延现象，也就无法进行合理的分解以及周密的量化统计，如此，对组织的公共关系状态只能做模糊的判断；而作为一门社会科学实践所需要的现代科学，如果不能得到量化的衡量与操作，则一方面难以上升为真正的科学，另一方面对组织的公共关系工作也缺乏精确的指导。

鉴于以上不足，本书设计出"认知度""美誉度"和"和谐度"这"三度目标"来作为进行组织公共关系目标量化衡量的统一标准。

（一）认知度

认知是20世纪50年代兴起的认知心理学的核心概念。该心理学流派主要是从信息加工的角度来研究认知和认知活动，如此，"认知"即认识、知晓之意。世界最大的公共关系公司博雅公司，1997年对公共关系做了新的诠释，认为公共关系即"认知管理"。

认知度是指一个社会组织被社会公众所认识、知晓的程度，其包含被认知的深度、被知晓的广度两个方面。比如，一个企业的企业名称、产品商标、行业归属、历史沿革、主要产品、产品特征、经营状况、法人代表等诸多具体信息在多大范围内被公众知晓，在多深的程度上被公众认识，合起来则为这个企业的"认知度"。

（二）美誉度

美誉度即一个社会组织获得公众赞美、称誉的程度，是组织形象受公众美丑、好坏评价的舆论倾向性指标。美誉度与认知度不同的是，认知度是中性的，不存在道德价值的判断；而美誉度则是有褒贬倾向性的统计指标，是对组织道德价值的判断。

不同的社会组织，其美誉度的体现有所不同。例如企业的美誉度与政府的美誉度衡量的角度就不尽相同，而生产性企业与服务性企业的美誉度也有不同的要求。但美誉度作为舆论倾向性指标，又是有共性的，任何组织都可以在一个统一的指标体系中得到衡量。

知名度与美誉度之间的关系：良好的形象是由知名度和美誉度构成的，缺一不可。但实际上知名度和美誉度并不一定能够同步形成和发展，有知名度不一定有美誉度，没有知名度也不意味着没有美誉度；美誉度高不一定知名度高，美誉度低也不意味着知名度低。总的来说，知名度需要以美誉度为客观基础，才能产生正面的、积极的效果；美誉度需要以一定的知名度为前提条件，才能充分显示其社会价值。

知名度的计算公式：知名度 = 知晓人数/调查人数 × 100%

美誉度的计算公式：美誉度 = 赞美人数/知晓人数 × 100%

例如，测定甲、乙、丙、丁四家公司的形象地位，假定选取100名公众进行调查，其结果如表2-1所示。

表2-1 知名度与美誉度

项目 公司	知名度		美誉度	
	知晓人数	占调查人数比例	赞美人数	占知晓人数比例
甲	80	80%	60	75%
乙	30	30%	24	80%
丙	25	25%	6	24%
丁	75	75%	30	40%

★ 案 例

某企业从新闻传媒上得知，本市一大型动物园因资金缺乏，几种珍奇动物的护养出现了危机。面对这一特殊的社会问题，该企业当即决定出资领养这几只珍奇动物，改善它们的居住环境，解决它们的饮食问题，并在动物园内立起一个"×××集团捐资领养"的标志碑，碑上刻有"动物是我们人类的朋友，让我们共同保护它们"的宣传口号。企业的这一举措通过新闻媒体的报道以及动物园大量游客的现场见证，不仅大大提高了该企业的知名度，而且使人们对这家企业产生了好感。

这一切，均是由于这家企业时刻关注社会信息，主动参与了这一特殊社会问题的解决。特殊社会问题，不仅因为其独特性能引起传媒和社会大众的关注，而且这种特殊性本身还蕴含着某种独特的文化和社会价值观。如果这种独特的文化和社会价值观与企业的理念属性相吻合，并被企业很巧妙地运用，那就十分有利于企业品牌美誉度的塑造与传播。

（资料来源：http：//3y.uu456.com/bp_2m2oi96m7r79c964hv1n_1.html）

（三）和谐度

与美誉度一样，和谐度也属于对组织道德价值判断的范畴，但它却是美誉度在目标公众中的延伸，即一个社会组织在发展运行过程中，获得目标公众态度认可、情感亲和、言语宣传、行为合作的程度，是组织从目标公众出发，开展公共关系工作获得回报的指标。

在客观世界，关系无处不在，而关系的最佳境界就是和谐。爱因斯坦认为，统一、联系、和谐、协调是自然界的普遍性质。人与人构成的社会关系，如和平共处、和谐发展，同样也是处理各种各样关系最基本的准则。而公共关系学本身，正是为追求组织与公众关系的和谐应运而生。美国著名公共关系学专家卡特利普和森特在《有效公共关系》中对公共关系的定义为："公共关系是一种管理职能，它确定、建立和维持某个组织与决定其成败的各类公众之间的互利关系。"在这个定义中，我们应注意到两点：一是公共关系重点关注的是决定组织成败的"各类公众"，即目标公众，而不是可能对组织认知度、美誉度作出反应的非目标公众；二是确定、建立和维持"互利关系"，实际上就是取得组织与目标公众之间的和谐。显而易见，和谐度是在认知度、美誉度基础上的必然延伸，是组织最为关心的一个指标。

如此，和谐度的确定就与认知度、美誉度的确定有所不同，它不是在向普遍性的社会公众（含非目标公众与目标公众）调查统计的基础上产生的，而是建立在专门向各类目标公众调查统计的基础之上。

★ 案 例

粒粒瓜子寄深情，"傻子"致信邓小平

1992年，由于年初邓小平同志在南方谈话中提到安徽的"傻子瓜子"，"傻子瓜子"品牌的认知度急剧上升。但"傻子"年广久却很苦恼。因报刊上炒作的多是他的绯闻与官司，人们对他的看法仍有偏见，业务也难以展开，也就是说美誉度与和谐度较低。于是，他采纳了公共关系专家的意见，决定在元旦和春节到来之际，给邓小平同志寄上几斤瓜子，以表达自己的感激之情。他亲手炒制了几斤瓜子，并委托专家代笔给小平同志写了一封信，信上写道：

敬爱的小平同志：

您好！

我们是安徽芜湖"傻子瓜子"的经营者。今年年初，您在南方谈话中讲到了我们的"傻子瓜子"，我们感到好温暖、好激动。您是对全国人民讲的，但对我们

更是极大的鼓舞。

光是今年下半年，我们"傻子瓜子"就新建了13家分厂，生产了1 400多万斤瓜子。从经营"傻子瓜子"以来，我们已经向国家交纳了200多万元的税，向社会提供了40多万元的捐赠。这都是您的政策好啊！但我们还要兢兢业业地继续做"傻子"，为顾客提供更多味美可口、价钱公道的瓜子；我们还计划更快地扩大经营规模，把"傻子瓜子"打到国际市场上去，为国家多做贡献。

敬爱的小平同志，我们时时铭记着您的恩情，在这新春佳节到来的时候，特地寄上几斤瓜子给您尝尝。这是非常微薄的礼物，却代表了我们对您深深的敬意，希望您能喜欢。

衷心祝愿您新春快乐！健康长寿！

"傻子"年广久 "小傻子"年强
1992年12月30日

为避免记者采访，产生不必要的误会，"傻子"悄悄地到邮局寄出了瓜子包裹和信件。不久，某记者得到中央有关部门的电话说瓜子与信已转交小平同志，便首先进行了报道。在此之后的两年中，转载该信息的媒体达200余家。"傻子瓜子"的美誉度与和谐度大幅度上升，"傻子"的事业又进入第二次顺利发展时期。

（资料来源：http://www.njliaohua.com/lhd_3g57w3fiu57l7tx2ashm_3.html）

二、公共关系三大量化目标的意义

公共关系三大量化目标的意义具体体现在以下三个方面。

（一）是公共关系独立存在的个性化标志

公共关系的发展，从艾维·李的公共关系职业实践到爱德华·伯纳斯的理论建树，始终是围绕着组织的形象、组织与公众的关系展开的；只是至今组织的"形象"与组织的"公众关系"，一直没有一套科学、系统的目标体系，以至于组织开展公共关系的效果只能间接地体现在组织的管理指标之中，如此则必然地影响了公共关系学科地位的提升。而对比企业品牌无形价值的评定、产品质量管理体系、国家卫生城市的评比验收等具有科学的、明确的指标体系，公共关系原有的以知名度、美誉度进行的衡量判断，就显得模糊、不科学，也无法强有力地证明自身的独立存在。科学哲学认为："一门可确定和测量它所研究之现象的学科将比那些不能做到这一点的学科发展得快一些。"

因此，公共关系学科的发展与理论的实践，都呼唤着建立可量化、更精确的目标体系。

不仅如此，由于公共关系学具有学科交叉的特点，其涉及管理学、传播学、心理学、社会学、交际学、策划学等多个学科，因此，如果自身没有核心的概念，没有完整、严谨的体系，就容易丧失自我，失去本体。虽然公共关系学经过百年多的发展，已形成了若干稳定的、被人们广为接受的概念，如"组织形象""公众""四步工作法""沟通""双向对称"等，但公共关系工作的意义何在，公共关系理论的凝聚点将由怎样的个性化的概念来表述，种种疑问都在呼唤用个性化的、科学严谨的概念来表述公共关系的目标。而"认知度""美誉度""和谐度"三个概念科学地表述了公共关系的目标,显示出鲜明的个性色彩,也就自然地成为公共关系独立存在的个性化标志。

(二)使组织的公共关系工作具有了可比照性

工作目标越具体,其实际操作就越有章可循,工作的结果就越容易接近目标。由于公共关系三大目标可分解、可量化,同时在分解、量化后又可合理地概括、综合,从而做出关于组织公共关系状态的科学评判,因此就显得具体可行,使整个公共关系的操作过程都具有可比照性。

以上面所分别阐述的三大目标的内涵为基础,组织的公共关系工作目标可以划分为如下等级:

(1) 认知度。5级:A——国际、B——全国、C——大区、D——省区、E——当地;10档级:0、1、2、3、4、5、6、7、8、9。

(2) 美誉度。11档级:-5、-4、-3、-2、-1、0、1、2、3、4、5。

(3) 和谐度。11档级:-5、-4、-3、-2、-1、0、1、2、3、4、5。

"三度""四档级"的合成,就是一个组织公共关系状况的等级。它首先可以作为组织公共关系目标的表述,其次可以作为组织公共关系状态的反映。一般情况下,组织的公共关系状态总是呈正数,其标准的"公共关系状况等级"表述则由四个符号构成,即公共关系状况等级=认知度档级+认知度区域级+美誉度档级+和谐度档级。例如,一个组织的认知度为6档级、区域级为全国——B级、美誉度为3档级、和谐度为4档级,那么该组织的"公共关系状况等级"则表示为"6B34";一个组织的认知度为5档级、区域级为大区——C级、美誉度为2档级、和谐度为3档级,那么该组织的"公共关系状况等级"则表示为"5C23"。在极少数的情况下,组织的美誉度或和谐度可能呈负数,那么只需把负数写进"公共关系状况等级"即可,如"6B-21""5C2-2""4E-1-3"。但只要一出现负数,这个组织就相当危险了,"危机公共关系"也就成了必然的选择。

总而言之,认知度、美誉度、和谐度这"三度"构成的"公共关系状况等级",使得组织公共关系目标的制定更为具体,也使得社会组织公共关系的每一步工作都有了可比照性。

(三)使公共关系工作更好地服务于组织目标

一个社会组织开展公共关系工作,终极目标不是实现"认知度、美誉度、和谐度"的提升,而是为组织的生存、发展之总体目标服务。

组织的总体目标体现在经济效益与社会效益上,这两个效益都是可以量化的;而任何组织都只能根据自身实际,制定出切实可行的量化目标。相应地,组织也就要求公共关系的目标与之接轨、为其服务。而可分解、量化的"认知度、美誉度、和谐度"三大目标,就能有效地与组织目标接轨,并促使公共关系工作更好地服务于组织目标。

章后案例

假如我是广州市市长

广州市委、市政府先后举办过直接为市长做参谋的"假如我是广州市市长"征文活动

（后定名为"市长参谋活动"），为政府职能部门出谋献策的"房改方案千家谈""菜篮子工程千家谈"等"千家谈系列活动"，讨论广州市风和广州人精神的"羊城新风传万家"和"羊城居委新形象"等大型公众活动，运用报纸、杂志、广播、电视等媒介，动员了成千上万的市民参政议政，各抒己见，都收到了良好的社会效果，提高了政府对市民的凝聚力。

（资料来源：三亿文库. http: //3y. uu456. com/bp_43ecg4eqk6667gj1z1t8_3.html）

案例分析题：

结合上述案例，运用你所学的公共关系知识解释一下政府公共关系及效果。

思考题

1. 什么叫公共关系目标？
2. 按组织所处的社会环境和战略目标所起作用的性质，公共关系目标如何分类？请举例说明。
3. 组织形象的特点有哪些？
4. 公共关系三大量化目标的内涵是什么？

第三章

公共关系三要素

★ 学习目标

知识目标：了解社会组织、公众、传播的含义、特征和分类；了解公共关系部、公共关系公司的含义和工作内容；掌握公共关系人员应具备的素质和能力。

技能目标：熟练运用研究公共关系三要素的基本方法。

素养目标：具备公共关系人员应有的素质和能力。

★ 建议课时

6课时。

★ 案例导入

寻访希望工程28年

希望工程从1989年至今走过了28年的历程。它帮助农民的后代改变了命运，唤起了社会包括各级政府对教育的重视，促进了中国公益事业的发展。28年中，发生了许许多多令人感动的故事……在无数人的无私奉献和不懈努力下，希望工程在实现众多儿童求学梦的同时，成为最能够代表中国特色的全球性公益品牌，改变了无数人的未来。

1989年10月，中国青少年发展基金会发起了旨在救助贫困地区失学少年重返校园的"希望工程"。

如今，28年过去了，希望工程的资助对象已经扩展到进城务工农民工子女、农村贫困地区家庭经济困难的中学生、中等职业技术学校的学生和大学生。希望工程的动员和服务方式也从单一的资金资助发展到"资金资助＋勤工俭学＋公益实践"以及心理援助、社工服务等多元化格局。希望工程成为中国改革开放40年来启动最早、规模最大、参与最广、成效最为显著的社会公益事业。

在希望工程实施的28年里，从国家领导人到普通民众，从国内到海外，数以亿计的爱心人士参加到希望工程的行列中。1990年9月5日,邓小平同志欣然为"希望工程"题名,并以"一个老共产党员"的名义两次向希望工程捐款。中国少年发展基金会经过认真讨论,决定将5 000元捐款用于邓小平早期工作、战斗过的广西百色,百色市平果县希望小学的25名贫困儿童成为受益者。如今,这些孩子已经长大成人,均已走上工作岗位。他们有的加入了中国人民解放军的队伍,有的成为工人。值得一提的是,他们当中多人执教于希望小学,成为光荣的人民教师。

中国科技促进发展研究中心在对希望工程进行效益评估后得出了结论:中国青少年发展基金会发起并组织实施的希望工程,已经成为我国20世纪90年代社会参与最广泛、最富影响力的民间社会事业。希望工程实施以来,以协助政府普及九年义务教育和扶贫攻坚为宗旨,坚持"雪中送炭"的原则,通过救助因家庭贫困而失学的儿童继续小学学业,建设希望小学等措施,提高了贫困地区小学适龄儿童的入学率、巩固率、升学率,降低了辍学率,改善了办学条件,提高了办学质量,成效显著。希望工程促进了我国农村贫困地区基础教育事业的发展,开辟了一条动员社会力量协助政府办教育的新路子。

"希望工程这些年有一种倡导,就是不仅是给予人,重要的是助人自助。'助人自助'的含义就是帮助你的服务对象或者受助人获得自我成长的能力,让他自己获得造血的功能、机能。"

目前,希望工程累计募集捐款53亿多元人民币,资助农村家庭经济困难学生逾338万名,建设希望小学15 444所,建设希望工程图书室约14 000个,配备希望工程体育园地2 500套,配备希望电影放映设备200套,培训农村小学教师52 000余名,建设保护母亲河工程造林项目总规划面积100多万亩;援建希望医院13所;帮助3 100余名艾滋病孤儿和受艾滋病影响的儿童继续完成学业。

(资料来源:http://www.cydf.org.cn/)

案例分析:

希望工程是由团中央、中国青少年发展基金会以救助贫困地区失学少年儿童为目的,于1989年10月发起的一项公益事业。其宗旨是建设希望小学,资助贫困地区失学儿童重返校园,改善农村办学条件。希望工程改变了一大批失学儿童的命运,改善了贫困地区的办学条件,唤起了全社会的重教意识,促进了基础教育的发展,弘扬了扶贫济困、助人为乐的优良传统,推动了社会主义精神文明建设。

公共关系是社会组织运用各种传播手段,维持和发展与公众之间良好关系的互动过程。它是由三大基本要素构成的,即公共关系的主体——社会组织,公共关系的客体——公众,公共关系的媒介——传播。了解公共关系的三个基本构成要素,是有效开展公共关系活动、塑造良好组织形象的前提。

第一节 公共关系的主体——社会组织

公共关系是由公共关系的主体、公共关系的客体和公共关系的媒介三大基本要素构成的。公共关系的主体是执行公共关系任务,实现公共关系功能的载体和实体,即社会组织。社会组织为适应不断变化的环境,谋求生存和发展,便产生了公共关系行为。为实现社会组织的公共关系目标，从事公共关系工作的专职机构和专业人员便应运而生。

社会组织是公共关系的主体，是公共关系的发起者、组织者和实施者，在公共关系活动中起着主导作用。

一、社会组织概述

(一) 社会组织的含义和特征

1. 社会组织的含义

在公共关系中，所谓社会组织是指基于一定的社会需要和利益要求，在共同目标的基础上，按一定的结构、规范、职能有意识组建起来的从事一定社会活动的共同体。

由于社会组织在公共关系活动中始终处于策划、组织、控制、实施的主导地位，因此，通常把社会组织称为公共关系的主体。它是公共关系的行动者、实施者与承担者。

社会组织的产生，其动力来源于功能群体的出现以及群体正式化的趋势。在社会的演进过程中，一方面，功能性群体自然演化成了正规的社会组织；另一方面，一些社会群体的正式化，也造就了组织的形式。有学者认为，组织可以通过社会功能的专门化、社会动员和社会暴力三种途径而形成。例如，各种跨国公司是功能群体演化成的组织，而军队则是战斗群体正式化的产物。那种认为社会组织只能通过社会分工来产生的观点是片面的。

2. 社会组织的特征

社会组织的特征是指社会组织与其他非社会组织区别开来的各种特征的总和。社会组织是社会的最基本元素，它的社会存在形式千差万别，其特征表现为：

(1) 群体性。任何社会组织都是由至少两个人以上所构成的社会群体，一个人是无法形成一个社会组织的。

(2) 整合性。组织一般都具有严密的内在结构和机制，组织内各分支系统、各个流程环节、各个成员之间存在着相互依存、相互牵制、相互作用的关系，而这种关系是靠组织的内部机制（规范、准则、岗位职责等）来处理和协调的。

(3) 目标性。任何组织都是依靠一定的统一目标而形成的，是为了共同的目标走到一起的。组织的目标是一个体系，可分为长期目标和近期目标，一般目标和特殊目标等。

(4) 动态性。动态性也叫变化性。任何组织都是一定社会环境的产物，环境是组织生存的社会基础。组织的环境可分为直接环境和间接环境、良好环境和恶劣环境等。组织的环境是不断变化的，是一个动态系统。所以，组织也必须根据环境的变化而不断地调整自己的方针、政策、经营理念，不断地矫正自身行为，不断地进行自我协调、自我改造和自我更新（开发新产品、提供新服务等），以适应环境的变化需要，只有这样，组织才能更好地在社会上生存。

(5) 多样性。"社会组织"是个统称概念，是对社会上存在的不同形式的群体、集合体的统称。社会组织的存在形式千差万别，且种类繁多。例如，在日常生活中我们常见的学校是文化组织，工厂是经济组织，政府机关是政府组织。

(6) 物质性。任何社会组织都有一定的办公场所或生产场地，都必须具备一定的生产设备和技术等，这就是社会组织存在的物质性。

（二）社会组织的分类

可以根据组织的性质、结构、作用、活动形式等，对社会组织进行合理的分类。在我国一般是根据组织的目标及其活动内容将社会组织分为以下几类。

（1）经济组织。经济组织即在社会主义市场经济条件下直接从事生产、交换等各种经济活动的组织。经济组织是人类社会中最基本的社会组织，它担负着向人们提供衣食住行和文化娱乐等物质生活资料的任务，它要实现其所有者和经营者的经济利益。

现代公共关系主要发生在社会的各个经济组织中。可以说，经济组织是公共关系活动中最活跃的主体。经济组织所担负的公共关系任务就是要树立一个良好的生产经营者形象，争取各类公众的支持，以便不断增强自己的竞争力。

（2）政治组织。政治组织是指在社会中从事政治活动的组织，包括从事社会活动的政党、政权组织和维护国家安全、社会秩序的武装力量、司法机关等。政治组织是人类社会阶级出现后的产物，它是一定阶级、阶层、集团的代表。在现代社会中，政治组织为向其代表的社会群体及整个社会表明自己的政治见解、主张及方针政策等，争取广泛的社会认同及社会支持，必须搞好与广大社会民众的关系，处理好本阶级、阶层或集团与社会群众利益的关系，因而政治组织必然成为现代社会中一个重要的公共关系主体。

（3）文化组织。文化组织是指在社会中从事文化活动、文化事业的组织，如各类学校、文化团体、科研院所等。文化组织以满足人们的文化需求为目标，以从事文化活动为其基本任务。文化组织是社会文明的重要标志，它与社会有着广泛的联系。

文化组织的公共关系任务在于塑造优秀的精神文明建设者和文化、教育、卫生事业服务者的形象，争取社会尽可能多的人民群众的支持和参与。

（4）群众组织。群众组织主要包括两大类，一类是社会性团体，如工会、共青团、妇女联合会等；另一类是各类专业性群众组织，如中国美术家协会、中国作家协会、中国科技协会等。群众组织的任务是广泛团结社会各阶层、各领域的人民群众，代表他们的利益，了解他们的意愿，反映他们的需求，组织他们开展多种社会活动。

群众组织的公共关系任务是求得社会和人民群众的支持，树立自己是社会利益和群众利益的忠实捍卫者的形象，不断扩大群众组织活动的规模和范围，促进和谐社会的构建。

（5）宗教组织。宗教组织是以某种宗教信仰为宗旨而形成的组织，如中国佛教协会等爱国宗教团体及其地方组织。为了宣传自己的宗教思想和宗教信仰，争取广大群众的信奉与支持，宗教组织也必须开展公共关系活动，处理好宗教组织与信教民众、政府、新闻媒体等社会各方之间的关系。宗教组织的公共关系任务是在信教群众和宗教界人士心目中树立一个宽和的组织者的形象，与不同的信仰者和平共处，争取得到信教群众和宗教界人士的拥护和爱戴。

对社会组织的其他分类，主要有以下几种：以组织的社会功能为标准，可将组织分为产业组织、政治组织和整合组织；以组织目标及其与受益者关系为标准，可将组织分为互利组织、商业组织、服务组织和公益组织；以组织对成员的控制方式为标准，可将组织分为强制组织、功利组织和规范组织；以组织成员的关系状态为标准，可将组织分为正式组织和非正式组织；以组织与环境的关系状态为标准，可将组织分为有机组织和机械组织。

二、公共关系组织机构

公共关系组织机构是为了贯彻公共关系思想，由专职公共关系人员组成，用于开展公共关系活动，执行公共关系职能，服务于社会组织公共关系需要的专业机构。这些专门的机构就是公共关系部、公共关系公司，其实质是公共关系的实施主体。

（一）公共关系部

1. 公共关系部的含义

公共关系部简称公关部，是指社会组织自设的一个管理职能部门，由一些专职人员组成，贯彻社会组织的公共关系思想，开展相应的公共关系活动。但是，社会组织自设的公共关系职能部门并非都称公共关系部。目前，比较流行的叫法为公共策划部、公关处、公共信息部、公共广告部、社区关系部等。公共关系部与社会组织内部的人事部门、经营部门、计划部门、财务部门等一样，都是社会组织重要的管理职能部门。

2. 公共关系部的作用

公共关系部围绕社会组织目标开展各项公共关系工作，策划各项公共关系活动，有助于社会组织良好形象的塑造和维护，有助于为社会组织营造和维护良好的环境，有助于社会组织整体效益和战略目标的实现。在现代社会中，公共关系部作为社会组织内的重要管理职能部门，已日益显示出它的重要作用。

公共关系部在组织内部管理中介于高层决策中心与各个执行部门之间，或介于各管理、执行部门与基层人员之间。公共关系部负责沟通和协调各个职能部门之间的关系。它要向各个子系统提供信息，协助分析、判断和决策。

在企业外部经营中的地位，公共关系部介于组织与公众之间，对外代表组织，对内代表公众，通过传播活动保持组织与公众环境之间的双向沟通。

具体来说，公共关系部在社会组织中具有如下作用：

（1）公共关系部是社会组织的信息情报部，发挥着"耳目"作用。在现代开放的社会中，信息是任何社会组织赖以生存与发展的基础。一个社会组织要生存与发展，就要做到知己知彼。只有这样，社会组织在激烈的竞争中才能具备主动性和灵活性，才能在竞争中稳操胜券。所以，社会组织内部的公共关系部作为公共关系活动的发起者、组织者和承担者，更应该主动收集立法信息、产品形象信息、同行信息、市场信息、有关社会组织形象信息以及民意、舆论、消费者意见等。在此基础上，公共关系部要随时注意观察社会组织内、外部环境的变化对其可能或已经造成的影响。公共关系部还应在对其所拥有信息分析的基础上，预测出社会组织未来的发展方向，从而确保社会组织决策的正确性和发展的稳定性，提高社会组织的生存能力和适应能力。

（2）公共关系部是社会组织的决策参谋部，发挥着"智囊"作用。美国现代著名的决策理论学派代表人物，诺贝尔经济学奖获得者西蒙教授说过："管理的重心在于经营，经营的重心在于决策。"决策的结果直接关系到社会组织本身的兴衰存亡。而任何正确的决策都取决于社会组织信息管理的质量。国外学者说过，90%的情报加10%的判断等于决策的科学化。社会组织内部的公共关系部与社会组织内其他职能部门不同的地方之一，就是它拥有搜集信息、监测环境的功能，而且它所拥有的信息量是最多的，也是最全面的，具有极高的参考价值。公共关系部应直接隶属社会组织的最高领导者，以便直接将有关信息及时地反馈给最高领导者。这样，一方面可以向最高领导者提供咨询，另一方面可以帮助最高领导者进行科学的决策。

（3）公共关系部是社会组织的宣传外交部，发挥着"喉舌"作用。公共关系本身就包括传播沟通、社会交往、关系协调等职能，而这些职能可以沟通社会组织与内、外部公众的关系，使社会组织得到公众的理解、信任和支持，减少社会组织与内、外部环境之间的摩擦和矛盾，为社会组织的生存与发展营造一种"人和"的环境。因此，公共关系部就理所当然地担负起了宣传部和外交部的职责。具体来说，它担负着通过各种宣传沟通活动，求得内、外部公众的理解和支持，接待各种来访、来信、投诉，组织不同类型的公共关系活动等职能。

（4）公共关系部是社会组织的形象塑造部，发挥着"美容"作用。公共关系学是一门为社会组织塑造良好形象，创造有利于社会组织发展的内、外环境的学问和艺术。因此，在公共关系的思想中，最重要的就是重视形象的思想。另外，公共关系的职能是多种多样的，但众多职能最终归结为一点，便是塑造良好的组织形象，这不仅是公共关系活动的目的，也是社会组织追求的长期目标。

（二）公共关系公司

1. 公共关系公司的含义

公共关系公司，也称公共关系顾问公司或公共关系咨询公司，是指由具有一定专业特长的公共关系专家及专业人员所组成的，专门从事公共关系咨询或接受客户委托为其开展公共关系活动，并收取费用的社会服务型机构。公共关系公司在世界范围内的涌现是市场经济发展的必然结果。在激烈的市场竞争中，一个社会组织要在竞争中不断取胜，只靠组织者自己的头脑会力不从心，必要时，可以借助"外脑"来为社会组织提供智能服务。

2. 公共关系公司的优势

公共关系公司与组织内部的公共关系部相比，具有以下四个方面的优势。

（1）专业化水平更高。公共关系公司通常是由受过专业训练的公共关系人员和专家组成的，实践经验丰富，其整体专业水平是一般的组织内部公共关系部无法比拟的。这种优势一方面使公共关系公司能够胜任任何类型的公共关系工作，可以全方位地为客户提供公共关系服务；另一方面，公共关系公司提出的方案和建议更具权威性、说服力和影响力，容易引起委托者决策层的高度重视而被采纳和实施。

（2）分析问题更客观。组织内部的公共关系部与组织有直接的利益关系，会有意无意地站在组织的立场上观察分析问题，其结论带有主观色彩，可能会有失公允。同时，组织内部错综复杂的人际关系也有可能影响公共关系部对具体问题的看法。公共关系公司与委托其办理业务的客户没有直接的利益关系，也不受客户单位内部人事关系的影响，因而可以以"局外人"的态度，冷静、客观地观察问题，实事求是地分析问题，得出的结论会更加公正。

（3）信息来源更全面。公共关系公司长期从事公共关系实务，已经建立了多种信息来源渠道，能够更广泛、更全面地收集各种信息。同时，公共关系公司在工作过程中，与社会公众建立了密切的联系，形成了分布较广的社会关系网络，这些有利条件都能为委托者所用，为其开展各类公共关系活动提供良好的服务。

(4) 工作机动性更强。对于不同类型的组织而言，公共关系工作的需要是不同的。然而，对于同一组织而言，在不同时期，其公共关系目标也不尽相同。而组织内部是否设置公共关系部，或者公共关系部的规模应维持在怎样的水平，这些问题一经确定，一般不会轻易更改，这就使组织自身开展工作受到了限制。但是，公共关系公司却可以凭借其强大的实力，根据委托者的具体情况和要求，灵活组织相应的人力、物力和财力开展公共关系活动。同时，还可以在委托者遇到突发事件或有紧急公共关系任务时，临时抽调有关专业人员，组织专门的工作班子，集中力量解决问题，具有很强的机动性。

当然，公共关系公司同组织内部的公共关系部相比，也有一些不足。具体表现如下：①对客户情况不够了解。由于商业秘密的问题，客户提供给公共关系公司的资料都是有所保留的，这就影响了公共关系公司对客户情况的了解。②工作缺乏连续性和稳定性。客户一般是在遇到公共关系问题时才会想到聘请公共关系专家，因此很难保证公共关系计划执行的持久性。

三、公共关系人员

(一) 公共关系人员的含义

公共关系人员，即公共关系工作人员，其有广义和狭义之分。狭义的公共关系工作人员指的是专职公共关系工作者，包括在公共关系公司或公共关系部从事实践活动的专业人员和以从事公共关系理论研究、教学活动等为职业的人员。广义的公共关系工作人员指社会组织中一切事实上承担着内求团结和外求发展的任务，其思想和行动对组织形象有重要影响的工作人员，如组织的领导者、管理者、各种办公室的工作人员、商务工作人员等。

(二) 公共关系人员的基本素质

现代公共关系人员，首先应该具有现代人全面发展的素质，还应具有公共关系工作所要求的职业素质，即以公共关系意识（公共关系人员观念系统）为核心，以自信、热情、开放的职业心理为基础，以公共关系专业知识和能力为保障的整体职业素质。公共关系人员的基本素质主要包括生理素质、心理素质、文化知识素质、职业道德素质等。对从事日常接待任务的公共关系人员，应有一定的外貌要求。但是，真正高层次的公共关系人员的素质，应当是各种基本素质的高度综合。下面主要分析公共关系人员的心理素质、文化知识素质、职业道德素质和工作能力。

1. 公共关系人员的心理素质

公共关系人员的心理素质是指表现在公共关系人员身上经常的、稳定的、本质的心理特征。公共关系工作是一项复杂的工作，公共关系工作人员在开展公共关系活动时要与各式各样的人交往，要应付复杂多变的事务，没有健全的心理素质，是不可能做好公共关系工作的。

有人说，外向型性格的人适合从事公共关系工作，内向型性格的人不适合从事此类工作。其实，单从性格的外向或内向来讲公共关系人员的心理素质是不科学的。公共关系人员的个性在"外向"与"内向"的性格倾向方面，最值得提倡的是具有较强的可塑性。在不同的公众面前，外向也好，内向也罢，只要发挥得当，都可以收到良好的效果。

公共关系人员的心理素质是公共关系人员基本素质的基础。其内涵较为广泛，如处世个性、兴趣爱好、情绪、意志、气质、风度、人格等，概括来说，对公共关系工作人员的职业心理要求基本有以下三个方面。

（1）自信。自信是对公共关系工作人员心理的最基本要求。一个人只有自信，才能在工作中敢于面对挑战，激发出极大的勇气和毅力，才可能创造性地完成工作任务，取得理想的成绩。

古人云："自知者明，自信者强。"公共关系工作不是一种简单的机械操作，公共关系人员虽然能在一定程度上预测到工作的结果，但还是需要冒一定的风险，这就需要有自信。当然，这种自信是建立在周密的调查研究、全面了解情况的基础之上的，而不是盲目的自信。当一个组织遇到危机时，缺乏自信的公共关系人员通常会显得手足无措，即使有很好的转机，也难以把握；而充满自信的公共关系人员在面对这种情况时，则会以稳健的姿态，凭借智慧，依靠耐心和毅力，通过艰辛的努力，使组织转危为安。

（2）热情。从事公共关系工作的人员应该具有热情。公共关系工作不是一种整天吃喝玩乐的工作，而是一种需要人们付出大量脑力和体力的艰辛的工作。很多公共关系工作人员几乎没有8小时工作制的概念，他们有的只是加班加点、超负荷的工作习惯。那种没有极高的工作热情，没有全身心投入的公共关系工作人员，是做不好公共关系工作的。

（3）开放。公共关系工作是一种开放性和创造性很强的工作，它要求人们以开放的心理，不断接受新的事物、新的知识、新的观念，在工作中敢于大胆创新，以做出突出贡献。具有开放心理的人，能够宽容、接受各种各样与自己性格不同、风格不同的人，并能"异中求同"，与各种类型的人建立良好的关系，这是公共关系工作十分需要的。

当一个公共关系人员具备了以上心理素质之后，在工作和生活中就有可能体现出以下特征：

①对于现实与他人的认识趋于准确客观。
②对事物持有正确的态度。
③拥有广泛而深厚的人际关系。
④有较强的自控能力。

2. 公共关系人员的文化知识素质

有人说，公共关系人员除了应有较为完备的人格和品性外，还应有艺术家的丰富想象力，有心理学家的透视他人内心世界的本领，有新闻传播专家的职业技巧，有管理专家的领导和组织能力……而公共关系人员要获得较为完备的能力结构，没有广博的文化知识素质是不可能做到的。与此同时，公共关系人员是否具备良好的专业知识结构，直接关系到他们心理素质的发挥和整体职业素质的提高。

公共关系人员的知识结构是一个系统。这个系统由三个子系统构成：其一，公共关系的基本理论和实务知识；其二，与公共关系学密切相关的学科知识；其三，有关组织的知识和开展特定公共关系工作所需要的专业知识。

（1）公共关系的基本理论和实务知识。公共关系的基本理论和实务知识又称为公共关系人员的专业知识系统，这个系统由公共关系基础理论、公共关系实务运作知识以及与公共关系理论和实践紧密相关的其他知识构成。

公共关系的基本理论知识包括公共关系与公共关系学的含义及其相互关系、现代公共关系的产生及历史渊源、公共关系的宗旨、公共关系的职能、公共关系的工作准则、公共关系的工作机构、公共关系的三大要素、公共关系工作的基本程序、公共关系策划的基本原理、公共关系传播的基础知识等。

公共关系的实务知识包括公共关系调研知识、公共关系活动策划知识、公共关系活动实施和评估知识、公众分析知识、与各类公众打交道的知识、社交礼仪知识等。

公共关系人员首先应掌握的是公共关系的专业基础知识。公共关系人员对公共关系的理论不能望文生义，不能浅尝辄止，特别是年轻的公共关系工作人员更应该进行严格的岗前理论学习与培训。在学科文字方面，公共关系没有深奥难懂的东西，但国内外的公共关系实践证明，公共关系人员对于公共关系基础理论，学与不学，学多学少，学深学浅，学粗学精都大不一样。

（2）与公共关系学密切相关的学科知识。公共关系学是以多种现代学科为基础，交叉形成的一门综合性很强的边缘学科。因此，公共关系人员要想真正掌握公共关系的基本理论知识和实务知识，必须对与之相邻或相交的其他学科知识有一定的了解。从广博的角度说，公共关系人员应当在勤学好问的前提下努力做到"上识天文，下知地理"。公共关系人员需要学习和了解的知识很多，与公共关系学联系最密切、交叉最多的学科有经营管理学、市场营销学、传播学、广告学、社会心理学、政治学、经济学、运筹学、预测学、口才学、谈判学、写作、编辑、外语等。对每一门学科的理解和掌握，都会使公共关系人员的业务素质有所提高。例如，当公共关系人员对市场学和营销理论有较好的掌握时，就会按照自由选择、自愿交换、激励相容、分散化决策的市场经济法则来处理组织与公众的关系，从而形成与公众的良性互动关系。

（3）有关组织的知识和开展特定公共关系工作所需要的专业知识。公共关系人员无论是为自己的组织工作，还是为别的组织服务，都需要对组织情况有充分的了解。首先，对组织形成的历史根源、发展的历史过程、性质、基本特点、经营品种与范围、实力、市场结构、公众状况、主要竞争对手、员工的精神面貌等应有深刻的了解。其次，对与本组织相关的其他组织公众和非组织公众，也应有尽可能地了解，如政府的性质、作用；与政府沟通的渠道和方法；社区的含义、范围、特点；处理好社区关系的重要性及方法；新闻传播机构的性质、服务对象、方法等。

此外，公共关系人员经常要根据特定的需要，开展特定的公共关系工作。譬如，企业的产品由内销转为外销，组织需要开展国际公共关系工作，这时公共关系人员就有必要了解国际关系、国际市场营销、国际公共关系等方面的专业知识和有关国家的政治、经济情况等。

公共关系人员的知识系统应该是一种动态、开放的结构，它应能够随时吸收新的知识，不断丰富和发展自己。

3. 公共关系人员的职业道德素质

★案例

有一天，日本的三菱汽车销售店来了一位衣着寒酸的老人。他对热情迎客的职员强调，他是因为外面酷热想吹吹冷风才走进来的。虽然他不是想象中的客户，但服务人员依旧热情不减。她对老人说："或许您还需要一杯冰水。"并扶老人到豪华的沙发上休息。

当老人起身观看展示的汽车时，服务小姐又过来热情洋溢详细地介绍不同款型车及其性能，对老人"我并不想买"的答谢，她的回答是："没关系，或许以后有机会可以帮我们宣传。"

结果，老人出乎意料地买了十几部货车，原来他是故意来考察公司信誉和服务的，他指出："对不是客户的人尚且如此，更何况客户。"

（资料来源：荣晓华．公共关系：理论、实务、案例、实训［M］．北京：高等教育出版社，2010.）

就像医生、教师在一般道德水准基础上还应具有医德、师德一样，公共关系工作人员既要有一般的高尚道德情操，又要有公共关系工作者特有的职业道德素养。公共关系工作人员的职业道德，是在实践中逐渐形成的对其职业行为的道德要求。从某种角度上说，这比其他一些职业对从业人员的道德要求更高一些。

对公共关系工作人员的职业道德要求主要有以下几个方面。

（1）正直公道，廉洁奉公。公共关系职业是高尚的职业，献身于这一事业的公共关系人员应具有高尚的品德。公共关系工作是服务于公众、服务于组织、服务于社会的工作。这就要求公共关系人员要正确处理个人和组织之间、组织与组织之间、组织与社会之间的关系。个人利益应当符合组织的整体利益，不可为谋求个人利益而牺牲集体利益，出卖公众利益乃至国家利益。

（2）恪尽职守，忠实于所服务的组织。塑造组织的良好形象，为组织的生存和发展创造良好的环境，对公共关系事业的发展做出贡献，是公共关系人员的基本工作和根本任务。因此，衡量一个公共关系人员是否具有职业道德，最重要的是看他对公共关系事业是否尽心尽责，对公共关系工作是否恪尽职守。

（3）团结谦虚，宽容大度。公共关系工作是一种群体工作，合作、互助、团结、友爱、互相信任和互相尊重，是工作顺利、事业成功的可靠保证。公共关系人员在待人接物上，应表现出耐心、尊严、谦虚和节制，能设身处地地为他人着想，做到"心理位置互换"，作风民主，平等待人，气度宽容，容人之短，不计较对方偶尔的顶撞或失礼，顾全大局等。

（4）勤奋好学，有效工作。组织的发展没有止境，公共关系的发展也无止境。公共关系人员要干好公共关系工作，必须凭实力，凭真才实学，凭对公共关系理论和实务知识的全面掌握和熟练、灵活的运用。公共关系人员只有不断地向书本学习、向实践学习，学而不厌、闻过则喜、知错必改，才有可能跟上时代的步伐，满足公共关系工作创造性及挑战性的需要。

4. 公共关系人员的工作能力

公共关系人员以整个社会作为自己的活动舞台，因而公共关系人员除了应具备基本素质外，还应具有多方面的工作能力。公共关系人员的能力结构是一个系统，一般应包含组织领导能力、社会交往能力、自控应变能力、创造能力等。

（1）公共关系人员的组织领导能力。公共关系工作是一项各部分衔接紧密的系统工程。公共关系人员在接受一项新的公共关系工作时，首先是进行大量的信息收集和汇总，然后根据资料分析，确定自己的工作计划与工作方法，这就涉及许多具体的组织工作。公共关系人员开展各类公共关系活动，如纪念活动、重大庆典、联谊会、新闻发布会、商品展览会以及日常接待、整理资料、传播信息等工作，都需要进行细致的组织、指挥、协调、控制。因此，出色的组织领导能力对一个公共关系人员来说是至关重要的。

（2）公共关系人员的社会交往能力。公共关系人员的社会交往能力是指进行人际交往、广泛联络公众的能力。社会交往能力是衡量一个公共关系人员能否适应开放性社会的标准之一。一个缺乏社会交往能力的人，往往人为地在自己与社会、自己与周围环境、自己与他人之间隔起一道心理屏障。对于一名公共关系人员来说，其占有信息量的多少是其成功与否的决定因素之一。但是信息弥散在社会的各个角落，只有善于交际的人，才能在信息的获取上占有优势。据报载，现在许多科技人员的专业信息，50%～80%来自文字以外的渠道，即从同学、朋友、同行聚会、聊天、讨论中获得。这个数字不一定精确，但它在一定程度上说明了社交对信息获取的重要作用。

（3）公共关系人员的自控应变能力。公共关系人员的自控能力是指对欲望和情绪的自我控制能力，即忍耐能力，它体现了公共关系人员的涵养。应变能力指适应时事变化，应付事态发展的能力，亦即遇变不惊、冷静对待、善于因时而动，摆脱困境的能力，它需要公共关系人员的理智和机智。

在公共关系人员的能力结构中，自控和应变是矛盾的又是统一的。自我控制并非目的，自我控制是为了在遇到各种问题时以及在各种突然发生的变化面前，处变不惊，保持理智和清醒的头脑，及时分析问题并找出解决问题的方法。简而言之，应变的前提和基础是自控，自控的目的是应变。

（4）公共关系人员的创造能力。创造力是人的智力的三大要素之一，是智力的结晶，是智慧的火花，是人类社会生存和发展的基础。没有创造就没有进步。美国迪士尼乐园的创始人沃尔特·迪士尼是一个穷画家，他用卡通片给世界带来了欢乐，也使自己成了巨富。而他的灵感，却源于一只不起眼的老鼠。

所谓创造力，是指运用已积累的知识和经验，独创性地提出新思想，产生新概念、新知识，解决新问题和创造新事物的能力，它主要包括创造性思维能力和创造性想象能力。创造力是在丰富的知识和经验的基础上，对记忆力、观察力、想象力等的综合，是最高层次的能力，它由感知力、记忆力、思考力、想象力四种能力构成。

公共关系是一项创造性活动，大至一个公共关系计划的制订，小至一份请柬、一张名片的设计，都要独具匠心。公共关系的方法是"法无定法"，需要不断地创造。所以，公共关系人员要善于捕捉灵感，富于巧思，勇于冲破樊笼，打破条条框框，在思想和行动上敢为天下先。公共关系面对的是不停变化的社会，在公共关系活动和其他活动中，公共关系的主体、客体、中介都在不停地变化。在这种情况下，公共关系人员要想持续地开展卓有成效的工作，就得根据环境的态势，根据一定时间、一定条件下的各要素特点创造出别具一格、令人耳目一新的公共关系活动，塑造出新颖别致和富有个性的组织形象。如果只是按部就班，走别人的老路，公共关系人员是很难真正有所作为的。

第二节　公共关系的客体——公众

一、公众的含义及相关概念

★案　例

美国长岛铁路公司"开漆大典"

美国纽约长岛铁路公司，原先和乘客关系紧张，一度声誉大降，旅客对公司的服务强烈不满，写来的抱怨信，每周就有200多封。后来，新上任的公司总经理决心"洗心革面"，重建信誉。

美国长岛铁路公司沿线的车站显得有些陈旧了，公司决定对所有车站进行一次重新油漆。为了使长岛铁路公司更富有人情味，创造与乘客融洽、和谐的工作气氛，他们决定，车站漆什么颜色，由公众来决定。于是，公司登出广告与启示，请常乘坐长岛铁路公司列车的乘客与铁路沿线的居民来投票，选择车站理想的颜色。有关公众纷纷踊跃响应，来电来函，对车站的颜色发表自己的意见。

长岛铁路公司的这一举措，很快引起了新闻界的注意，各新闻媒介纷纷前来采访并进行报道。至此，长岛铁路公司认为时机成熟，便在其中心车站举行了一场隆重而热烈的"开漆大典"，当众宣布公众投票选择的结果，并正式开漆。

当日，中心车站万众聚集，政府要员、社区主管、商会理事及工商人士等应邀到场。在鼓乐声中，最后选定颜色的木板上的帷幕在一片欢呼声中被揭开。接着，一桶这种颜色的油漆被抬出来，当地政府要员第一个拿起漆刷，在中心车站的墙上刷下第一笔，这意味着长岛铁路公司车站正式开漆。

如此隆重而富有新意的"开漆大典"，理所当然地引来了一大批记者，随着他们的报道，长岛铁路公司的名声不胫而走，知名度很快得到了提高。

除上述举办"开漆大典"外，长岛铁路公司还装修车厢，增设空调车，改善行车时间，以诚实态度对待差错，用出租雨伞等措施方便顾客，以及广邀各界人士参加公司125周年庆典，使公众对他们的态度发生了很大变化。长岛铁路公司还曾为此荣获《公共关系新闻》杂志颁发的"年度成就奖"。从这个意义上可以说，公众对组织形象的评价具有权威性。

（资料来源：郑洁. 公共关系实训［M］. 大连：东北财经大学出版社，2016.）

（一）公众的含义

公众一词来源于英文"public"，是指特定的人群，又称为"公共关系公众"。从广义上说，公众是除自己之外的所有人，具有排己性。从狭义上说，公众是除自己及与自己有相当关系或一定交往的人（或团体）以外的人群，具有排他性。而与自己有相当关系或一定交往的人就是自己的特殊群体，如亲戚、朋友、同学、邻居、同事、员工、合作伙伴或单位等。

在公共关系中的公众是指因面临某个共同问题而形成并与社会组织的运行发生一定关系

的个人、组织或社会群体，是公共关系主体传播沟通对象的总称。其含义包括三个方面：

第一，公众是社会群体，这种社会群体具有明显的类别性，既包含了个人、群体，也指其他社会组织。例如，作为一所学校，公众既可以是学生、学生家长，也可以是其他学校、商店、政府等社会组织。需要指出的是，这里的个人不是指单个的人，而是指公众群体中的某个人，或群体、组织的负责人、代言人、代表等。

第二，作为公众的社会群体必须与公共关系主体——社会组织发生相互联系、作用。也就是说，并不是所有的人、群体或其他社会组织都可以成为特定社会组织的公众，只有那些与该组织发生直接、间接相互联系和作用的人、群体、社会组织才称为该组织的公众。例如，某家商场，只有已经去购物的顾客才可能成为它的公众，而其他顾客就不是它的公众。

第三，成员间面临共同问题、共同利益和共同要求，因而才形成了某种公众群体。假如有100人到某家商场购买电器，回去使用后发现电器有质量问题，这100人便成了这家商场的一类公众群体。他们面临的问题都是电器质量存在问题，他们的利益是购买到货真价实的电器，他们的要求是希望解决电器质量问题，或在无法解决时进行退货或退款处理。

（二）公众的特征

公共关系中的公众有其自身的特征，可以概括为以下几方面。

1. 整体性

公众不是单一的群体，而是与组织运行密切相关的整体环境。公众环境是指组织运行过程中必须面对的社会关系和社会舆论的总和。

公共关系工作不可只注意其中某一类公众。对其中任何一种公众的疏忽，都可能致使整个公众环境发生恶化，进而影响组织的生存和发展。

公众的整体性要求组织用全面、系统的观点来分析自己面对的公众。

2. 共同性

公众不是一盘散沙，是具有某种内在共同性的群体，包括共同的利益、需求、目的、问题、意向、兴趣、背景等。这些共同点，使一群人或一些团体和组织具有相同的或类似的态度和行为，构成组织所面对的一类公众。

公众的共同性要求组织了解和分析公众的内在联系，化混沌为清晰，从公众整体中区分出不同的对象来。

公众面临共同的问题，这些问题的产生是由于组织的政策、行为对公众产生影响，使公众获得利益或利益受到损失。

例如，企业在生产经营中开发出新产品，对改善人们的生活方式起到积极作用，使产品使用者受益，使用者对该企业产生认同感。

3. 相关性

公众总是相对一定的公共关系行为主体（组织或个人）而存在的。相关性是组织与公众形成公共关系的关键。

公众不是各组织"通用"的，是与特定组织相关的。一群人之所以成为某一组织的公众，是因为他们与该组织具有一定的相关性、互动性。这种相关性是组织与公众形成公共关系的关键。

寻找公众、确定公众很重要的就是寻找和确定这种相关性，从而确定自己的工作目标，分清轻重缓急。

4. 多样性

公众的存在形式是多样的，可以是个人，也可以是群体；可以是严密的组织，也可以是松散的群体。

公众的多样性，决定了沟通方式和传播媒介的多样性。例如，某个生产性企业，它所面临的政府、供应商、经销商等都是严密的组织，而它所面临的消费者却是一个松散的群体。

5. 变化性

组织所面临的公众不是静态的，而是动态的。它不是封闭的、一成不变的，而是一个开放的系统，处在一个不断变化的发展过程之中，是一个可变的社会群体。

任何组织面临的公众，其性质、形式、数量、范围等均会随着主体条件、客观环境的变化而变化。组织自身的变化会导致公众环境的变化，反过来，公众环境的变化，也必将导致公共关系工作目标、方针、策略、手段的变化。例如，产品质量问题得到解决、供应商变化、企业人员流动。

（三）公众的分类

在现实生活中，公众不是一个简单的整体，而是一个极其复杂的网络系统。每个组织在开展公共关系活动之前，都必须根据不同的需要，从不同角度，按不同方法对复杂而且广泛的公众进行分类，这样才能做到有的放矢地确定公共关系目标，制订公共关系计划。因此一般来讲，对公众进行必要的分类，把握其内在规律性，是公共关系人员必须掌握的基本功。公众一般可以从以下几个角度进行分类。

1. 根据公众与组织关系的紧密程度划分

根据公众与组织关系的紧密程度划分，可以将公众分为内部公众和外部公众。

（1）内部公众。内部公众是组织内部的成员群体，是直接隶属某个组织的，是该组织成员的一部分，如管理人员、技术人员、销售人员、辅助人员以及股东等。从广义上来说，员工家属也可以列为内部公众的范围。内部公众是社会组织的重要公众，它是实现组织目标和利益的重要依靠力量，是树立组织良好形象的决定因素。因此，处理好内部公众关系是公共关系主体所要完成的一项重要工作。

（2）外部公众。外部公众是组织的外部沟通对象群体，是组织外部对组织的生存与发展有现实或潜在影响力的公众，是社会组织外部的结合体，是独立于社会组织之外的组织或群体。外部公众主要有消费者、协作者、竞争者、记者、名流、政府官员、社区居民等。处理好与外部公众的关系问题，实质上是理顺左邻右舍和上级下级之间的公众关系，创造有利于组织发展的良好的外部条件。

2. 根据公众的稳定程度划分

根据公众的稳定程度划分，可以将公众分为临时公众、周期公众和稳定公众。

（1）临时公众。临时公众指因某一临时因素、偶发事件或专题活动而形成的公众，如展销会上的顾客，球场、剧院、运动会中的观众，飞机上的乘客，突发事件中受到影响的公众等。处理好这类公众的关系，可以建立周期性、稳定性联系，使其成为顺意公众；处理不好,就可能使其成为逆意公众,成为公共关系工作中的不利因素。社会组织应具备应付临时公众的能力,妥善解决临时公众带来的问题。

(2)周期公众。周期公众指按一定规律和周期出现的公众对象,如节假日出行的游客、季节性购买产品的消费者、定期到某学校上课的函授班学员等。周期性公众具有较强的规律性,公众人员应做好规划和安排,按照一定的预定程序来处理,将一部分周期性公众转化为稳定的公众。

(3)稳定公众。稳定公众指具有稳定结构和稳定关系的公众对象,如定期到某医院体检的老年人,经常光顾某商场的顾客,只使用某品牌化妆品的消费者等。稳定公众是组织的基本公众,是组织生存和发展的重要基础。公共关系部门应采取特殊的政策和措施,把扩大稳定公众的规模作为公共关系工作的重要目标。

3. 根据组织对公众的态度划分

根据组织对公众的态度划分,可以将公众分为受欢迎的公众、不受欢迎的公众和被追求的公众。

(1)受欢迎的公众。受欢迎的公众指完全符合组织的需要并主动对组织表示兴趣、支持、合作和沟通意向的公众。这类公众与组织之间是一种自愿、平等、互利、合作的关系,如自愿投资者、捐赠者、股东、主动为组织采写正面宣传报道的记者等。这类公众的特点是主动对组织表示兴趣和意愿,组织也对其相当重视,期望与其建立和发展良好的关系,二者之间是一种两相情愿的关系,沟通的效果会使双方都获得较大的利益。

(2)不受欢迎的公众。不受欢迎的公众又称需回避公众,指违背组织的利益和意愿,对组织构成潜在的或额外压力和负担的公众,如各种对组织抱有敌意的人士,或对组织构成压力和负担的索取赞助的团体等。这类公众试图与组织建立联系,并对组织不断施压,通过伤害组织利益从而谋取自身利益,成为组织事实上的"入侵者"或"伤害者"。对不受欢迎的公众,组织应采取回避态度或减少接触,以减少对组织的不良影响。

(3)被追求的公众。被追求的公众指符合组织的利益和需要,但对组织却不感兴趣,缺乏交往意愿的公众,如大客户、社会名流、新闻媒体等。这类公众符合组织的利益与长远需要,组织期望与他们建立联系,但这些公众本身却缺乏与组织交流的热情,属于组织的"一相情愿"的公众。这类公众与组织存在较大的沟通障碍,需要组织的公共关系人员想方设法同他们建立联系,通过切实可行的公共关系活动取得支持。

4. 根据公众的形成和发展过程划分

根据公众的形成和发展过程划分,可以将公众分为非公众、潜在公众、知晓公众和行动公众。

(1)非公众。非公众是公共关系学的特殊概念,社会学中没有这个概念。非公众是指虽在某组织的影响范围之中,但与该组织无关,其观点、态度和行为不受该组织的影响,也不对该组织产生作用的公众。划分出自己的非公众可以帮助组织减少公共关系工作的盲目性,避免不必要的浪费。这并不等于说非公众对组织毫无意义,相反,这是一块极具开发价值的处女地,应给予密切关注。非公众也有可能发展成为潜在公众。

(2)潜在公众。潜在公众主要指由于潜在的公共关系问题而形成的潜伏公众、隐患公众、隐蔽公众和未来公众。即某一社会群体面临着组织行为或环境引起的某个潜在问题,由于这个潜在问题尚未充分显露,这些公众本身还未意识到问题的存在,因此他们与组织的关系尚处于潜伏状态。这些公众随着潜在公共关系问题的逐步显现,而对组织的意义也逐渐增强。这要求公共关系人员未雨绸缪,将问题解决在萌芽状态,积极引导事情向好的方向发展。组织应对潜在公众施加积极影响,使之成为知晓公众。

(3)知晓公众。知晓公众是潜在公众逻辑发展的结果,即公众已经知晓自己的处境,明确意识到自己面临的问题与特定组织有关,迫切需要进一步了解与该问题有关的所有信息,甚至开始向组织提出有关的权益要求。组织应采取积极的姿态,与知晓公众保持信息传播与反馈的畅通无阻。这对组织获取公众的信赖、控制舆论非常重要。组织应积极采取行动,把知晓公众推向行动公众。

(4)行动公众。行动公众是知晓公众发展的结果。在这个阶段,公众已不仅仅是表达意见,而是采取实际行动,对组织构成压力,迫使组织必须采取相应的行动。公共关系主体要实施正确的行动策略,变行动公众的压力为动力,把公众的动力和组织的动力在互利互惠的基础上形成合力,即能达到公共关系的最佳效果。

★ 案 例

35次紧急电话

一次,一位名叫基泰丝的美国记者,来到日本东京的奥达克余百货公司。她买了一台"索尼"牌唱机,准备作为见面礼送给住在东京的婆家。售货员彬彬有礼,特地为她挑了一台未启封包装的机子。

回到住所,基泰丝开机试用时,却发现该机没有装内件,因而根本无法使用。她不由得火冒三丈,准备第二天一早就去"奥达克余"交涉,并迅速写好了一篇新闻稿,题目是《笑脸背后的真面目》。

第二天一早,基泰丝在动身之前,忽然收到"奥达克余"打来的道歉电话。50分钟以后,一辆汽车赶到她的住处。从车上跳下"奥达克余"的副经理和提着大皮箱的职员。两人一进客厅便俯首鞠躬,表示特来请罪。除了送来一台新的合格的唱机外,又加送蛋糕一盒、毛巾一套和著名唱片一张。接着,副经理又打开记事簿,宣读了一份备忘录。上面记载着公司通宵达旦地纠正这一失误的全部经过。

原来,昨天下午4点30分清点商品时,售货员发现错将一个空心货样卖给了顾客。她立即报告公司警卫迅速寻找,但为时已迟。此事非同小可。经理接到报告后,马上召集有关人员商议。当时只有两条线索可循,即顾客的名字和她留下的一张"美国快递公司"的名片。据此,奥达克余公司连夜开始了一连串无异于大海捞针的行动:打了32次紧急电话,向东京各大宾馆查询,没有结果。再打电话问纽约"美国快递公司"总部,深夜接到回电,得知顾客在美国的父母的电话号码。接着又打电话到美国,得知顾客在东京的婆家的电话号码,终于弄清了这位顾客在东京期间的住址和电话,这期间的紧急电话,合计35次!

这一切使基泰丝深受感动。她立即重写了新闻稿,题目叫作《35次紧急电话》。

(资料来源:朱晓杰. 公共关系理论与实训 [M]. 北京:清华大学出版社, 2009.)

5. 根据公众对组织的态度划分

根据公众对组织的态度划分,可以将公众分为顺意公众、逆意公众和边缘公众。

（1）顺意公众。顺意公众指那些对组织的政策、行为和产品持赞成意向和支持态度的公众对象。

（2）逆意公众。逆意公众指对组织的政策、行为或产品持否定意向和反对态度的公众对象。逆意公众的形成通常有两种原因：一是组织的政策、行为不当危害了公众利益，或者组织和公众之间价值取向有差异致使组织和公众在利益上存在冲突；二是由于沟通不畅而对组织的政策行为产生了误解。

（3）边缘公众。边缘公众是指对组织持中间态度，观点和意向不明朗的公众对象。

对于组织的公共关系工作来讲，首先是要保持顺意公众的队伍，细心维持和不断加强与他们的关系。其次是要尽力减少逆意公众。注意做好逆意公众的转化工作，改变其敌对态度。即使不能将其转化为顺意公众，也应争取使其成为边缘公众。最后要努力争取边缘公众，争取他们对组织的了解和好感。公共关系工作中，大量精力是在做边缘公众的沟通工作。顺意公众和逆意公众往往只占少数。"争取大多数"是最艰难的公共关系工作。

6. 根据组织权力的性质划分

根据组织权力的性质划分，可以将公众分为社团型公众和权力型公众。

（1）社团型公众。社团型公众指一般的组织机构，如企业、学校、媒介、社团等。

（2）权力型公众。权力型公众主要指政府及各级行政管理机构、上级主管部门，如公安、税务、市政等部门。

7. 根据公众的组织结构划分

根据公众的组织结构划分，可以将公众分为个体公众和组织公众。

（1）个体公众。个体公众指以个体形式出现的公众，如竞选过程中的选民，酒店或商场中的散客。对个体公众可以采取直接的、面对面的个体传播沟通方式。

（2）组织公众。组织公众指以一定的组织或团体形式出现的公众，如竞选中的各种助选团，工商企业面对的集团消费者、订购者等。对组织公众可采取间接的、传播幅度较大的大众传播方式或组织沟通方式。

二、组织目标公众

每个组织都有其特殊的目标公众对象。组织的性质、类型不同，其目标公众对象也不尽相同。所谓"目标公众"，即指与组织公共关系目标直接关联的公众。目标公众是组织公共关系目标能否实现的关键因素，所以组织必须解决两大重要问题：第一，目标公众选择是否正确；第二，围绕目标公众所制定的政策和实施方案是否合理。

每一个公共关系主体的每一项公共关系目标都有其特定的性质和内容，所选择的目标公众也必然与之相吻合。现就一般公共关系主体经常面临的几类目标公众进行分析。

（一）员工公众

员工在组织内部是公共关系对象，对外又是公共关系主体，做好员工的公共关系工作，对内可增强内聚力，对外能扩大外张力。这种"双重性"特征决定其在组织公共关系工作中的重要性。

1. 融洽的员工关系是增强内聚力的保证——内求团结

员工是组织的细胞，他们对组织的认同和支持是组织生存和发展的基础。要使员工成为有机的整体与组织凝聚在一起，必须做到：把员工作为传播和沟通的主要对象，组织的重大决策应首先告知员工。知情，才能尽责；才能激发主人翁的认同感；才能因组织的成就而自豪，才能为组织遭受挫折而焦急；才可能营造全员公共关系的文化氛围。反之，若员工对组织决策一无所知，则会产生被愚弄、受欺骗的感觉，其向心力、归属感会受到损害，组织将失去员工的信任，其政策和行为因得不到员工认同和支持而落空。

2. 全员公共关系是组织扩大外张力的基础——外求发展

公共关系主体的每一位员工都是组织与外部公众联系的触角，组织形象通过他们在各自岗位上的业绩及平素的言行举止和精神风貌具体表现出来。无论是生产者、销售者、服务者还是各层次管理者、领导者，他们在对外业务和日常交往中都自觉或不自觉地代表组织形象。他们就是对外交往中的公共关系主体。要使员工的外张力得到充分发挥，必须使他们获得主人翁地位，真正受到尊重，得到关心。如此，决策层就要想员工之所想，急员工之所急，员工自然会想组织之所想，急组织之所急，以主人翁的热情和积极性维护组织形象，扩大组织的知名度和美誉度。

3. 激发员工的创造性，增强组织的生命力

员工不仅具有双重性，他们的素质还决定着组织的生命力。组织公共关系工作成败的重要标志之一是组织内部是否形成了激流勇进的竞争态势。竞争才能使组织充满活力、人才辈出，才能使组织充满能量和驱动力。引进竞争机制的先决条件是在全组织内树立正确的人才价值观，任人唯贤，唯才是用，这样才能有效激发员工的能动性。当员工认识到是在实现自身价值的时候才会最大限度发挥潜能，其聪明才智和创造力才会被充分激发，组织的生命力才会因此强大起来。

★案 例

IBM 公司的内部公共关系

美国国际商业机器（IBM）公司拥有 25 万名员工，其中，一半以上是大学毕业生。

IBM 公司没有工会，但每个员工都能全心全意地为公司工作尽忠职守，从不懈怠，原因是 IBM 公司制定了一套让员工充分施展才华、发挥作用的完整措施。

该公司非常注重发挥员工的才能，如果员工对本职工作不感兴趣，公司可以为其换工作；如果员工工作中出了差错，公司也尽量创造机会使其改进，从不采取解雇员工的消极手段处理问题。

在 IBM 公司就职的员工，每人都有最佳的晋升机会与能力表现的环境，因此，人人感到心情舒畅。这是 IBM 公司获得成功的秘密所在。该公司实行的是终身雇佣制，消除了职工的后顾之忧，使职工具有安全感和归属感。

IBM 公司取消了计件工资的计酬办法，它不相信"绝对工作标准"，而只期望每位员工都尽心尽力，这使员工保持了自身的尊严，使公司内的工作气氛非常民主。IBM 公司实行高工资和高福利措施，让员工产生优越感和自豪感，进入公司后就再也不想离去。

IBM 公司推行"开门制"，公司设立了一条非同寻常的开明规定：任何职工如果感到自己受到了不公平的待遇，可以向主管经理投诉；如果得不到满意的答复，还可以越级上诉，

直到问题得到圆满解决为止。该公司允许任何一个员工直接向总经理面诉苦衷；同时还设立了许多意见箱，鼓励员工大胆提出改革意见，如被采纳便给予重奖。据统计，该公司每年收到的意见卡有10万张之多。

在推销方法上，IBM公司有一套十分严格的推销道德规范。这些规范包括不批评竞争对手及其产品，不向已与他人签了订单的人再进行游说，绝对不贿赂对方等。它的座右铭是"诚实"，它要求推销人员必须机智、灵敏、富于竞争精神；但又要求他们必须以诚实、坦率的方法去进行竞争。

IBM公司每年还举行一次非常隆重的庆功会，表彰和嘉奖有突出贡献的员工。这种表彰称作"金杯庆典"活动，一般安排在风景宜人的地方进行，邀请股东代表、社会名流、工人代表以及获奖员工的家属和亲友参加，由公司的最高层管理人员主持并颁奖。整个庆典活动，自始至终都被录制成电视片，然后拿到公司的各个部门去放映，鼓励员工们向榜样学习，在工作中做出成绩。

公司还为每一位职工创造最佳的晋升机会。它希望每位职工都能愉快地对待自己的工作。乐观、热诚、进取是IBM公司多年来形成的企业精神。

曾被喻为"企业管理天才"的IBM公司创始人汤姆·约翰·沃特森在分析公司获得成功的原因时说："你可以接手我的工厂、烧掉我的厂房，但只要留下这些人，我就足以重新建起'IBM'。"

现任总经理奥培尔则说："公司是人办的，公司成功的秘诀在于人。'IBM'拥有一批努力工作，又能在工作中相互支持的人。"

IBM公司善于处理好企业内部团体价值和个人价值的矛盾，一方面，倡导企业精神，即"IBM就是服务"，以此塑造其良好的整体形象；另一方面，又能从确立个体价值入手，使团体的每个成员都能在团体的环境中追求和实现个人的价值。正是这样做，IBM公司成了世界上经营最好、管理最为成功的公司。美国《幸福》杂志评选美国"十佳"企业，IBM公司均得分最高，名列榜首。

(资料来源：王志敏. 公共关系理论与实务[M]. 北京：北京大学出版社，2016.)

(二) 顾客公众

在市场经济中，所有企业都无一例外地把顾客作为组织外部最重要的目标公众，因为他们是企业生存的支柱。

1. 顾客是组织研究的对象

(1) 顾客的构成形式会根据产品和服务品种的不同而千变万化，所以研究顾客的构成形式必须联系与之相关的产品和服务品种。

(2) 顾客的需求总是在悄悄发生变化，研究顾客对某种需求变化的规律，便可预测顾客的需求趋势。

2. 顾客是组织传播的对象

组织要向目标公众做经常的全方位的传播，其中最重要的是以下两方面的传播。

(1) 让目标公众了解组织存在的价值。在技术同质化的现代社会，一个组织的生存、发展不仅要靠实力，更重要的是看它的存在对社会产生的意义。

(2) 让目标公众了解组织品牌的内涵。满足公众需求是产品设计和生产的唯一宗旨。

★案例

重庆的"家乐福"在当地报刊上刊登了买一赠一的促销广告,即买一瓶百事可乐(价值5.00元)赠送一瓶天府可乐(价值2.00元)。广告显示:"买一百事可乐,赠一天府可乐(价值2.00元)。"于是许多顾客赶去了。然而,这一广告的失误,导致顾客与收银员发生了争执。顾客认为两瓶可乐共2.00元,收银员坚持两瓶可乐应收5.00元,眼看一场风暴即将发生。此时,法国店长布拉松先生一句话化解了这场危机,他说:"尊重顾客的意愿。"于是乎,百事可乐爆销。"家乐福"忙于补货,为了平衡商业秩序,"家乐福"一方面紧急通知每人限购两瓶,另一方面在报纸上修正广告并向广大消费者致歉。事后有人问布拉松先生:"如此这般您不是损失很多吗?"布拉松先生的回答耐人寻味:"向企业负责,更向公众负责,我们愿意尊重顾客的意愿。"

(资料来源:王志敏. 公共关系理论与实务 [M]. 北京:北京大学出版社,2016.)

3. 顾客是组织引导培育的对象

一个优秀的社会组织在完成了组织形象和产品形象塑造后,还须解决成熟的产品与不成熟的消费观念的矛盾。组织通过公共关系传播与沟通,引导消费者接受新的消费意识,培养科学的消费行为,从而为自己培育一支成熟而稳定的消费大军,即"筑塘养鱼"。

(三)媒介公众

1. 媒介公众的概念

媒介也叫新闻界,包括新闻机构和新闻界人士。媒介公众处于组织和其他公众之间,具有双重身份。一方面,媒介是组织与公众之间联系的中介,具有工具性;另一方面,媒介又是组织公共关系工作的重要公众,具有对象性。媒介一度被组织称为"把关人""喉舌""守门人""关口"等,集多种角色于一身的媒介公众对任何组织的公共关系工作都具有至关重要的意义,因此备受组织重视。

良好组织形象的树立,离不开新闻媒介对公众潜移默化的影响,同时新闻媒介提供的有关顾客需求的信息,又是组织预测市场、完善决策的重要信息来源。

2. 媒介公众的作用

(1)融洽的媒介关系有利于塑造良好的组织形象。塑造和维护组织形象的关键因素是公众舆论,一个社会组织经常处在良好的公众舆论环境中,其良好的组织形象便从中产生了。新闻媒介是掌握、控制、引导公众舆论的权威机构。大量的信息通过媒介工作者的取舍、组合后成为舆论中心。融洽的媒介关系,使媒介这个"把关人"关注有关该组织的信息和舆论,使之有较多的机会进入"舆论中心",为塑造良好的组织形象创造有利的条件。

(2)融洽的媒介关系能产生良好的经济价值。现代企业的生存、发展之道是:一要"做得好",二要"说得好"。"做得好"即产品质量硬,企业形象好;"说得好"即善于利用大众媒介使企业和产品被最大多数公众了解、认可。通常情况下有两种"利用"方式,一种方式是在报纸或广播、电视上做广告宣传;另一种方式是由媒体出面做报道宣传。受众的心理特点是,对主观意识鲜明的广告宣传持谨慎、保留态度,而对"第三者"的报道则认为客观、可信。如果企业与媒介建立了相互信赖的"自己人"感情,企业就可以从优越的位置，通过"搭车艺术"，享受大众媒体的免费传播，从而获得良好的经济效益和社会效益。

★ 案 例

报社125周年请吃生日大蛋糕

美国一家报社为了纪念其成立125周年，庆典活动的方式别开生面。它把报馆作为活动的主要场所，不搞任何仪式，完全是自由活动，而且向全市市民开放。前来参加庆典的人很多，不少来客是扶老携幼，全家共往，有抱着婴儿的妇女，也有肩上骑着孩子的父亲。所有来宾，无论男女老幼，进门时都发给一只彩色气球。于是，会场内各色漂亮的气球跟随着人们到处运行、交错、回旋、跳跃、碰撞、飘舞，结成一道道美丽的光环，染出一片片鲜艳的彩锦，使得现场的喜庆气氛更加浓厚起来。

报社还准备了五花八门的娱乐活动，儿童们全神贯注地在玩藤圈套巧克力的小游戏，猜谜、下棋、与机器人掰手腕、操作电脑游戏机等活动应有尽有。小客厅里放映着电影，电影的中心主题是介绍这家报社的悠久历史和现状，片长仅20分钟，形象生动，妙趣横生。最令人吃惊的是报社大厅中央放着一个可供8 000人享用的奶油大蛋糕，且是单层的，有4个乒乓球桌那么大。最有新意的是设计者把当天报社的125周年特刊内容全部用巧克力、奶油、糖果等复制在蛋糕上，吃蛋糕等于读这份特刊，令所有来宾赞叹不已！

（资料来源：王志敏.公共关系理论与实务［M］.北京：北京大学出版社，2016.）

3. 组织处理与媒介公众关系的重要原则

（1）以礼相待。对待新闻媒介机构和记者要友好热情，不管记者对组织所发生的事件是褒是贬，都要为他们的工作提供必要的帮助、支持和服务。

（2）以诚相待。社会组织要为新闻媒介提供实事求是的材料，因为真实的新闻是媒介的生命。夸张、虚假的材料会扭曲组织本身的形象。

（3）开诚布公。组织不论大小，在提供信息和接待上，都应该做到一视同仁，给予平等地获得信息的机会和权利。

（4）迅速及时。新闻信息的时效性很强。因此，组织要及时接待、邀请记者采访，争取在最短的时间内向新闻界提供有价值的信息。

（四）政府公众

1. 政府公众的含义

政府是国家权力的执行机关，是对社会公共事务进行管理的机构。政府公众是所有传播沟通对象中最具社会权威性的对象。

政府公众是一个庞大而复杂的体系结构，从公共关系的角度可分为三个层次。

（1）国家的中央政府和组织利益所触及的各级地方政府。

（2）政府组织机构的职能部门，企业通过这些部门与政府打交道，接受政府的管理和约束。

（3）政府组织中的工作人员，在与政府交往过程中，企业需要接触政府的各级官员、行政部门的助理和秘书，以及职能部门的其他工作人员。

2. 组织处理好与政府公众关系的重要性

政府大权在握，具有最强大的宏观控制力。处理好与政府之间的关系，可以为企业的发展提供便利和优势。

政府代表公众意识，走近政府等于密切了与公众的联系。从某种意义上说，政府并不存在自身的特殊利益，政府是公众合法权益的维护者和保障者，公众的利益也是政府的利益。

总之，政府和社会其他组织相比，在拥有权力、掌握资金、了解信息、控制舆论上拥有较大的优势。因此，组织应处理好与政府的关系，争取政府及各职能部门对本组织的了解、信任和支持，从而为组织的生存和发展争取良好的政策环境、法律保障、行政支持和社会政治条件。

对我国企业家的系列访谈调查发现，一些企业家常常用20%～40%的时间处理与政府相关的事项。

正是由于政府的存在，企业才会"自觉地"约束资本逐利的本性，从而变得更加关心公共利益和消费者权利——某种程度上，甚至可以说，相对公共利益和消费者权利，企业更应该关心其与政府的关系。

3. 组织建立同政府公众良好关系的方式

企业进行政府公共关系的目的从某种意义上说可以是自私的，但企业寻求说服政府和社会公众给予企业帮助和接受企业观点的立场必须是善意的，方式必须是社会可以接受的。

（1）服从政府的统一管理和领导。为了维护整个国家利益，甚至是全球利益，企业必须自觉服从政府的管理。即使法律、法令、政策、条例等使企业受到经济损失，企业也必须履行。例如，政府提倡反腐倡廉，要求工商企业组织在经济活动中，应该教育干部和员工不能违背廉洁奉公的原则，如果某些政府官员利用手中的权力进行权钱交易的腐败活动，企业的相关人员要坚决抵制，还可向主管机关检举，配合政府的工作。

（2）遵纪守法。企业是法人，对政府来说是一个团体公民。它的所有活动和行为必须在法规所允许的范围内进行，也就是说，对政府公众的公共关系活动必须合法。对政府的公共关系不是阴暗的请客、送礼、拉关系，而是建立在公正、公平和公开的基础上。

反之，如果一个企业无视国家政府的政策和法律，为了企业利益从事违法勾当、偷税漏税、生产假冒伪劣产品、违章作业，那企业就会受到法律的惩罚和政府的处罚，甚至被取缔。企业只有守法才能在政府面前树立一个良好的政治形象，得到政府的认可，企业的权利和利益才能得到政府公众的保护，并且也会赢得消费者的信任。

（3）大力支持政府工作。例如，政府号召援助灾区人民、资助希望工程、赞助社会公益事业、维护社会治安等活动，企业应该根据自身的实际情况，力所能及地积极参与社会活动，努力参与这些活动可以为政府公众分担一些重担，客观上也可以赢得社会的好评和政府公众的赞赏。

（4）企业利益与国家利益和社会利益一致。企业是社会的一部分，是一个局部的群体，有自己的目标和利益。政府则是代表国家维护全体人民的利益，是社会利益的代表。

企业追求自己的利益是无可非议的，但这种对利益的追求必须与社会利益趋于一致，才能得到政府公众的认可，从而得到政府公众的信任和支持。如果违背了局部利益服从整体的社会利益，不能很好地做到企业利益与社会利益的一致性，政府公众则可能失去对企业的信任，那么，要想获得政府公众的帮助和支持、协调与政府的关系将成为一种空想。

（五）社区公众

1. 社区公众的概念

社区是指组织所在区域以及与组织邻近的环境。

在公共关系中，社区公众是指组织生活所在区域（市、区、乡、镇、街道、村）的地方政府、其他社团和居民。

社区公众与组织有着千丝万缕的联系，社区居民可能成为组织的员工或是组织最稳定的顾客；社区的其他社团可以成为组织良好的合作伙伴；而社区所在地的政府，则是组织的"父母官"。

忽略了对社区关系的运作，会使企业陷入困境：邻居投诉噪声扰民，企业员工办不了暂住证、结婚证等使员工不能安心工作，一些地方甚至出现了当地居民堵住企业大门不准车辆进出的极端案例，这些不必要的麻烦都能给企业带来损失。

2. 社区公众的传播意义

社区公众的数量有限，但传播的作用很大，能在舆论中迅速"聚焦"，影响力很强。通过社会名流去影响公众和舆论，往往有事半功倍的效果，其有以下几个方面的意义：

（1）借助社会名流的知识和专长。与社会名流建立良好关系，能充分利用他们的见识、专长为组织的经营管理提供有益的意见。社会名流往往见多识广，或是某一方面的权威，组织的管理人员能够在与他们交往的过程中获得广泛的社会信息或宝贵的专业信息，无形中使组织增添了一笔知识财富、信息财富。

（2）借助社会名流的关系网络。与社会名流建立良好关系，能通过他们良好的社会关系网络为组织广结善缘。有些社会名流虽然不可能为本组织直接提供所需的专业信息或管理咨询，但由于他们与社会各界有广泛的联系，或对某一方面的关系有特别重大的影响，组织便能通过他们与有关公众对象疏通关系，扩大社会交往范围。

（3）借助社会名流的社会声望。与社会名流建立良好关系，能借助他们较高的社会地位，或某方面的权威，或对社会的特殊贡献、突出成就等，而具有较高的知名度。另外，一般公众存在"崇尚英雄""崇拜明星"的社会心理。组织与社会名流建立良好关系，就将本组织的名字与社会名流的声望联系在一起，利用公众崇拜名流的心理，提高了本组织在公众心目中的位置。

第三节 公共关系的媒介——传播

传播是公共关系的一个基本要素，公共关系的活动过程，其实就是一个组织与公众进行信息传播和沟通的过程。能否有效地利用各种传播媒介，遵循传播沟通活动的基本原则，造就有利的舆论环境，是组织开展各类公共关系活动成功的关键，也是衡量公共关系从业人员工作能力水平的重要标准。

一、公共关系与传播

（一）传播

1. 传播的概念

传播是社会组织利用各种媒介，将信息或观点有计划地与公众进行交流的沟通活动。其基本含义包括两个方面。

（1）传播是一个有计划的完整的行动过程。

（2）传播是一种信息分享活动。

2. 传播的类型

根据人类传播的发展过程，一般可将传播分为四种类型：

（1）自身传播。自身传播也叫人的内向交流，即传播的"双方"集于一身，本身内部进行的交流。这种传播的特点是主我（I）与宾我（Me）之间的内向沟通。它是一切传播的基本单位和细胞。

（2）人际传播。人际传播指的是个体与个体之间的沟通交流。它是最常见、最广泛的一种传播方式。其表现形式分为面对面传播和非面对面传播两种。前者一般通过语言、动作和表情等媒介进行交流；后者主要通过电话、电报和书信等媒介进行交流。人际传播的特点是个性性、私人性和信息反馈的及时性。

（3）组织传播。组织传播是指组织和其成员之间、组织和其所处的环境之间进行的沟通交流。组织与其成员之间的传播有两种形式：一种是职能传播，其沟通方向是垂直沟通；另一种是非职能传播，其沟通方式是平行的横向沟通。组织传播的特点是目的性和可控性。

（4）大众传播。大众传播是指职业传播者通过大众传播媒介将大量复制的信息传递给分散的公众的一种传播活动。

传播的四种类型，既自成体系，具有独特的结构、要素、形式和功能，同时又相互联系、逐次涵盖、互为补充。

（二）公共关系传播

1. 公共关系传播的概念

公共关系传播是指组织通过利用各种媒介，辅之以人际传播的手段，将信息有计划地与内外部公众进行交流与共享的活动过程。其包含三个方面的内容。

（1）公共关系传播的主体是组织，不是专门的信息传播机构。

（2）公共关系传播的客体由组织内部公众和组织外部公众构成。

（3）以大众传播媒介作为主要手段，以人际传播作为辅助手段。

2. 公共关系传播的特点

公共关系传播就是公共关系主体为了实现特定的公共关系效益而有目的、有意识地进行的各种传播方式的总和。

与新闻传播、艺术传播等传播类型相比较，公共关系传播具有下列特点：

（1）传播行为的受制性。从时间上、空间上、内容上和形式上，都要受组织目标、组织制度、组织规范等的制约。

（2）传播内容的求实性。必须讲求其内容的真实性和态度的诚实性，要使公众感觉到组织的公共关系传播是客观的、实在的和公正的。

(3) 传播渠道的多样性。必须针对目标对公众采取多种传播渠道进行信息传播，保证公共关系传播的针对性和影响面。

(4) 传播方式的策略性。掌握传播的技巧和谋略，创造性地运用各种传播的技术与方法，巧妙地向公众传播公共关系信息，从而有效地影响公众、服务公众、沟通公众、赢得公众，取得最佳的公共关系传播效果。

(5) 传播活动的高效性。注重传播时机的选择，按组织发展的不同时期的特点来进行公共关系传播，注重选择传输通道，确保公共关系传播的高效性。

3. 公共关系传播的作用

公共关系主要运用传播手段来沟通与协调组织与公众的关系，公共关系传播主要有以下几个方面的作用。

(1) 沟通信息的作用。沟通信息是公共关系最基本也是最基础的工作。社会组织通过传播向公众传递信息，又可以根据公众对其信息的反馈，向社会组织反映公众信息，这种双向信息的交流与沟通，是公共关系传播的重要作用。

(2) 增进情感的作用。增进情感是指社会组织通过公共关系传播，向公众传递其关心社会公益事业以及关爱内部公众的信息，树立企业信誉，以此增进组织与公众的感情联络，维护组织的形象，提高组织的影响力。

(3) 改变态度的作用。公众的态度涉及其对社会组织的看法和认可程度，对组织的发展非常重要。对组织有利的公众态度，可通过公共关系传播使之强化，并持续发展；对组织不利的公众态度，可通过公共关系传播的信息沟通，消除矛盾与隔阂，理顺关系，并改变态度。

(4) 引起行为的作用。公共关系通过传播活动要引起公众行为。公共关系传播的目的就是使公众对组织采取合作态度。评价和衡量公共关系传播的作用，主要以引起公众行为及其结果为依据，否则公共关系传播的效果就无法实现。

4. 公共关系传播的要素

(1) 社会组织。社会组织是公共关系主体，是信息的发出者。在公共关系活动中，社会组织是信息源，在特殊情况下，社会组织必须成为第一信息源，否则组织会陷于被动。

(2) 组织信息。组织信息是公共关系传播的内容，社会组织收集信息、处理信息，然后向公众发出信息，是公共关系活动的主要工作，正确的信息、明确的表达、适时地发出均体现了公共关系操作的高超艺术。

(3) 公众（目标公众）。公众是组织信息的接收者，他们一般处于无戒备状态，既可接受社会组织的信息，也可迅速忘记信息。

(4) 媒介。媒介是社会组织传播信息的渠道，社会组织需要借助媒介将组织的信息传播出去。使用什么样的媒介、如何使用，这是影响社会组织传播效果的重要因素。

(5)（双向）反馈。公众的反馈极为重要，如反馈少或没有反馈，则只能说明社会组织公共关系传播活动是失败的。公众的反馈是社会组织准确传播的依据，因而收集反馈成为社会组织的一项重要工作。同时，反馈也发生在社会组织方面。当公众对社会组织的传播予以反馈时，公众也就转变为传播者，他们的反应或者投诉也需要社会组织予以积极反馈，社会组织的反馈是组织与公众加深沟通的重要过程。这一反馈的效果直接影响着社会组织是否继续原来的传播以及传播的力度。

二、公共关系传播媒介

社会组织要进行信息传播，总要凭借一定的传播工具，这种传播工具就是公共关系传播媒介。因此，在公共关系传播中，除了要求公务人员掌握公共关系传播的基本原理、规律和技巧以外，还必须熟悉各种传播媒介的性质、特点和用途，以便恰当地选择传播媒介，达到最好的传播效果。

（一）公共关系传播媒介的种类

公共关系传播媒介的种类繁多，从其物质形式的角度，大致可分为五大类。

1. 语言媒介

语言媒介是指以自然语言，即发出声音的口头语言作为信息载体的传播媒介。语言是人类交往中最基本和最重要的工具。在公共关系传播过程中，经常运用语言媒介进行信息传播，如演讲、答记者问、与员工谈心、电话通信、会议、谈判等。

运用语言媒介进行的传播，基本上属于人际传播，表现形式基本是面对面的交流。语言媒介具有反馈迅速、形式灵活多样、感情色彩强烈、传播效果明显的优点，其缺点是影响面小。

2. 非语言媒介

非语言媒介是指以人的动作、表情、服饰等伴随语言为信息载体的传播媒介，在公共关系传播过程中，非语言媒介是一种广泛运用的沟通方式，它通常用来表现情感，加强或减弱语言传播的效果。非语言传播媒介分为有声非语言媒介和无声非语言媒介。

（1）有声非语言媒介。有声非语言媒介指说话时的重读、语调、笑声和掌声等。同一种有声非语言媒介传播在不同的情况下含义会大不相同。例如，同是笑声，可能负载着正信息，也可能负载着负信息。

（2）无声非语言媒介。无声非语言媒介主要指体态语言和情态语言。体态语言是人身体各部位表现某种含义的动作符号，如跷起大拇指、耸肩、哈腰、跺脚等。情态语言是指人面部各部位动作构成的"语言"，主要是"眼语"，例如，深切的注视，是一种崇敬的表示；暗送秋波，是指人交流感情的眼神。

3. 印刷媒介

印刷媒介是指以印刷作为物质基础，以平面视觉符号（文字和图像）作为信息载体的传播媒介。印刷媒介主要有报纸、杂志、书籍、招贴、海报、传单、函件等印刷品。

（1）报纸。报纸是一种大众传播媒介。它是以客观事实报道和评论为主要内容，利用印刷文字，以比较短的间隔定期发行的媒体。

报纸是经过很长时间发展与完善才形成的。报纸的雏形及其发展过程，在我国可以追溯到汉代。汉代的报纸叫邸报，主要用来传递官方信息。西方的报纸则发源于古罗马。当时凡是罗马统治权势可波及的地区，地方官吏、贵族需要对都城所发生的事件加以了解，于是一份功能、内容与近代报纸相似的所谓《新闻报》便应运而生了。

（2）杂志。杂志是报纸向深度和广度发展的印刷品媒介。杂志按发行周期划分，可分为周刊、半月刊、月刊、双月刊、季刊；按性质划分，可分为专业性杂志（如《公共关系》）和非专业性杂志（如《青年文摘》）。专业性杂志侧重于某个领域，并在其领域内可以形成权威。

（3）书籍。书籍一般由图书出版社出版发行，装订成册，有封面、封底，内容连贯统一。书籍正规性强，便于长期保存和使用，对公众更具权威性。印刷、装订精美的书籍，给人以豪华典雅的印象，感染力强。书籍是记录人类文化遗产和改善人民精神生活的强有力工具。但是，书籍由于出版印刷周期较长，不如报纸、杂志传播信息速度快，读者面也更窄。

（4）其他印刷媒介。除了报纸、杂志、书籍等，公共关系人员常用的印刷媒介还有以下几种。

①招贴、海报。招贴和海报是一种提供简短、及时、确切信息的印刷媒介，经常张贴于能引起公众注意的醒目之处，能及时、迅速地向公众传递某种信息。

②传单。传单是一种印成单张的宣传媒介，可以在传单上写明某企业产品的名称、功能及企业的地址和联系方式等。

③名片。名片是一种印有姓名、身份、单位、联系地址的卡片，多用于社会交际场合的自我介绍，以便日后联系。

④函件、通知。函件和通知用于组织间和人际间的及时的信息传播。

⑤合页、折页。合页和折页用于广泛扩散的信息，以简明、直观为特点。

⑥小册子、手册。小册子和手册以全面、系统地传递信息为主要特点。

⑦插页、附页。插页和附页多出现在报纸、杂志等印刷物中，用于临时发布信息，以节省邮费、方便、及时为特点。

4. 电子媒介

电子媒介是指运用电子技术、电子技术设备来传播声音、文字、图像等信息，并需要运用专门的设备来发送和接收信息的传播媒介。电子媒介主要有广播、电视、电影和互联网等。电子媒介在传播领域发展较快，特别是电视和互联网在大众传媒中的影响力巨大。

（1）广播。广播技术最早出现在西方。广播最先是作为娱乐工具而产生的，如今已遍及世界的每一个角落，成为一种多功能的大众传播媒介。

广播分为有线广播和无线广播，它们在传播范围和传播设备上有较大差异。有线广播受线路导引的限制，一般只在某一公共场所或地域（如车厢、宾馆、村镇）等范围内传播。无线广播则借助电波信号，只要发射机功率足够，就可将信号传至"天涯海角"。收音机就是接收无线广播信号的设备。

（2）电视。电视产生于20世纪20年代，是将声音、文字与活动画面结合起来，主要供家庭或小群体使用的大众媒介。

电视的产生晚于广播，但其发展速度相当迅速，目前已遍及世界各地，就连亚洲、非洲一些十分落后的国家都建立了电视台。现代生活中，电视节目是人们获取信息的主要渠道。电视是一种最主要、最有效的传播媒介。

（3）电影。电影是一种综合性的大众传播工具，也是文字、图像、声音三者的巧妙组合。

组织可以用纪录片的形式展现自己的发展历程，介绍目前的状况，勾勒美好的前景；可以通过提供拍摄环境、道具，甚至让员工参与拍摄这样的一些方式来增加曝光率，吸引观众的注意，获得更多观众的认知和了解。电影优于电视的地方在于它的内容高度凝练集中，画面清晰，善于表现宏大的场面和纵深场景，音质比电视更好，并且大家在一起观看电影，受众情绪更易相互感染。

电影不及电视之处是生产成本高、生产周期长，观看时需有专门场所。在偏僻的山区农村，播放电影是组织扩大影响的重要方式；在大型国际公共关系活动中，电影是一种特殊的社交活动。它有助于人们之间联络感情，交流思想。

（4）互联网。互联网出现于20世纪60年代，是伴随着电子计算机的出现而出现的。互联网拥有丰富的信息资源，人们可以方便快捷地查询和使用，人们通过互联网可以寄送电子邮件、访问网上其他用户、点播电视节目等。一些国家的新闻媒介向网络用户发行电子报纸，开设网络广播；一些商家在网络中开设了虚拟超市，顾客不用出门，就能在网上购买到自己所需要的商品。

组织可建立自己的网站或网页，将组织的详细资料输入网络，向新闻机构和公众提供本企业相关信息，宣传本企业的良好形象。

互联网汲取了报纸、广播、电视、电影的诸多长处，以交互性、巨量性和高速性成为人们获取信息的重要渠道。

互联网的缺点是容易遭受破坏性程序——"病毒"的侵袭，并且由于信息量太大，无法绝对确保信息的真实性，一些重要信息的保密工作也亟待加强。

5. 图像识别媒介

图像识别媒介是指以静态的形象为主要信息载体的传播媒介。图像识别媒介是各种社会组织经常使用的传播媒介。图像识别媒介可以分为两大类，一类是照片与图画，另一类是各种标识。

（1）照片与图画。公共关系人员在制作各种宣传册和举办各种展览时，会经常大量使用照片和图画，并配以文字说明，以生动、形象地介绍组织的有关情况，使读者、观众一目了然，大大强化了公共关系传播的效果。公共关系人员应该注意，照片与图画要力求干净、明晰，所表达的思想或表现的事物要突出、清楚，说明文字的语言要亲切通俗，流畅简练。

（2）各种标识。

①商标。商标是商品特定的标记，反映了该商品的质量和商品生产者的信誉。商标通常由文字、图案、符号共同组成。设计商标除了要考虑当地消费者的文化风俗以外，还应该突出商品的特征和优点，要求简练醒目、美观大方、容易识别。

②品牌名称。品牌名称是商品的牌子，一般与商标图形紧密相连。创作品牌名称，要注意以下几个因素：第一，语感好；第二，寓意美好；第三，贴近消费者。

③徽记。徽记是组织的标志，也称组织的商标。人们常常把徽记镌刻在本组织的大门旁、专用车上，有时也印刷在信封、信笺、名片、纪念品上，以塑造组织的形象。

（二）公共关系传播媒介的选择

正确地选择公共关系传播媒介应考虑以下几个因素。

1. 媒介本身特点

报纸、广播、书籍、杂志、电视、电影等适合大众传播，信函、电话、电报、传真等适用人际传播，内部报刊、闭路电视适用组织传播，灯箱、广告牌、布告适用公共传播，互联网既适合大众传播、组织传播,也适合人际传播。

2. 传播内容

一般说来,比较形象、浅显的内容应选用电子媒介,而难以理解的信息内容适合用印刷媒介。

同为印刷媒介,要传播系统的理论、深奥的知识,应选择书籍;内容不太多、但专业性很强,应选择杂志;内容相对通俗易懂、易引起普通公众关注,应选择报纸。

同为电子媒介,靠美好悦耳的声音就能打动公众,可选择广播;有丰富多彩的画面,有变化多端的动作,则可选择电视和电影;若要求场面宏大、气势磅礴,可选择电影。

如果传播内容有一定的保密性,则宜选择电话、信函。

如果内容要求传播迅速广泛,则广播、电视、报纸、互联网是理想选择。

3. 受传者的特点

传播效果取决于受传者接收信息的多少和对信息的理解程度,应对受传者进行全面细致的考察。

根据受传者的文化层次进行选择:对文化水平高、喜欢思考的知识分子,宜采用书籍、杂志、报纸;对文化程度不高的农民和生产一线的工人,宜采用电影、电视、杂志、连环画。

根据工作性质进行选择:对经常加班的出租车司机和从事简单劳动的农民,宜采用广播;对从事复杂劳动且时间比较紧张的公司白领,宜用报纸。

根据年龄特征进行选择:对于中老年人宜采用广播、报纸作为媒介;对于青年人宜采用电视、互联网作为媒介;对于儿童宜采用电视作为媒介,若能拍成动画片的形式,效果会更佳。

4. 讲求经济效益

在选择传播媒介时公共关系人员应进行成本效益分析,遵守"花最少的钱争取最大的传播效果"的信条。以电子传播媒介为例,若效果相当,选用广播比选用电视经济得多。

5. 注重时间安排

有些信息传播,其目的是吸引公众的短时注意,有的则为了引起公众的持久注意;有的信息要求迅速传送出去,有的则无要求。因此,选择媒介应注意时效性和频率上的合理性。例如,重大新闻、短期展销广告宜选用电子传播媒介;树立组织形象的系列内容应选用印刷传播媒介有规律地连续刊出。

三、公共关系传播效果

公共关系传播效果是指目标公众对资讯传播的反应,也是公共关系人员对传播对象的影响程度。传播效果是公共关系传播活动的出发点和归宿。传播作为人类的一种有目的的社会活动,其价值在于通过人们的传播,达到传递信息、沟通交流、协调行动等目的。因此,传播效果是传播研究的重要内容。传播效果贯穿于传播活动的全过程,它始于传播活动的实施之前,并显现于传播活动之后。

(一)公共关系传播效果的层次

各类传播者对接受者都会产生一定的影响、作用,这就是效果。但是效果并不都是等值的,它们有作用范围大小与作用程度深浅的区别。对于公共关系工作者来说,由于各类传播形式都要用到,因此更应该了解传播发生作用的不同层次。针对公共关系的目标和公共关系传播的目标评估,传播对于接受者的影响可以达到四个层次的传播效果,分别是信息层次、情感层次、态度层次、行为层次。

1. 信息层次

信息层次上的传播活动主要目的就是进行信息交流,把公众的有关信息及时、准确地收集起来,把有关企业的信息及时、准确地传输给公众,以达到企业和公众的双向了解的目的。例如,新产品发布会、产品鉴定会,企业自办的各种杂志、报纸等。

2. 情感层次

情感层次上的传播活动不仅存在于企业与外部公众的联系中,而且也存在于企业与其内部公众的联系中。前者的目的在于通过联络感情,提高企业的形象,增强企业对外部公众的吸引力,后者的目的在于提高企业的向心力和凝聚力,增强企业对职工的吸引力。

3. 态度层次

态度层次所表现的是公众对一个企业的评价和认识,公众对企业是否抱有友善的态度,这直接影响着他们是否购买企业的产品或接受企业的服务。

4. 行为层次

行为层次是公共关系活动的最高层次,是其他一切传播层次的归宿,也是公共关系活动的最终目标。因此,它不是一两次公共关系活动就能达到的目标,而是一个长期过程。其在形式上可以借助其他层次的传播形式。

(二)公共关系传播效果的影响因素

在公共关系传播中,有多重因素会对传播效果产生重要影响,根据其重要程度可分为社会文化因素、心理因素、干扰因素和时空因素等。

1. 社会文化因素

社会文化因素是指一个国家或地区的民族,由于历史、地理因素的影响逐渐形成的、特有的生活风俗习惯。社会组织在与目标公众进行传播沟通活动时,首先要了解公众特有的文化风俗习惯,使组织的传播内容适应公众的接受习惯或倾向,并使用公众习惯的表达方式将公共关系活动内容传递给公众,以期达到最大的传播效果。否则,违背了目标公众的文化风俗习惯,有可能导致公共关系活动事倍功半或弄巧成拙,甚至带来恶劣的后果。在社会组织进行信息传播的时候,要特别注意这一因素的影响。

2. 心理因素

心理因素指公众在面对社会组织的沟通传播时所特有的情绪或态度倾向。人的心理是复杂和微妙的,也是十分隐秘的。当社会组织针对目标公众进行交流时,公众可能有多种心理状态,最具代表性的有两种,即先入为主和毫无戒备。

(1)先入为主。

①先入为主——接受。即目标公众在面对组织的传播沟通活动时,对组织抱有好感,因而对组织的行为持积极的响应态度,这是组织传播时期待的效果。

②先入为主——拒绝。即目标公众在面对组织的沟通行为时,已对组织或委托进行活动的组织抱敌视、怀疑或排斥态度,故对组织的宣传持消极的态度。组织在面对公众的这种心理反应时会感到非常困难。这既与目标公众的心理有关系,也与公共关系传播的内容、形式

甚至公共关系人员的个人素质有密切的关系。

（2）毫无戒备。毫无戒备的心理状态是指社会公众对于组织的沟通行为处于事先无明确态度取向的状态。这种状态会形成以下两种情况：

①消极接受。即在公众没有表示拒绝的情况下，被动接受了社会组织的沟通传播活动。这种具有某种混沌状况的接受，其效果难以测定。

②积极接受。即当组织针对公众进行传播沟通时，他们表现出愿意了解组织的兴趣，这对公共关系人员是一个良好的信号。但这还需要公共关系人员做进一步的解释，使公众真正能够领悟组织传播的内容，最终实现目标公众对社会组织的理解与认知。

3. 干扰因素

如前所述，干扰因素存在于传播的过程中，在社会组织开展传播沟通活动时，来自公众的干扰是传播过程中的一个重要隐患。这些干扰主要有以下几个方面。

（1）亲友干扰。亲友干扰是影响最大的干扰。当组织针对公众进行传播沟通时，来自亲友的反对意见会立即使受众（即公众）改变合作的态度，弃组织而去。社会组织在开展公共关系活动时，要注意传播沟通的内容、沟通的针对性与沟通方式，还要进行长期不懈的沟通努力，逐渐减少来自亲友方面的传播干扰。

（2）网络干扰。目前，越来越多的人依靠网络寻求基本的帮助。当社会组织开展公共关系活动时，网络上网民的评价对公众的态度取向起重要的作用。有时，他们宁愿相信网民所说的话，而未必相信自己亲眼看到的事实。因此，注意在网上排除干扰，及时监测网络舆情，对维护组织公共关系活动效果会起到重要作用。

（3）竞争者干扰。竞争者干扰也是一个重要的干扰因素。当组织针对目标公众进行沟通交流时，其竞争者也恰好以相近的内容对公众进行宣传。这时，传播的内容、传播技术、公共关系人员的工作方式与态度等成为争取公众的关键因素。同时，面对竞争者的模仿，社会组织也要提前防范，寻求积极的解决办法，展示组织的核心竞争力，以减少竞争者的干扰。不论怎样，只要社会组织真正站在公众的角度考虑问题，就一定会在与公众的沟通传播活动中排除干扰，赢得公众。

（4）其他公众干扰。有时，其他公众的拒绝态度也会对社会组织的沟通活动带来干扰。从众心理是人们普遍存在的心理现象。在与公众交流的现场，由于社会组织的操作问题或公众自身的原因，会使一部分公众采取强硬的排斥沟通态度，他们的情绪极易影响那些持观望态度的公众。因而，要及时发现公众中的异议者，并进行诚恳的请教与耐心的解释，以实现平等的沟通交流，否则可能影响更多公众拒绝组织的公共关系传播。

（5）突发事件干扰。突发事件干扰也是传播中经常遇到的干扰，主要表现为突发的天气变化、政府新政策的出台、民间组织的抵抗、公众之间纠纷、突发的意外伤害以及其他一些难以预测的事件。另外，当社会组织面对公众进行沟通交流时，如果组织不当，也可能导致现场秩序混乱，会给正常的传播活动带来干扰，严重时可能导致宣传活动的终止或被外力强行干预终止，并且可能对整个组织的声誉带来不良的影响。因此，传播活动是一项复杂工作，组织必须进行认真的准备和安排，对突发事件未雨绸缪，保证传播沟通活动的顺利进行。

4. 时空因素

任何一个传播活动都是在一定的时空条件下进行的。时间与空间上的准确把握对传播效果影响很大。

(1) 时间。组织开展公共关系活动时，在传播的内容和形式上要注意时间的选择，尽量将目标公众的特点与特定的季节、节日、时间段等协调一致，以发挥事半功倍的良好效果。如在不适当的时间进行公共关系传播活动，即使传播过程没有问题，也会造成传播效果差或没有功效，甚至可能导致不良后果。社会组织在进行传播活动时，必须选择恰当的时间，努力发挥传播的最大效果。

(2) 空间。这里的空间主要指传播者与公众沟通交流的场所。空间在人际传播中极为重要。选择恰当的地点会面可以直接影响沟通双方的情绪与态度。公共关系人员要尽量促使双方在令人愉悦的场景下，以积极的状态进行接触，沟通就会很顺利；如在不适当的地点见面交流，则可能会使一方情绪消沉，甚至拒绝进行，导致双方的沟通变得艰难。因此，社会组织在进行公共关系传播时，必须选择合适的场所，积极推动社会组织与公众的顺利沟通。

(三) 公共关系传播效果的评价

传播效果是指传播者所发出的信息对传播对象的影响和传播对象对传播内容的反应，而传播效果的评价是指对传播对象影响的范围和程度进行分析和衡量。对传播效果的评价可采取以下两种方法来进行。

1. 传播前评价法

传播前评价法是指传播前进行的一种事先评价法。公共关系信息都有一个特定的目标，传播前，可根据这个既定的传播目标进行直接评价，即邀请部分传播对象对备好的几种传播方案（包括传播方式、媒体选择、传播内容、传播时间等）进行直接评价，比较哪一种传播方案与传播目标最为接近，并分析各种传播方案的形象差距有多大，据此改进，最后确定最佳传播方案。

2. 传播后评价法

传播后评价法的具体做法有两种：一是收集反馈意见，即检查传播对象的接受程度来评价传播效果；二是认识程度测试，即抽样调查传播对象，让他们回忆信息中的中心内容，测定传播对象对公共关系信息的认识程度，找出传播目标形象与公众认识形象的差距，来评价传播效果。

传播效果在很大程度上受到传播要素的影响和制约，任何一个传播要素不能发挥正常功能，都会导致传播效果的失衡。因此，在评价传播效果时，应对传播诸要素的功能正常程度进行检测，并做出综合性分析，以提高传播效果。

章后案例

海底捞：以"变态服务"赢得顾客

海底捞，起家于四川简阳的一家火锅店。到过海底捞的顾客都会有两个最直观的感觉：①顾客超级多，排队两个小时去吃上一顿火锅是很常见的事情；而且顾客在等位的时候非常有耐心。②服务很舒适，从顾客刚一进门到用餐完毕出门，它的服务周到而适度，总是出现在顾客最需要的地方。比如，顾客在等位的同时，它提供免费茶水、美甲、擦鞋服务。客人落座后送上女士绑头发用的皮筋、围裙、手机套、热毛巾……如果客户点餐过多，服务员会善意地提醒。最后客人结账时，服务员会主动为你打折，甚至免单……

海底捞的一枝独秀并不是昙花一现，它进入北京和上海多年，依然是鹤立鸡群。

总之，顾客能够体验到这些服务人员是发自内心的关爱和微笑，真的可以让其有宾至如归的感觉。

那么，和其他餐厅的服务相比，这家火锅店的员工为何可以提供如此满意的服务？他们又是如何进行员工管理的呢？海底捞的老板张勇说过一句话："人心都是肉长的，你对人家好，人家也就对你好；只要想办法让员工把公司当成家，员工就会把心放在顾客身上。"基于这种理念，他在企业内部采取了如下管理方法：

首先，通过关爱把员工的心留住，在每家海底捞欢乐火锅店的墙面上，你都会看到"爱年长的同事如同自己的父母；爱年轻的同事如同自己的手足；视所有的同事如同自己的家人"的标语。在这里，不仅能够让每位食客体验到快乐的味道，更能够让每个员工都体验到家的感觉。而且，他们有员工的专属食堂、带薪假期和集体旅游，给每个员工家的归属感，才能够让他们更能感受到海底捞的企业使命："让生活更欢乐。"

其次，让各级员工都成为管理者，尤其是让每一个基层服务员成为一个"真正的管理者"：它规定，不论什么原因，一线的普通员工只要认为有必要，都有给客人先斩后奏的打折权和免单权，即都可以给客人免一个菜的单，甚至免一餐的单。

为什么海底捞的老板张勇敢于这么做呢？因为他深深明白一个道理：一个餐馆，不管其名气大小或者装修是否豪华，客人从进店到离店，始终只跟服务员打交道，所以餐馆客人的满意度基本掌握在一线的员工手里。怎样才能服务好客人？那就要善用这些在现场的普通员工，多发挥他们的才智。

（资料来源：黄铁鹰. 海底捞你学不会［M］. 北京：中信出版社，2011.）

案例分析题：

1. 分析本案例中公众的互动关系。
2. 结合本案例，分析员工公众的重要作用。

思考题

1. 什么是社会组织？它的特征主要有哪些？
2. 什么是公众？它的分类有哪些？
3. 公共关系人员的基本素质有哪些？
4. 什么是传播？传播的主要作用是什么？
5. 公共关系的三要素是什么关系？

第四章

公共关系沟通技能

★学习目标

　　知识目标：了解公共关系沟通的含义与特征等基本概念，掌握公共关系的沟通方式，理解在公共关系沟通过程中存在的主要障碍和公共关系沟通策略。
　　技能目标：熟练运用公共关系沟通技能。
　　素养目标：具备运用公共关系沟通的相关知识处理和指导公共关系活动的意识。

★建议课时

　　6课时。

★案例导入

三个牛奶推销员

　　有一个奶制品专卖店，里面有三个服务人员：小张、大张和老张。当您走近小张时，小张面带微笑，主动问长问短，一会儿与您寒暄天气，一会儿聊聊孩子的现状，总之聊一些与买奶无关的事情，小张的方式就是礼貌待客。而大张呢，采取另外一种方式，他说，我能帮您吗？您要哪种酸奶？我们对长期客户是有优惠的，如果气温高于30 ℃，您可以天天来这里喝一杯免费的酸奶。您想参加这次活动吗？大张的方式是技巧推广式。老张的方式更加成熟老到，他和您谈论您的日常饮食需要，问您喝什么奶，是含糖的还是不含糖的，也许您正是一位糖尿病患者，也许您正在减肥……而老张总会找到一种最适合您的奶制品，而且告诉您如何才能保持奶的营养成分。老张提供的是个性化的沟通模式。
　　那么，您认为以上三种模式哪一种更适合？哪一种是最有效的方式呢？这三种模式之间的内在联系是什么？
　　（资料来源：中华文本库）

案例分析：

1. 销售人员最重要的口头沟通是开场白和结束语。因为人们在沟通时易于记住刚开始和最后发生的事情，所以销售人员与客户沟通时，要特别注意开始时的礼貌寒暄和最后的结束语。

2. 礼貌待客讲究即时应对，包括时间即时、空间即时和语言即时。所谓时间即时就是说向走进来的客户及时打招呼。如只要客户向销售窗口走近1米之内，就要在5秒之内打招呼以便让客户感受到您的热情接待。空间即时就是在距离上接近客户。接近的程度要根据各地的文化背景不同而有所区别。语言即时就是客户以不同方式表示出有问题时，能够迅速应答，而不能说"那不是我部门的事"或者"我不是您要找的人"，很小的语言差异往往导致完全不同的结果。所以，最好使用积极的语言，如"咱们一起来看看是什么问题"，就比使用被动语言"这个问题是得琢磨琢磨"要有礼貌得多。

3. 非语言信息在与客户沟通的过程中甚至可以影响客户的潜在情绪。如在鸡尾酒会上，那些笑容灿烂的服务员所得到的小费平均比微笑少的服务人员多几倍。同样，把找回给客户的零钱放在客户的手心里，或者客户买单时拍拍客户的肩膀，同样可多拿10%的小费。接近客户，或者蹲下来与客户目光接触，同样会提高小费数目。

美国普林斯顿大学曾对10 000个人事档案进行分析，得出的结论是：在个人事业方面，智能、专业技术、经验值占成功因素的25%；其余75%取决于良好的人际沟通。由此可见，有效的沟通不仅是人成长的重要因素，更是公共关系中非常重要的职能之一。组织是个人的集合体，同个人的成长一样，需要注重内部和外部的沟通。

第一节　公共关系沟通概述

一、沟通的含义与作用

（一）沟通的含义

沟通是主体和客体之间相互传递信息、相互理解、相互支持的过程。沟通常常涉及几个方面，即信息发送者，信息接收者，信息内容，表示信息的方式，传达的渠道。

沟通是人与人之间进行思想和信息的交换，使信息由一个人传达给另一个人，并逐渐广泛传播的过程。

需要特别强调的是，沟通是信息双向流动的过程，需要由信息的传递和反馈来共同组成。如果只有信息从发送者到接受者的传递，而没有反馈，通常意义上意味着沟通的失败或无效。

（二）沟通的作用

1. 传递和获得信息

信息的采集、传送、整理、交换，无一不是沟通的过程。通过沟通，交换有意义、有价值的各种信息，生活中的大小事务才得以开展。

掌握低成本的沟通技巧、了解如何有效地传递信息能提高人的办事效率，而积极地获得信息更会提高人的竞争优势。好的沟通者可以一直保持注意力，随时抓住内容重点，找出所需要的重要信息。他们能更透彻地了解信息的内容，拥有最佳的工作效率，并节省时间与精力，获得更高的生产力。

2. 改善人际关系

社会是由人们互相沟通所维持的关系组成的网，人们相互交流是因为需要同周围的社会环境相联系。

沟通与人际关系相互促进、相互影响。有效的沟通可以赢得和谐的人际关系，而和谐的人际关系又使沟通更加顺畅。相反，人际关系不良会使沟通难以开展，而不恰当的沟通又会使人际关系变得更坏。

二、公共关系沟通的含义与特征

（一）公共关系沟通的含义

狭义的公共关系沟通是指社会组织在公共关系活动中所进行的组织与公众间的信息沟通。由于公共关系沟通是建立在人际交往基础之上的沟通，所以，广义的公共关系沟通，包括所有的人际沟通、组织沟通以及组织与人际间的相互沟通。但是，公共关系沟通是为了协调关系、塑造形象，所以要讲究原则，要有计划性，这样才能称为公共关系沟通艺术。

公共关系沟通就是打开各方面的关系，通过一系列活动以实现与公众有效沟通，并培养公众对组织的感情，取得他们对组织的理解和支持。

（二）公共关系沟通的特征

公共关系沟通有别于普通的人际沟通，具体表现如下。

（1）公共关系沟通与职业相关，形式多样。公共关系沟通是主体与公众之间的沟通，一般与职业有关，包含组织沟通、媒体沟通、人际沟通等多种形式。

（2）公共关系沟通具有明确的目的，那就是为了与公众建立良好的公众关系。

（3）公共关系沟通讲究原则。公共关系沟通是建立在公共关系基本原则基础之上的沟通，公共关系原则是公共关系沟通原则的基础和依据。

（4）公共关系沟通追求和谐。公共关系沟通的战术目标是建立良好的公众关系，战略目标是营建内利团结、外利发展的公众环境，追求主体与公众的和谐，这也是社会发展的和谐。所以，我们称公共关系沟通为沟通艺术。

第二节　公共关系沟通原则

沟通是公共关系活动的核心，是组织与公众之间联系的纽带、桥梁。公共关系沟通的作用主要表现在两个方面：一是迅速、准确、及时地收集来自外部公众的信息，为调整企业的经营管理、改善形象提供依据；二是及时、准确、有效地将企业信息向公众传播，争取公众的了解与好感，提高企业的知名度。为了达到沟通的效果，需要把握以下原则。

一、互动原则

公共关系沟通是一项信息传递、反馈、再传递、再反馈，如此循环且螺旋上升的交流活动。沟通的目的主要是增进彼此的认识和了解，促进双方达成共识，建立信任、合作、支持的互利互惠关系。为此，组织在沟通的过程中，应积极收集公众的反馈信息，全面了解、掌握公众对信息的认知度、共鸣度，并通过分析反馈的信息及时调整组织信息，最大限度地消除沟通障碍，提高沟通质量，确保沟通活动连续、顺畅。

二、共感原则

公共关系沟通的融洽和顺畅主要不是取决于关系双方的认识和交往程度，而是取决于双方沟通信息内容的共感程度，即共同的兴趣、信仰。一旦关系一方的观念、意见引起另一方的争议或抵触，就会破坏双方的情感，产生紧张和误会，影响双方关系的紧密。为此，针对沟通中不协调的信息，组织应采取慎重的处理方式，一方面可以通过演讲发表主张，或采用座谈交流等方式给予引导，以便让公众转变不恰当的观点和评价标准，促进彼此达成共识；另一方面要分清沟通的矛盾焦点，分析改变公众意见、态度的可行性程度，对不可调和的分歧，应适当做出让步，寻求最合适的解决途径，通过求证共感区域，满足公众利益，消除紧张，使关系实现平衡与和谐。

三、整合原则

公共关系相对于组织而言是一个群体关系，是组织利益点的集合。针对不同公众，组织应选择不同的信息载体，推行多种沟通方式，使沟通能形成立体的整合效应。同时，要善于将分散的信息进行汇总，采用垂直、横向的沟通渠道，使各公众之间的资源实现共享。

四、实效原则

公共关系建立在相互利益基础之上，沟通需要围绕一定的目的，通过不断提高效率来增强有效度。沟通效率是指依据利益点，选择适当的时间、方式、手段，快捷、准确、及时传递信息产生的实效性和节奏感；有效度是指沟通对信息接收者影响的效果与程度。

沟通对信息接收者的影响效果主要分为正向效果与逆向效果。正向效果是指沟通使关系双方的情感、志趣、认知、价值观等共性因数产生共鸣，通过群策群力、紧密合作而形成的积极效应。共性因素的共鸣程度越高，正向效果值越大。逆向效果是指沟通无法吸引公众兴趣、热情、共识，甚至导致抵触、偏见、反感与敌对情绪而形成的消极效应。抵触、敌对情绪越大，逆向效果值越大。针对正向效果，组织应不断改进沟通方式，通过贴近公众情感，强化共性因素。针对逆向效果，组织应调整沟通方式，转变沟通态度，通过尊重公众情感，弥补共性差异，努力实现"逆向转化"。

公共关系沟通通常是组织与其关系单位之间的沟通活动。要通过公共关系活动，创造和维持认同感，并通过增强组织对于环境的预测力，提高组织效能。

第三节　公共关系沟通方式

一、公共关系的语言沟通

（一）语言沟通的地位和作用

1. 语言沟通是公共关系的重要组成部分

在现代社会，仪式典礼、会务会议、婚丧嫁娶以及各种社会活动和民间民俗活动中，正确的语言沟通最为重要。语言沟通是公共关系的重要组成部分。其体现的是组织与公众之间的关系。这种关系是一个组织在与公众的相互作用和相互影响中形成的。在各种社会活动中，组织与公众构成了一个有机整体，其相互关系既是矛盾的，又是统一的。一方面，组织与公众双方角色不同、利益差异；另一方面，双方都以对方的存在为自己存在的前提，双方的目的与利益是一致的。语言沟通应充分考虑参加活动的组织与公众的利益与目的，尊重各方的情感与需求，双方应在交流中优势互补、良性互动。

2. 语言沟通是公共关系中一种特殊的思想和活动

众所周知，语言沟通的内容与形式都是受思想支配的，说什么，怎样说，都要三思而行，绝不能信口开河。公共关系的语言沟通活动，既不同于学校教师的课堂授课，也不同于领导在大会上做报告，更不同于群众大会上的自由演讲。语言沟通的各方，必须按语言沟通活动的游戏规则——形式规范与内容要求，扮演好各自的角色。

（二）公共关系语言沟通的特点

1. 传播性

语言沟通活动也是一种信息沟通与传播行为。在语言沟通活动中，公共主体通过语言沟通这一形式，将活动的内容信息传递给公众，以满足公众对信息的需求。对于语言沟通活动，公共主体与公众信息的双向沟通与传播，直接影响语言沟通活动的状态与效果。

2. 广泛性

一方面，语言沟通与传播广泛地存在于主体各种活动的行为和过程中，并贯穿于其整个生存和发展过程中；另一方面，对于公众客体而言也具有广泛性。因为语言沟通活动的对象可以是任何个人、群体和组织，既可以是已经与主体发生关系的任何公众，也可以是将要或有可能发生关系的潜在公众。

3. 整体性

语言沟通活动的信息沟通，其宗旨是使公众全面地了解活动的目的和内容，并通过信息沟通，使语言沟通活动获得社会的承认和公众的赞许，从而提高自身的声誉和知名度。在这一过程中，要充分考虑其活动的整体形象，要将活动的各个环节、各个细节纳入整体进行全面、系统、周密的分析、研究、思考，以使公众对其产生整体性认识。信息沟通并不是要单纯地传递信息，而是要使公众对其各方面都有一个全面、系统的了解。

4. 长期性

语言沟通活动的信息与传播，是由主体、公众、传播三个要素构成的。要使这三个要素相互协调、相互作用、相互影响、相互促进，实现一种运作有序、持续发展的良性循环形态，需要长期、反复的探索与磨合。在现实生活中，所有社会认可并负有盛名的语言沟通活动，都是通过长期的实践与探索实现三个要素有机结合的。就三个要素的结构而言，公共组织是活动的主体，公众是客体，联结主体与客体的中介是信息沟通与传播。这三个要素构成了语言沟通活动的基本范畴，语言沟通活动的理论研究、实际操作都是围绕着这三者的关系层面展开的，是一个长期的过程。

5. 目的性

任何语言沟通活动的信息都有既定的目的性。每一次语言沟通活动在预设阶段，就要确定传递什么信息、怎样传播信息等目标，并在活动过程中努力将预设目标和设想变成行动。信息沟通是连接公共主体与公众的桥梁，是实现目标的过程与手段。语言沟通活动是双向性的信息交流与分享。主体与客体之间正是通过这种双向信息交流而建立起相互信任、相互理解的关系，进而实现双方的共同目标。

（三）公共关系语言沟通的要求

1. 公共关系语言沟通的情感表现

情感是人们对客观事物是否满足自我需要而产生的态度体验。它与态度中的内向感受、意向具有协调一致性，是态度在生理上一种较复杂而又稳定的评价和体验。了解情感在交往中的作用，有利于在交往互动中获取他人的情感信息并把握自己的情感，运用自己的情感分析他人的情感。因此，在公共关系活动中，情感是语言沟通中不可或缺的内容。

在语言沟通活动中，公共主体与公众的情感都会受对方行为的影响而发生变化。对于值得信赖、有好感的公共主体的语言信息，公众比较容易和乐意接受，而对于不满意、不信任的公共主体的语言信息则比较容易反感、抵触甚至反制。同样，在交流过程中，公众的行为也对公共主体产生正面或负面的影响，以致使公众的语言信息对于公共主体产生不同的效果。

语言沟通的情感信息伴随着信息内容传递的全过程，交流双方在接收信息内容的同时，也在接受伴随而来的情感信息。这些信息将迅速地或潜移默化地影响着受众的心理，使其情感发生变化。因此，在公共主体与公众的语言沟通中，各自传递给对方的应是真诚的情感信息、真实的信息内容。这对于实现语言沟通活动目标是至关重要的。实践中的许多案例表明，不同的情感信息传递，所产生和反馈的效应也不同，甚至出现截然相反的结果。当然，在公共主体与公众的语言交流中，情感表达要适度，过冷过热的情感表露、过多过少的情感因素，都会事与愿违，达不到理想的效果。情感表达的适度，一是要把握好与理性信息内容相适应的情感程度，二是要注意情感表达的自然与得体，努力做到"情见于辞，情发于声，情寓于意，情融于理"。

2. 公共关系语言沟通的文明礼貌

中国自古就是一个礼仪之邦。文明礼貌是中华民族优秀传统文化的重要组成部分。文明礼貌也是世界各国、各民族共同遵循的人际交往的行为准则。公共关系语言沟通活动中，文明礼貌首先体现在语言交流双方的真诚。"真"是指所传递的信息要真实可靠；"诚"是指语言交流双方的态度要诚恳。这种真诚更多时候表现在一些看似并不很重要的所谓"小事"上，出自内心的真诚会在一些细小和微不足道的事情上表现出真心实意，体现出对受众方的文明礼貌。

公共关系语言沟通活动中，虚心与谦和是文明礼貌的又一体现。虚心与谦和是一种美德，是组织发展和个人进步的重要保障。如在语言沟通活动中，主体方以良好的形象，再加以语言沟通上的虚心与谦和，就能对公众产生更大的吸引力与影响力。具体地说，就是在谈吐上对公众的尊重和对事实的诚实，对自身及其组织恰如其分的评价以及对公众中所发生的误解予以宽容与谅解。只有这样，公共主体与公众才能达到相互谅解、相互容忍与和谐共处的目的。

二、公共关系的非语言沟通

（一）公共关系非语言沟通的特点

1. 真实性和可靠性

艾德华·霍尔指出：无声语言所显示的意义要比有声语言多得多，因为很多有声语言往往把所要表达意思的大部分，甚至是绝大部分隐蔽起来，人类语言所表达的意思大多数属于理性层面，经过理性加工后所表达出来的语言往往不能反映一个人的真实意向，说出来的语言往往并不等于存在于人们心中的语言。而人类的非语言多是发自内心的，是难以压抑和掩盖的。阿盖依尔等人的研究表明，当语言符号与非语言符号所代表的意义不一样时，人们相信的是非语言所代表的意义。因而，非语言沟通比语言沟通更具真实性和可靠性。

2. 感染力和吸引力

非语言沟通具有强烈的感染力和吸引力，有时人的某一动作能够同时表达出几种不同的信息，甚至可以在几秒之内，表达出有声语言难以表述的意义。而且，非语言沟通中传播者的动作、体态都能体现出他的风度、气质、学识、修养，它所具有的吸引力、慑服力和牵动力，能够给人留下深刻的印象，因而更能感染和吸引公众。《挥手之间》有一段对毛泽东站在机舱口摘下帽子用力一挥，向送行人员微笑点头的传神动作的描写，"主席伟岸的身影，站在飞机舱口；坚定的目光，望着送行的人群；宽大的手掌，握着那顶深灰色的盔式帽；慢慢地举起，举起，然后有力地一挥，停止在空中……"正是这挥手之间表明了一种深刻的历史过程，表现了主席的伟大性格。此时，毛主席虽没有发出声音，却无声胜有声，将一个伟大领袖为国家与民族的利益而置个人安危于不顾的崇高精神，非常深刻有力地表现出来了。在沟通过程中，往往一个动作、一个眼神、一种表情，可以强化或减弱口头语言交际沟通的功能，代替口头语言的沟通作用。

3. 普遍性和民族性

非语言沟通因形象、易学，为所有阶层、不同背景和不同年龄人所采用，不论是目不识丁的人，还是学识渊博的人，都可以灵活自如地应用。大规模国际交往中，常以非语言沟通作为主要手段，如运动会、艺术节、音乐、美术。卓别林的无声电影受各国民众的喜爱，被大多数人理解欣赏，说明人类的非语言沟通具有普遍性。当然，由于各国文化不同，非语言传播表达方式也有所不同，不同的民族有不同的文化和风俗习惯，这种不同的文化传播和风俗习惯决定其特有的非语言传播符号。例如，美国人常用"OK"表示赞同、赞美，但

"OK"在新加坡、巴西、俄罗斯等国却是一种粗俗的举动。这说明非语言沟通有很强的民族性。

4. 流行性和发展性

非语言沟通是发展变化的，随人们实践活动的发展、社会进步和人际交流范围的扩大，这种沟通能力也不断得到丰富和发展。同时，它也具有流行性，如传统中国见面礼是抱拳，现在发展到握手，青年人流行拥抱。

(二) 恰当巧妙运用非语言沟通

在公共关系沟通中，善于正确运用非语言沟通，不仅可以传递信息、沟通思想、交流感情，而且还能充分展示公共关系人员及社会组织的文明程度、管理风格、道德水准，塑造良好的组织形象。公共关系人员恰当地利用非语言沟通，可以在公众面前树立良好的个人形象，赢得公众的赞誉、接纳。

1. 目光接触

眼睛是心灵的窗户，也是人与人之间沟通的窗户。目光既能穿透他人的心灵，又能展示自己的心灵。眼睛能自然准确地展示自身的心理活动，眼神是十分有效的传递信息方式，不同的眼神起着不同的作用。眼睛睁得大小、眼神光彩程度可以准确地传递信息；瞪眼瞠目、目光柔和、流波顾盼可以反映一个人心灵的发展变化。眼睛是面部表情中最灵活、最具吸引力、最富传神的非语言沟通器官。在公共关系的传播沟通中，良好的交际形象应是目光坦然、亲切、和蔼、有神、礼貌地正视对方，这既是一种坦荡、自信的表现，也是对他人的尊重。

2. 微笑

微笑是世界通用语言，传递友谊，代表了赞美和祝愿，是公共关系沟通中迅速达到交流的"催化剂"。在公共关系沟通中，微笑能强化有声语言沟通的功能，增强交际效果，双方都从发自内心的微笑中获得这样的信息：我是你的朋友。微笑虽无声，但是它能表达高兴、欢悦、同意、尊敬等意思。作为公共关系人员，要时常把"笑意"写在脸上。罗杰·E. 艾克斯泰尔指出："有一个世界通用的动作，一种表示，一种交流形式。它存在于所有的文化与国家中，人们不分国家，不分种族地使用它，并理解它的含义。它可以帮助你与各种关系的人交流，不论是业务伙伴，还是朋友，它是人们交流中唯一最有用的形式，那就是微笑。"在非语言沟通中，公共关系人员对别人微笑，必能体现出他的热情、修养、魅力，从而获得他人的信任和尊重，感染对方，使传播沟通能在愉快、和谐的气氛中完成。

3. 手势

手势是一种更重要的交际方式，是最有表现力的一种"体态语言"。用手势做暗语，表达某种意思，交流某种感情，加强某种语气，会使表情更加有声有色。俗话说，心有所思，手有所指。手的魅力并不亚于眼睛，甚至可以说手就是人的第二双眼睛。手势表现的含义非常丰富，表达的情感也非常微妙复杂，如举手赞同、摆手拒绝、手抚是爱、手指是怒、拍手称赞、拱手致谢等。手势含义或是发出信息，或是表示喜恶，或是表达感情，恰当地运用手势，可以为表情达意增强情感色彩，使语言更富有感染力。

4. 声调

柔和的声调表示坦率、友善、亲切，激动时声调会有些颤抖。意大利著名悲剧影星罗西参加一个欢迎外宾的宴会。席间,许多客人要求他表演一段悲剧,于是他用意大利语念了一段"台词",尽管客人听不懂他的"台词"内容,然而他那动人的声调和表情,凄凉悲怆,不由得使大家流下同情的泪水。可一位意大利人却忍俊不禁,跑出会场大笑不止。原来,他念的根本不是台词,而是宴席菜单。恰当自然地运用声调是交流成功的条件。

(三) 公共关系非语言沟通的方法和技巧

成功的非语言沟通取决于沟通双方是否能够完整、准确、迅速地理解对方应用非语言传递的信息,是否能够很好地掌握非语言沟通的基本方法和技巧,并得心应手地加以应用。

1. 环境与自身特点的同一性

运用非语言沟通时,必须同他人保持同一,必须与环境和沟通情形保持同一,必须与自身特点保持同一。即各种言语沟通手段的使用,既要适合对方,也应坚持自身的特点。这样有助于增强非语言信息的明晰性,以防出现信息被误解,意思被曲解。

2. 沟通方式与信息的一致性

在非语言沟通中应保持所使用的沟通方式与所传递信息的一致性,力求用不同的非语言方式传递不同的沟通信息,尽可能避免语言信息与非语言信息的矛盾。

3. 表情、动作与语言表达的伴随性

身体动作、面部表情等非语言沟通方式应和语言表达相伴随,从而更好地表达思想和观点,交流感情信息,增加语言沟通的有效性。这不仅可以增加信息的明晰程度,而且能使交往活动更加生动活泼,更富有成效。

4. 观点与思想的形象性

在非语言沟通中,恰当地使用人们易于接受的或对方能够理解的象征性动作,有助于更形象地表明观点、思想,更有效地传递信息。

5. 身体姿势、位置和内心态度的统一性

在非语言沟通中,如果与对方有共同的或相似的信念、感情、态度和价值观,就要采取协调一致的身体姿势和位置;如果与对方没有任何共同或相似之处,就不要采取这种身体姿势和位置。

三、企业公共关系沟通模式

目前,企业公共关系沟通模式主要有以下几种。

(一) 传统线性沟通模式

线性沟通模式是最早出现的,主要指信息的单向流动,即企业单方面进行信息的发布,而社会公众只进行简单的信息获取,不能反馈。这种沟通模式能够将企业的基本信息及时传达到公众,让公众了解企业的基本情况及相关的经营理念,但是它具有一定的局限性,即将信息进行了固化,信息传播者与接收者的角色较为固定,忽略了信息的双向性,而且孤立了信息传播的过程,未考虑企业在与公众沟通的过程中对社会环境的影响。在传统单线性沟通模式下只考虑谁做了什么事,通过什么途径向外传播,并取得了何种效果。由于这种沟通模式自身的局限性,目前在企业公共关系的沟通中使用得较少。

(二) 控制论沟通模式

控制论沟通模式最早出现于20世纪中期,是以控制论作为其根本的指导思想,这种模式弥补了传统线性沟通模式的局限性,注重沟通的双向性。在这种模式下,沟通的双方处于平等的地位,即任何一方既可以接收信息,也可将自己的意见及时反馈,从而实现了信息的双向流动。控制论沟通模式强调沟通双方的角色转化,引入了反馈机制,能够实现信息的共享,但是由于该理论认为沟通双方是完全对等的,因而并不能对沟通双方的主次位置进行明确的划分,而且忽略了信息接收方的个性化差异,对于错综复杂的沟通环境不太适用。

(三)双向沟通模式

从对称的角度说,控制论沟通模式是非对称性信息交流。为了弥补这种不足,在20世纪60年代,德国的学者提出了双向沟通模式,也称为马莱茨克模式。双向沟通模式强调沟通是一项较为复杂的社会行为,在互动的过程中产生的变量因素较多,所以需要涉及的层次性较为明显。双向沟通,一是要考虑个人层面的作用,即个人沟通的技巧,此时需要考虑的因素主要有人物性格及角色定位等。二是需要站在组织的角度进行沟通,即考虑传播者与受传者的工作环境和工作职位等。三是需要考虑在沟通的过程中对社会层面造成的影响,增强公共关系的社会价值。

这种模式目前在公共关系的沟通中应用较为广泛,能够弥补单向传播的局限性,同时能够强化对个人心理过程的认知,满足沟通的双向性需求,增强沟通双方的互动环节,从而使企业更好地了解消费者的需求和要求,不断提升自身的服务水平,促使企业获得较为长远的发展。双向沟通模式的应用对企业建立良好的社会信誉、构建和谐的与消费者的关系具有十分重要的作用,同时在品牌推广、危机处理等方面也具有明显的价值体现。

第四节 公共关系沟通障碍

一、沟通障碍

(一)沟通障碍的概念和来源

沟通障碍是指信息在传递和交换过程中,由于信息意图受到干扰或误解,从而导致沟通失真的现象。在人们沟通信息的过程中,常常会受到各种因素的影响和干扰,使沟通受到阻碍。

沟通障碍主要来自三个方面:发送者的障碍、接收者的障碍和沟通通道的障碍。

1. 发送者的障碍

在沟通过程中,信息发送者的情绪、倾向、个人感受、表达能力、判断力等都会影响信息的完整传递。障碍主要表现在:表达能力不佳;信息传送不全;信息传递不及时或不适时;知识经验的局限;对信息的过滤。

2. 接收者的障碍

从信息接收者的角度看,影响信息沟通的因素主要有四个方面:信息译码不准确;对信息的筛选;对信息的承受力;心理上的障碍。

3. 沟通通道的障碍

沟通通道的问题也会影响沟通的效果。沟通通道的障碍主要有以下几个方面。

（1）选择沟通媒介不当。比如对于重要事情而言，口头传达效果较差，因为接收者会认为"口说无凭""随便说说"，而不加重视。

（2）几种媒介相互冲突。当信息用几种形式传送时，如果相互之间不协调，会使接收者难以理解传递的信息内容。

（3）沟通渠道过长。组织机构庞大，内部层次多，从最高层传递信息到最低层，从低层汇总情况到最高层，中间环节太多，容易使信息损失较大。

（4）外部干扰。信息沟通过程中经常会受到自然界各种物理噪声、机器故障的影响或被另外事物打扰，也会因双方距离太远而沟通不便，影响沟通效果。

（二）沟通障碍的形式

1. 组织的沟通障碍

在管理中，合理的组织机构有利于信息沟通。但是，如果组织机构过于庞大，中间层次太多，那么，信息从最高决策传递到下属单位不仅容易产生信息的失真，而且会浪费大量时间，影响信息的及时性。同时，自上而下的信息沟通，如果中间层次过多，同样也浪费时间，影响效率。

有的学者统计，如果一个信息在高层管理者那里的正确性是100%，到了信息的接收者那里可能只剩下20%的正确性。这是因为，在进行这种信息沟通时，各级主管部门都会花时间甄别自己接收到的信息，一层一层地过滤，然后有可能将断章取义的信息下传。此外，在甄选过程中，还会掺杂大量的主观因素，尤其是当发送的信息涉及传递者本身时，往往会由于心理方面的原因，造成信息失真。这种情况也会使信息的提供者望而却步，不愿提供关键的信息。因此，如果组织机构臃肿，机构设置不合理，各部门之间职责不清，分工不明，形成多头领导，或因人设事，人浮于事，就会给沟通双方造成一定的心理压力，影响沟通的进行。

2. 个人的沟通障碍

（1）个性因素所引起的障碍。信息沟通在很大程度上受个人心理因素的制约。个体的性质、气质、态度、情绪、见解等的差别，都会成为信息沟通的障碍。

（2）知识、经验水平的差距所导致的障碍。在信息沟通中，如果双方经验水平和知识水平差距过大，信息沟通的双方往往依据经验去处理信息，使彼此理解的差距拉大，形成沟通的障碍。此外，个体经验差异对信息沟通也有影响。在现实生活中，人们往往会凭经验办事。一个经验丰富的人往往会对信息沟通做通盘考虑，谨慎细心；而一个初出茅庐者往往会不知所措。

（3）个体记忆不佳所造成的障碍。在管理中，信息沟通往往是依据组织系统分层次逐次传递的。然而，在按层次传递同一条信息时，往往会受到个体素质的影响，从而降低信息沟通的效率。

（4）对信息的态度不同所造成的障碍。这又可分不同的层次来考虑。一是认识差异。在管理活动中，员工和管理者忽视信息的作用的现象还很普遍，这就对正常的信息沟通造成了很大的障碍。二是利益观念。在团体中，不同的成员对信息有不同的看法，所选择的侧重点也不相同。很多员工只关心与他们的物质利益有关的信息，而不关心组织目标、管理决策等方面的信息，这也成了信息沟通的障碍。

（5）沟通者的畏惧感以及个人心理品质也会造成沟通障碍。在管理实践中，信息沟通的成败主要取决于上级与下级、领导与员工之间的全面有效的合作。但在很多情况下，这些合作往往会因下属的恐惧心理以及沟通双方的个人心理品质而形成障碍。一方面，主管过分威严，给人造成难以接近的印象，或者管理人员缺乏必要的同情心，不愿体恤下属，都容易造成下级人员的恐惧心理，影响信息沟通的正常进行。另一方面，不良的心理品质也是造成沟通障碍的因素。

（三）沟通障碍的克服

（1）按照沟通的预设目标，对信息进行筛选、加工，进行必要的分类和序化。
（2）对筛选和已加工的信息进行适当的编码。
（3）选择适当的时间和空间，调整沟通的情绪环境。
（4）建立接收者认可的正式、公开并尽可能直接的沟通渠道。
（5）进行必要的注意力管理。
（6）表达方式符合接收者的接受习惯。
（7）有良好且有效的反馈机制。

二、公共关系沟通中存在的障碍

公共关系是一个组织与其相关公众之间的传播管理。以沟通为手段是公共关系的基本特征之一，有沟通也就必然存在沟通障碍，公共关系沟通中存在的障碍主要有主观障碍、客观障碍、沟通方式障碍等。

（一）主观障碍

1. 公众个性因素引起的障碍

公众具有多样性，公众与公共关系人员之间存在着利益、观念、性格、情感、认知，甚至文化上的种种差异，这些往往都会成为双方沟通过程中的障碍。面对这种复杂的情况，公共关系人员必须有海纳百川的胸怀，以一种平等、开放和宽容的心态，承认各种文化存在的合理性，认识和掌握各种文化的内在特点，寻找不同文化之间的相互联系和共同点，扩大自己与公众在文化上的共视域，进而换一种角度，设身处地从公众的立场、观点和利益出发去思考问题，在理解公众的基础上，形成比较多的共同语言和情感交流。

2. 知识经验水平差距导致的障碍

由于公众的知识经验水平不同，表达能力有差别，对同一思想、事物有的表达清晰，有的表达模糊，对同一种表达方式也会产生不同的理解，造成信息接收和理解障碍。因此，在信息沟通中，"大家应当用一种语言说话"，要注意消除信息中可能产生的理解障碍，尽可能考虑目标公众的文化水平和理解能力，多用通俗易懂、准确无误的语言，以免使相同的信息在不同的公众中因理解上的差异而产生歧义。

3. 知觉选择偏差造成的障碍

心理学研究表明，任何生命有机体的积极性归根到底都是由它的需要引起的，并且指向于满足这些需要。公众在接收和转述信息时，往往关注符合自己需要并与自己切身利益有关的内容，而忽视对自己不利的可能损害自己利益的内容。在公共关系活动中，组织不能强迫公众去接受自己所传播的信息，而只有公众真正感受到这种信息对自己有利，有助于实现自己的利益、满足自己的某种切身需要时，才会比较积极、主动地欢迎并接受这种信息。因此，在向公众传播信息时，必须首先考虑到对方的利益，尽可能从公众利益和需求的角度出发，去选择和传播信息。

4. 公众个体的记忆因素造成的障碍

研究表明，记忆不佳所造成的损失十分严重。在进行口头沟通时，每传递一次大概都要损失30%的信息，对信息的接收者来说，一般只能记住所接收信息的50%~60%。

（二）客观障碍

1. 距离造成的障碍

空间距离对信息沟通传递及其效果有很大的影响。一般来说，信息的发送者和接收者进行面对面的交流有利于把复杂问题搞清楚，提高工作效率。如果沟通双方距离太远，接触机会较少，只能借助通信设施和书面媒介来传递信息，那就有可能造成沟通障碍。

2. 组织机构造成的障碍

沟通中的组织障碍主要表现在传递层次过多、机构臃肿、条块分割和渠道单一四个方面。传递层次过多会造成信息的严重失真；机构臃肿会造成信息传递速度缓慢；条块分割会造成信息传递"断路"；渠道单一是指信息是"上情下达"式的单方向传递，会造成信息决策层的信息量明显不足。组织障碍不仅会使信息传递漏损失真，而且还会浪费时间，影响信息传递的及时性和公共关系工作的效率。组织机构是实施公共关系活动的基本组织保证，其建设应当根据社会环境和自身的需要，按照精简、及时、高效的原则统筹考虑。

3. 外界环境因素的影响造成的障碍

影响公共关系传播效果的环境因素，主要是时间和空间因素，以及在同一时间或空间条件下其他事件、信息的作用。研究表明，由于受生命周期和生物节律的影响，在不同的时间和空间条件下，人们的心理状态具有明显的差异，对信息的敏感程度和注意力的强弱也有变化。在相对整洁、安静的环境里和早晨精力旺盛的时候，人们大多会有一种好心情，并对接收的信息产生比较深刻的印象和记忆。相反，在混乱、嘈杂的环境和临近傍晚身体疲惫时，人们的心理往往比较紧张，容易产生排斥心理。而且在同一时空条件下，如果各种信息纷至沓来，也会使人们不知所措，很难将注意力集中于某一类信息上。与人在不同条件下的这种生理、心理变化相类似，在公众舆论和群体心理变化过程的不同阶段，公众对信息的需求、敏感程度和接收效果也有很大的差异。这一切都表明，在实施公共关系活动时应注意环境因素的作用，努力创造有利于信息传播的时空条件，科学地掌握向目标公众传播信息的最佳时间和时机。同时，在活动安排上应尽量避开社会上的重大节日、事件或邻近组织的公共关系活动，以免因不同信息过于集中而使公众分散注意力，影响传播的效果。

（三）沟通方式的障碍

1. 语言沟通方式造成的障碍

语言是以语音为物质外壳、以词汇为建筑材料、以语法为结构条理而构成的符号体系。

人们只有借助语言才能表达情感、交流思想、协调关系。因此，语言是公共关系沟通的重要工具。不同国度、不同民族、不同方言地区之间的沟通会遇到语言障碍，语义不明也会造成信息沟通的障碍。要保证交际的正常进行，交际双方都必须遵守共同的语言规则和语用原则，避免造成表达错误和领会错误。此外，交际双方还得遵守交际规则，主要包括合作原则和礼貌原则。

2. 沟通渠道选择不当造成的障碍

各种沟通渠道都有各自的优缺点，随意选择沟通渠道，势必造成信息沟通的障碍。应当根据实际情况和公共关系工作的具体要求，综合运用多种方式在实践中对各种渠道不偏废，扬长避短，充分发挥其积极作用和整体效应。

3. 在信息沟通中信息冗余造成的障碍

在与公众进行信息交流时，无休止的套话和老话使得信息冗余，超出公众心理承受能力，造成沟通障碍。针对目标公众在认知和态度上的变化，公共关系人员应密切关注公众的反应，有意识地收集公众反馈的各种信息，逐步调整、改变所传递信息的内容、数量、形式，有区别、分层次地传播，使具体传递的信息既不脱离主题，又有适当的变化和差异，避免雷同和完全重复。

第五节　公共关系沟通策略

一、沟通主体策略

（一）沟通主体策略的两个基本问题

沟通主体分析的根本是解决"我是谁"以及"我在什么地方"这两个基本问题。沟通者分析"我是谁"的过程，就是自我认知的过程；而分析"我在什么地方"的过程就是自我定位的过程。

1. 沟通者的可信度——"我是谁"

所谓可信度，就是沟通者如何让对方感觉到自己是值得为大家所信任的。可信度包括初始可信度和后天可信度。初始可信度是指在沟通发生之前受众对沟通者的看法。后天可信度是指沟通者在与受众沟通之后，受众对沟通者形成的看法。即使受众事先对你毫无了解，但你的好主意或具有说服力的写作和演说技巧有助于你赢得可信度。因此，获得可信度的最根本办法是在整个沟通过程中表现出色。

沟通者的可信度受身份地位、良好意愿、专业知识、外表形象、共同价值等因素的影响。

2. 沟通者的自我背景——"我在什么地方"

"我在什么地方"，也就是自我定位。

沟通者自我测试的内容包括：

①你清楚自己在组织中的地位吗？

②你清楚别人对你道德的评判吗？

③你清楚自己所应扮演的角色吗?
④你清楚自己的实际能力水平吗?
⑤你从社会伦理角度观看自己的动机吗?
⑥你的行为与组织利益相统一吗?

(二)沟通的目标和策略

1. 沟通目标的确定

①总体目标:沟通者期望实现的最根本结果。
②行动目标:指导沟通者走向总体目标的具体的、可度量的、有时限的步骤。
③沟通目标:沟通者就受众对书面、口头沟通起何种反应的期望。

2. 沟通策略的选择

①告知策略:向对方叙述或解释信息或要求,要求对方接受你的信息。
②说服策略:向对方建议做或不做的利弊,以供对方决策时参考。
③征询策略:通过商议来共同达到沟通目的,使执行方案得到受众认同。
④参与策略:具有最大限度的合作性。

其中,告知策略和说服策略称为指导性策略,征询策略和参与策略称为咨询性策略。

(三)自我沟通的含义和特点

自我沟通也称内向沟通,即信息发送者和信息接收者为同一个行为主体,自行发出信息,自行传递信息,自我接收和理解信息。

自我沟通是成功管理沟通的前提,"要说服他人,首先要说服自己"。自我沟通技能的开发与提升是成功管理者的基本素质。

自我沟通具有以下特点:

(1) 自我沟通的目的在于说服自己:自我沟通常在自我认知和现实外部需求出现冲突时发生。

(2) 沟通者和受众的同一性:"主我"承担信息编码功能,"宾我"承担信息解码功能。

(3) 沟通过程反馈来自"我"本身:信息输出、接收、反应和反馈几乎同时进行。

(4) 沟通媒体也是"我"自身:沟通渠道可以是语言、文字,也可以是自我心理暗示。

(四)提升自我沟通技能的阶段

自我沟通技能提升的三个阶段:认识自我、提升自我、超越自我。

1. 认识自我的艺术

(1) 客观审视自己的动机。客观地评价自我动机的社会性、纯正性和道德性。如果内在的动机与外部动机发生冲突,就要修正自身的动机。

(2) 静心思考自我。从内部动机和外部动机两个方面去审视自身的物质自我、社会自我和精神自我。要善于创造性地去思考,要努力在时间上延伸自我的价值。

2. 提升自我的艺术

(1) 修炼自我意识。
(2) 善于积极倾听。
(3) 转换视角,开放心灵。

3. 超越自我的艺术

（1）超越目标和愿景。要建立目标和目标引导下的愿景，在学习和发展技能的过程中，还要不断否定"原我"。

（2）以自我为目标。有助于自我精神追求的不断提高，有助于良好的人际关系建立，有助于始终以积极心态应对挑战。

二、沟通客体策略

★ **案 例**

在美国一个农村，住着一个老头，他有三个儿子。大儿子、二儿子都在城里工作，小儿子和他在一起，父子相依为命。突然有一天，一个人找到老头，对他说："尊敬的老人家，让我把你的小儿子带到城里去工作吧！"老头气愤地说："不行，绝对不行，你滚出去吧！"这个人说："如果我在城里给你的儿子找个对象，可以吗？"老头摇摇头："不行，快滚出去吧！"

这个人又说："如果我给你儿子找的对象，也就是你未来的儿媳妇是洛克菲勒的女儿呢？"老头想了又想，让儿子当上洛克菲勒的女婿这件事终于打动了他。

过了几天，这个人找到了美国首富石油大王洛克菲勒，对他说："尊敬的洛克菲勒先生，我想给你的女儿找个对象！"洛克菲勒说："快滚出去吧！"

这个人又说："如果我给你女儿找的对象，也就是你未来的女婿是世界银行的副总裁，可以吗？"洛克菲勒想了想，同意了。

又过了几天，这个人找到了世界银行总裁，对他说："尊敬的总裁先生，你应该马上任命一个副总裁！"总裁先生摇头说："不可能，这里这么多副总裁，我为什么还要任命一个副总裁呢，而且必须马上？"

这个人说："如果你任命的这个副总裁是洛克菲勒的女婿，可以吗？"总裁先生于是同意了。

于是，这个农村小伙子马上变成了洛克菲勒的女婿，并成了世界银行的副总裁！

（资料来源：农民的儿子、洛克菲勒的女婿与世行副总裁 [J]．出版参考，2003（32）：12．）

在现实沟通中，沟通主体往往关注自己的价值取向，而忽略了对方的关注点、背景、经历、地位、知识结构等，结果出现沟通障碍，导致沟通失败。

成功的沟通在于沟通者站在对方的立场思考问题，根据客体的需要和特点组织信息、传递信息，实现建设性沟通。这就是沟通客体策略。

（一）客体导向沟通的意义

客体导向沟通是指通过对客体的深入分析，沟通者可以根据客体的需要和特点组织信息、传递信息，实现建设性沟通。沟通客体分析是整个沟通过程中最为重要的环节。客体导向沟通的意义主要体现在以下几点：

（1）沟通目标是为了解决现实的问题。

（2）实现了信息的准确传递。

（3）沟通有利于改善或巩固双方的人际关系，保持良好关系的持续性。

（二）激发受众兴趣

激发受众兴趣主要有以下几个途径。

（1）以明确受众利益激发兴趣。受众利益分为两类，一类是具有好处的利益，即强调某一事物的重要性；另一类是事业发展和完成任务过程中的利益。

（2）通过可信度激发受众。包括通过确立共同价值观的可信度激发受众、以传递良好意愿与互惠技巧激发受众、运用地位可信度与惩罚技巧激发受众。

（3）通过信息结构激发受众。即利用信息内容的开场白、主体和结尾等结构的合理安排来激发受众。

（三）受众类型分析和策略选择

受众根据心理需求不同，可分为成就需求型、交往需求型、权力需求型；根据性格不同，可分为内向型和外向型；根据信息处理方式不同，可分为思考型、感觉型、直觉型和知觉型；根据个体气质不同，可分为分析型、规则型、实干型和同情型。受众类型不同，所对应的沟通策略也就不同（见表4-1至表4-3）。

表4-1 心理需求分析及策略

类型	策略
成就需求型	认同其对工作的责任感；给予大量的反馈信息；肯定对方
交往需求型	以交朋友的姿态和口气与他们交流，建立良好的人际关系；坚持平等相待的原则；了解其兴趣爱好后，在活动中交换想法
权力需求型	采用咨询和建议的方式；认同其职责；对其影响力表示兴趣

表4-2 信息处理方式分析及策略

类型	策略
思考型	以虚心的态度为思考者提供机会；提供充分的信息；客观对待事物，并保持始终如一
感觉型	明确表达你的价值观念；突出你对他的支持
直觉型	充分利用和发挥他们的想象力，不要轻易给他们问题的答案；不要轻易否定或批驳他们的观点；告诉对方你的想法、你的观察和最终目的
知觉型	清晰交流、抓住要点、在实践中获得结果，不要对事物添加太多的细节和幻想的结论

表4-3 气质分析及策略

类型	策略
分析型	告诉他们你想要的，提供评价标准，而不要提供太多的细节、常规行为和实际事情
规则型	提供有组织的训练，给出规则和标准；提供完成任务的详细资料；肯定他们的贡献和努力；事情发生变化时耐心解释
实干型	提供训练；给予自由和工作多样化；完善工作技巧；乐于与他们为伴
同情型	给予指导和鼓励；赞赏他们的贡献；给予自治权和学习的机会

（四）上司与下属有效沟通的策略

上司根据管理风格分类，可分为创新型、官僚型、实干型和整合型，上司的管理风格不同，其与下属沟通时的策略也不同（见表4-4）。

表4-4　上司管理风格类型及其策略

类型	特征	策略
创新型	有全局眼光、动作快、非结构化风格（无预约、新主张多）	让他们参与到问题解决中来
官僚型	结构化风格、动作慢、关注过程与细节，思考非常严谨	方法比内容重要，注重沟通形式
实干型	动作快、结构化风格、关注细节和结果	注意主动性，直接从问题的结果出发，进行沟通
整合型	动作慢、非结构化风格、关注过程、有全局眼光，适应变革	准备好各类相关材料，减少领导承担责任的可能

★案　例

财务部陈经理总会每月按照惯例请手下员工吃一顿。一天，他走到休息室叫员工小马，通知其他人晚上吃饭。

快到休息室时，陈经理听到休息室里面有人在交谈，他从门缝看过去，原来是小马和销售部员工小李在里面。

小李对小马说："你们陈经理对你们很关心，我见他经常请你们吃饭。"

"得了吧。"小马不屑地说，"他就这么点本事笼络人心，遇到我们真正需要他关心、帮助的事情，他没一件能办成的。就拿上次公司办培训班的事来说，谁都知道如果能上这个培训班，工作能力会得到很大提高，升职机会也大大增加。我们部几个人都很想去，但陈经理却一点都没察觉到，也没积极为我们争取，结果让别的部门抢了先。我真的怀疑他有没有真正关心过我们。"

"别不高兴。"小李说，"走，吃饭去。"

陈经理只好满腹委屈地躲进自己的办公室。

章后案例

妥协与退让

Ch是一个软件公司的老板，其公司虽然规模很小，产品质量却非常不错。但公司的营销能力明显不足，订单一般都是通过渠道获得。这些渠道包括各地的一些咨询公司、培训公司。每次合作中，Ch总认为渠道只能帮助公司获得市场信息，并不能保障把项目拿下来。所以，在与渠道的谈判中，总是毫不退让，渠道与公司之间的利益矛盾加深。时间长了，这些渠道都不会将信息给公司，公司的经营处于艰难的境地。

案例分析题：

1. 结合本案例，分析软件公司经营艰难的原因是什么。
2. 进行公共关系沟通应该具备哪些技能？

思考题

1. 什么是公共关系沟通？它的要素有哪些？
2. 公共关系学的原则是什么？
3. 简述公共关系沟通方式。
4. 公共关系沟通障碍有哪些？
5. 公共关系沟通策略有哪些？

第五章

公共关系工作程序

★学习目标

知识目标：了解公共关系工作程序，熟悉公共关系调查与策划环节；明确公共关系实施是最复杂、最为关键的一个环节；理解公共关系评估的内容。

技能目标：掌握公共关系调查的一般程序与方法；掌握公共关系效果评估的程序和方法。

素养目标：认识公共关系工作的完整过程。

★建议课时

8课时。

★案例导入

有一家宾馆新设了一个公共关系部，开办伊始，该部就配备了豪华的办公室、漂亮迷人的公共关系小姐、现代化的通信设备……但该部部长却发现无事可做。后来，这个部长请来了一位公共关系顾问，向他请教"怎么办"，于是这位顾问一连问了以下几个问题：

"本地共有多少宾馆？总铺位有多少？"

"旅游旺季时，本地的外国游客每月有多少，港澳游客有多少？国内的外地游客有多少？"

"贵宾馆的知名度如何？在过去三年中，花在宣传上的经费共多少？"

"贵宾馆最大的竞争对手是谁？贵宾馆潜在的竞争对手将是谁？"

"去年一年中因服务不周引起房客不满的事件有多少起，服务不周的症结何在？"

对这样一些极其普通而又极为重要的问题，这位公共关系部部长竟无言以对。于是，那位被请来的公共关系顾问这样说道："先搞清这些问题，然后开始你们的公共关系工作。"

(资料来源：韩宝森. 公共关系理论、实务与技巧［M］. 北京：北京大学出版社，2009.)

案例分析：

公共关系不是一种盲目的、随意性的活动，而是有意识、有计划的行为，公共关系部的设置是搞好公共关系工作的组织保证。

公共关系工作不仅具有较高的艺术性，而且有较强的科学性。俗话说"无规矩不成方圆"，按照公共关系原理，公共关系工作程序分为四个步骤，即调查、策划、实施、评估，亦称"四步工作法"。调查研究是公共关系工作的第一步，是做好公共关系工作的基础和前提。公共关系部的经常性任务就是利用自身与各类社会公众之间的广泛联系，开展调查，获取信息，为组织的最高决策层提供信息保障。显然，本案例中的该宾馆公共关系人员对公共关系的内涵缺乏了解，甚至存在误区。公共关系部长被公共关系顾问的一系列问题问得张口结舌，自然在所难免。

公共关系是现代组织管理工作的一种相当复杂的活动，这不仅是由于各类社会组织面对着不同类型的公众，而且它们所采取的公共关系手法也是千差万别的。不过，各种类型的公共关系活动中又有某些共同的规律，按照这些规律操作，才能达到预期的效果，发挥公共关系的最佳效益。美国公共关系学的权威著作《有效的公共关系》一书中提出了公共关系的四步工作法，将公共关系的工作程序概括为四个步骤：公共关系调查、公共关系策划、公共关系实施、公共关系评估。这四个步骤既相互独立又相互联结，贯穿整个公共关系活动的过程。其中公共关系调查是公共关系运作的基础，公共关系策划是四步工作法中关键的一步，公共关系实施是重点，公共关系评估承上启下，既是对公共关系工作的总结和完善，又是开展后续工作的必要前提。本书就是按照这样的思路，结合我国公共关系的实际情况，介绍公共关系的工作程序。

第一节　公共关系调查

一、公共关系调查的意义

俗话说"知己知彼，百战不殆"，公共关系调查就是为了给社会组织管理部门提供参考依据，达到"知己知彼"的状态，以保证组织有效开展各项公共关系事务活动而做的工作。作为公共关系活动的起点与基石，公共关系调查是在特定的时间与地域范围内，运用相关调查方法和工具，收集并分析和本组织相关的公众观点、态度和行为信息，了解和掌握自身公共关系状况的过程。这个过程中所获得的信息可以用于制定长远的战略性规划，也可以用于制定某阶段或针对某问题的具体政策或策略。不仅有助于组织把握目前的公共关系状况与问题，还有助于组织及早发现潜在的威胁，为具体公共关系活动目标和方案的正确制定提供客观依据，让公共关系人员可以"对症下药""量体裁衣"，使问题尽快得到解决。

所以，调查是解决问题的先决条件，没有调查就没有发言权。调查研究在公共关系活动中占有极为重要的地位,社会组织要想成功地开展公共关系工作,就必须做好知己知彼的调查研究,因为只有做好充分、扎实的调查研究工作,获取准确的信息,才能做出正确的判断和采取相应的措施,搞好公共关系工作。否则,公共关系活动就会成为无源之水,无本之木。

公共关系调查是公共关系工作规范化和科学化的过程中出现的一种社会调查类型,主要是社会组织采用科学合理的方法,准确翔实地搜集有关组织形象、公众需求、社会环境及发展趋势等方面的信息,为决策工作服务,它直接决定了公共关系工作的有效性和科学性。公共关系调查是就组织公共关系状态所进行的情报搜集与研究工作,是有步骤地考察、了解、分析、研究社会组织的公共关系状态的一种科学认知活动,可以由组织内部人员来完成,也可以委托组织外部的人员,如公共关系专业公司来完成。公共关系调查的具体意义有以下三个方面。

(一) 能够帮助组织准确地为产品和形象定位

公共关系调查可以帮助组织了解公众真实的消费需要,明确界定组织的产品和服务,还可以帮助组织准确地了解其在公众中的形象定位。组织的形象定位是指组织明确以什么样的形象出现在公众面前,形象定位取决于组织的战略定位和竞争优势。通过产品和形象调查,组织可以测量出自我期望的形象与其在公众中实际形象的差距。组织可针对这个差距策划有效的公共关系活动方案,以缩小差距。

★ 案 例

万斯家具厂的产品连续三年滞销,究其原因在于与用户的实际需要和具体要求脱节。针对这一弊端,厂长巴莫开了一张处方:

尊敬的顾客:

我厂受变形金刚的启发,最近聘请了一批高级家具和装饰工程师,为你们设计一种可变形的多功能家具,为了使这种家具不仅满足您的需要,解决您住房狭小的困难,而且给您带来方便、舒适和美的享受,恳请您来信指教,我们将根据您的意见进行设计。凡来信指教的顾客,将在报上公布名单,发一优惠20%的购物卡,凭此卡可购买一件多功能家具;意见被采纳者,赠送一件多功能家具。

这封有奖求教信在报纸刊登后,收到1 814封指教信,巴莫严守信用,立即在报纸上以大号黑体字"可变形多功能家具凝聚着这些先生女士的智慧和心血"排印一个通栏标题,在这个标题下,依来信先后顺序公布了指教者的名字,并给每位指教者寄去一封感谢信和优惠卡。

变形家具一投放市场,立即被抢购一空,供不应求。一个月的销售量等于过去三年销售量的960倍。

(资料来源:曾琳智. 新编公共关系案例教程 [M]. 2版. 上海:复旦大学出版社,2010.)

(二) 能够为组织管理决策提供科学依据

公共关系活动的主要功能是系统阐释组织目标及其贯彻落实,为组织决策层制定实现组织目标和各种战略提供咨询建议。它既非推销也非广告，严格地讲也不属于促销，它是管理职能、管理行为的一个组成部分。公共关系调查的主要任务就是及时地为组织提供决策依据，并能有效地预测和检验决策的正确性。因为只有通过调查，才能使组织了解公众的要求和愿望；只有了解公众的要求和愿望，才能做出符合公众要求和愿望的决策；只有做出符合公众要求和愿望的决策并认真实施，才能使组织在公众心目中树立起良好的形象。

（三）能够帮助组织监测公众舆论

舆论是指具有共同利益的人群、团体对某些问题所持态度的表达。舆论是可以衡量和推断的。在信息传播极其迅速的现代社会，舆论是一种非常重要的力量。舆论的力量像一阵风，在我们尚未辨明其来源时，就已经能感觉到它的影响，并受到它的影响。舆论又是不稳定的，随着新信息、新思想、新事物的出现而呈现周期性的变化。

公众舆论最初是自发产生的并处于不断扩大或缩小的动态中，它是公众对组织的一种浮动的表层认识。但是，当少数人的观点、态度扩展为多数人的观点、态度；分散的、彼此孤立的意见集合为彼此响应的公众整体意见；声势尚小、影响甚微的局部意见变成声势浩大的公众的共同反响时，对组织的形象就会产生很大的影响。积极的公众舆论有利于组织塑造良好形象，消极的舆论则会损害组织的形象，甚至会造成组织形象危机。因此，通过公共关系调查，监测公众舆论，并使组织及时扩大积极舆论、缩小消极舆论是十分重要的。

二、公共关系调查的内容

作为一项系统的公共关系研究工作，公共关系调查的内容相当广泛而丰富，涉及组织公共关系的目标、主体和客体，也涉及公共关系的传播媒介、社会环境等。但公共关系调查的关键还是要围绕组织展开深入调查，把握公众对组织的认识和评价，研究分析组织所处的环境。一般来说，公共关系调查主要包括以下四个方面：社会环境状况调查、组织内外相关公众的调查、组织自身形象调查及传播媒介状况调查。

（一）社会环境状况调查

公共关系中的社会环境是指与组织发生联系的各类公众和社会条件的总和。收集本组织所处的社会环境的各种信息，对本组织的生存发展和经营策略的制定具有极其重要的意义。

（1）国家颁布的各项相关的政策、法律、法规及国家政治经济发展规划。包括国家和地方政府的中长期发展战略规划、宏观政策，与社会组织有关的政治、经济、科技、社会文化等发展变化趋势，地方政府机构和法律部门颁布的地方性法律、法规和方针政策，以及国家根据发展需要新出台的行业调整计划、新颁布的法律和法规。

（2）行业发展趋势。对某一组织的发展战略而言，关注本行业发展趋势是至关重要的。例如，在加入世贸组织之前，影响各行业变化趋势的一个重要因素就是加入世贸组织问题，因此在加入世贸组织后对我国各行业的影响分析，是调查各行业变化趋势中的一个重要内容，调查工作也会围绕加入世贸组织后，该行业面临的机遇和挑战等问题展开，为自己将要制定的战略搜集参考资料和依据。

（3）同行业情况和竞争对手的情况。组织通过调查当前本行业呈现的主要竞争态势以及竞争对手的优势和劣势，并总结经验与教训，从而与自己各方面做参照，掌握组织的发展机会，消除潜在的威胁。

（二）组织内外相关公众调查

在公共关系工作中要想获得成功，必须"知己知彼"，而知彼更是关键。因此，公共关系工作调查必须将相关公众调查作为其工作的重点。

1. 组织外部公众的调查

组织外部的公众调查一般要掌握以下四种资料。

（1）背景资料。这是指公众的姓名、年龄、性别、籍贯、住址、文化程度、职业、收入情况、家庭情况等。

（2）知晓度资料。这是指公众对某一问题、某一事件、某一形势、某项计划、某段时间的知晓程度。

（3）态度资料。这是指公众对各种对象的态度。

（4）行为资料。这是指公众就某个问题正在或者已经采取行动的情况。

★ 案 例

美国亨氏集团多次召开"母亲座谈会"

美国亨氏集团与我国合资在广州建立婴幼儿食品厂。但是，生产什么样的食品来开拓广阔的中国市场呢？筹建食品厂的初期，亨氏集团做了大量调查工作，多次召开"母亲座谈会"，充分听取公众的意见，广泛了解消费者的需求，征求母亲对婴儿产品的建议，摸清各类食品在婴儿哺养中的利弊。之后进行综合比较、分析研究，根据母亲们提出的意见，试制了些样品，免费提供给一些托幼单位试用；收集征求社会各界对产品的意见、要求，相应地调整原料配比，他们还针对中国儿童食物缺少微量元素、造成儿童营养不平衡及影响身体发育的现状，在食品中加进一定量的微量元素，如锌、钙和铁等，食品配方更趋合理，使产品具有极大的吸引力，普遍受到中国母亲的青睐。于是，亨氏婴儿营养米粉等系列产品迅速走进千千万万中国家庭。

（资料来源：美国亨氏集团多次召开"母亲座谈"，公共关系传媒论坛，2012年3月．）

2. 组织内部公众的调查

公共关系的宗旨是内求团结，外求发展，因此除了了解外部公众的情况外，还应掌握组织内部公众的心理、人际关系及凝聚力的情况。组织内聚力主要反映组织内部公众所形成的组织意识、相互合作的气氛以及对组织产生的向心力，这是衡量一个组织战斗力高低的尺度。公共关系人员可以通过各种方式，收集组织内部意见，把握其思想脉搏，并了解其思想情绪。

（三）组织自身形象调查

组织自身形象是指相关公众对组织的看法与评价的综合情况，这是公共关系调查的重要内容。因为形象对于任何一个组织的意义正变得越来越重要，特别是对于从事产品生产与经营的组织来说更是如此。良好的形象能帮助组织赢得更多消费者、投资者及社会各界的合作与支持。组织自身形象包括自我期望形象和实际社会形象两个方面。

1. 自我期望形象

自我期望形象是指组织自身期望建立的形象，即上至组织领导下至普通员工对组织形象的期望与看法。领导决策者决定着组织发展的总目标与战略方向；员工则是组织赖以生存和发展的基础，其工作态度与热情直接影响组织的发展。自我期望形象是公共关系的内在驱动力和努力方向，在组织现实条件的允许范围内，期望越高，组织内聚力和发展的内在驱动力就越大。

2. 实际社会形象

实际社会形象指的是公众对组织现实行为与政策的评价与看法，涉及相关公众对组织的认知、态度和行为倾向情况。

（1）知名度和美誉度。知名度是公众对组织信息的知晓程度，即公众对社会组织名称、方针政策、基本职能、产品服务、经营状况等基本信息知晓与了解的情况。

美誉度即公众对组织在产品服务、经营管理、社会责任承担、行为活动等方面的表现所持的满意、支持、信任与赞誉的程度。

除了知名度和美誉度，公共关系人员还可对公众的行为倾向情况作出分析与预测，即努力了解与把握公众对组织的产品、服务、政策、行为已经或准备采取什么样的行动。

（2）组织形象地位测量。在把握组织知名度和美誉度这两个指标的基础上，可以绘制直观的组织形象地位图，并借此确定组织的努力方向与工作重点。

（3）组织形象要素分析。组织形象要素指的是会影响组织形象好坏的相关因素。对于不同性质与类型的组织而言，因公众要求与评价标准的不同，形象要素指标的内容也会有所不同。

（四）传播媒介状况调查

★案例

伊利的新媒体营销革命

伊利集团与众多新媒体进行深度合作，展开了一场新媒体营销革命。由伊利集团与CCTV.COM共同发起的"有我中国强——寻找我的奥运坐标"大型网络公益签名活动通过CCTV.COM正式上线。通过架设虚拟网络空间的"中国版图"，网民只要登录活动网页，就可以在版图的任意地区标注自己的名字，并上传自己的手写签名和奥运祝福。此活动创新的互动设计和充分的情感诉求在奥运活动铺天盖地之际迅速聚集了网络人气。

每一次公共关系活动结束以后都要对其产生的效果进行细致的调查，从中总结规律，获得经验教训，为后续的公共关系活动提供借鉴。

首先，通过各种渠道获取各新闻媒体对本组织的报道材料，仔细分析报道的新闻媒体的档次、报道的时机，公众对该媒体的认可程度以及对报道内容的关注程度，新闻媒体报道对公众消费行为产生多大的影响等。

其次，要对本组织自我期望形象和实际形象进行调查分析。所谓组织自我期望形象，是指一个组织期望在社会公众心目中所具有的形象，它反映组织的理想与奋斗目标；组织的实际形象是指组织在社会公众心目中的实际形象，是公众对组织的真实评价。两者一般存在一定的差距。指出其差距，分析形成差距的原因，这要通过衡量组织形象的两个指标即知名度和美誉度来实现。

最后,对公众的来信、来访、电子邮件、投诉电话等要进行深刻的分析与调查,从中获取有益的信息,以指导后续的公共关系工作。

三、公共关系调查的程序

公共关系调查的程序,就是根据研究的目的和对象,在进行实际调研之前,对调研工作总任务的各个阶段进行通盘考虑和安排,提出相应的调研实施方案,制定出合理的工作程序。

公共关系调查的具体程序由四个步骤组成:确定调查任务、制定调查方案、调查的实施、处理调查结果,如图 5-1 所示。

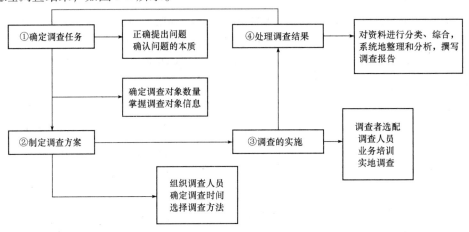

图 5-1 公共关系调查的程序

(一)确定调查任务

确定调查任务是公共关系调查的第一步。公共关系调查的任务是由公共关系目标决定的,根据不同的设想目标,确定不同的调查任务和调查内容。调查的任务不同,调查的内容和使用的方法、技术手段及测量指标也有所不同。

(二)制定调查方案

制定调查方案是对整个调查过程及其内容的总体规划,主要包括确定调查发起的组织单位,选择调查对象,确定调查范围,规划调查时间和步骤,以及经费开支、人员分工、调查项目、调查报告及调查工作总结等。预先完善地制定调查方案,是顺利展开调查工作的关键。

(三)调查的实施

调查实施的过程,实际上就是调查方案的实施过程。在方案的实施过程中,必须注意技术手段的合理运用。技术手段运用得是否合理,不仅关系到调查资料的数量,更重要的是影响调查资料的质量。没有一定质量保证的调查资料,根本不可能从其得出准确的结论。

(四)处理调查结果

处理调查结果包括两项内容:一是整理调查资料;二是形成调查结果。整理调查资料就是对调查中所取得的全部资料进行检验、归类、统计等。通过检验工作,补充缺漏的资料,排除虚假的资料。在此基础上对调查资料进行分析研究，最后形成一份完整的调查报告。调查报告是对调查过程的一个总体评价，就调查的科学性、准确性给予必要的说明。调查结果和调查报告应及时提供给有关人员。

四、公共关系调查的方法

公共关系调查的方法有很多，我们可以根据调查的目的和调查对象的特点选择相应的有效方法。其中，使用较多的有抽样调查法、访问调查法、文献研究法、问卷调查法、观察分析法、网络调查法等。

（一）抽样调查法

抽样调查法是指从调查对象的总体中，按照一定的比例抽取一部分作为样本加以调查，并把样本的调查结果近似地等同于总体的调查方法。抽样调查可以分为随机抽样调查和非随机抽样调查两种。随机抽样调查是在总体中，随机抽取一定数目的个体进行调查。非随机抽样调查不是根据概率原理抽样进行调查，它是按照调查者的主观意愿，有意识地在总体中选择一些单位作为样本进行调查的方法。抽样调查法用部分代替整体，获得的数据是近似的，但由于它省时、省力、可操作性强，所以得到了广泛的应用。

（二）访问调查法

访问调查法是指调查人员根据事先预定的主题和内容与调查对象进行面对面的访问和谈话，以获取所需要的信息、资料的方法。访问调查法有多种多样的形式，应根据调查的目的、内容、调查对象的需要选择个人访问法、集体访问法、来信来电法等不同方式的访谈。

（三）文献研究法

文献研究法是搜集有关调查对象的文献资料并进行研究分析的一种有效的调查方法。该方法具有信息可靠、翔实、说服力强、成本低等特点。其局限性是速度慢、耗时多。所以，在广泛收集、积累资料的基础上，必须深入分析和研究，从中获取有价值的信息和结论，为组织决策提供信息支持。

（四）问卷调查法

问卷调查法又称为民意测验法，这种方法是调查者根据调查的目的，将所要调查的内容和问题设计成统一的问卷量表，选择相应的群体发放问卷，让他们根据各自的情况做出回答。问卷调查法成本低、答案标准化、结果数量化，便于统计分析、容易控制，获得的信息详细可靠，故应用广泛。问卷调查法的问卷设计有开放型、封闭型和半开放型，可以依据不同的需要选择不同类型的问卷。

（五）观察分析法

观察分析法是指公共关系人员在自然条件下，有目的、有计划、有重点地借助于自己的感观或各种测量仪器观察和研究他人的言行表现，并把得出的结果按照一定的次序进行系统记录、分析和整理，写出报告的研究方法。观察分析法主要适用于其研究目的是描述调查对象在自然条件下的具体状态，或需要对正在进行的一些活动过程做出描述，如研究消费群体的购买行为，考察消费者的消费心理等。观察分析法运用得当，可以获得其他研究方法难以得到的、具有较高真实性与准确性的第一手资料,并且操作简单,费用较低。但是,观察分析法有时会受调查者的主观意志的影响,获得的信息不一定有说服力。

(六) 网络调查法

网络调查法是传统调查方法在新的信息传播媒体上的应用。它是指在互联网上针对特定的问题进行的调查设计、收集资料和分析等活动。与传统调查方法相类似,网络调查法也有对原始资料的调查和对二手资料的调查两种方式。根据调查方法的不同,网络调查法可分为网上问卷调查法、网上讨论法和网上观察法等。

1. 网上问卷调查法

网上问卷调查法是在网上发布问卷,被调查对象通过网络填写问卷,完成调查。根据所采用的技术,网上问卷调查法一般有两种。一种是站点法,即将问卷放在网络站点上,由访问者自愿填写;另一种是用 E-mail 将问卷发送给被调查者,被调查者收到问卷后,填写问卷,点击"提交",问卷答案则回到指定的邮箱。被调查者在填写问卷时甚至不用上网,他们可以将电子邮件下载下来,在发送结果时上线提交即可。电子邮件调查有一定的局限性,问卷的交互性很差,并且数据的处理很麻烦,每份问卷的答案都是以邮件形式发回,必须重新导入数据库进行处理。网上问卷调查法是最常用的方法,它比较客观、直接,但不能对某些问题作深入的调查和分析。

2. 网上讨论法

网上讨论法可通过多种途径实现,如 BBS、ICQ、newsgroup、网络实时交谈(IRC)、网络会议(Net meeting)等。主持人在相应的讨论组中发布调查项目,请被调查者参与讨论,发布各自观点和意见。或是将分散在不同地域的被调查者通过互联网视讯会议功能虚拟地组织起来,在主持人的引导下进行讨论。网上讨论法是小组讨论法在互联网上的应用。它的结果需要主持人加以总结和分析,对信息收集和数据处理的模式设计要求很高,难度较大。

3. 网上观察法

网上观察法是对网站的访问情况和网民的网上行为进行观察和监测。大量网站都在做这种网上监测。很多可供免费下载的软件,事实上也在做网上行为监测。

网络调查对于公共关系调查来说是一把双刃剑。一方面,网络调查的优势在于它可以在更广的范围内,对更多受众进行信息收集的工作。与传统研究方法相比,不仅研究者可以以惊人的低价获得超乎想象之多的被调查者的情况和资料,而且,普通媒介从业人员也可以设计调查题目,通过免费的服务器询问成千上万的人。设计长问卷的能力不再局限于处于社会权力中心的组织——如政府机构或者大型媒体,网络调查的低费用使得几乎每个进入互联网的人都有相同的能力。这也潜在地使调查过程更为民主化。此外,网络调查还可以以自填的回答方式,通过标准化的方法向被调查者呈现一份多媒体的问卷。这显然是传统的调查方法难以做到的。但另一方面,网络调查潜在的危险是,日益增多的调查越来越良莠不齐,人们难以区分调查的好坏。网络调查的价值也受到人们填答意愿的限制。因为在类似的大批量的调查下,人们可能干脆不理睬,也可能根据其内容、主题、娱乐性或者调查的其他特性而做出参与调查的决定,从而影响网络调查的可信度。

第二节 公共关系策划

★案 例

东风雪铁龙品牌嘉年华暨 C4 世嘉上市发布会

2015 年是东风雪铁龙中期规划的龙腾 C 计划的收官年,在总结与回顾龙腾 C 计划所取得成绩的同时,还通过品牌嘉年华活动将舒适、时尚、科技的品牌优势作为重点传播,加强消费者对品牌优势的感知。基于龙腾 C 计划的成功,新的中期规划也将在此次活动中推出,继而通过品牌嘉年华推动新规划的顺利起步。

东风雪铁龙品牌嘉年华暨 C4 世嘉上市发布会,是国内汽车品牌首次在专属航站楼举行发布会,创造性地将"非同凡享"的活动理念贯穿在整场活动。这场人文、视听盛宴不仅展现了雪铁龙百年的历史以及对汽车工业的贡献及推动,也展露出锐意进取、勇于突破的创新精神和新一轮腾飞的雄心。它既是一场狂欢、一届盛典,更是一次洗礼!

作为新一代拥有"有派、有劲、有料、有底"这样鲜明丰富个性的产品,极为符合中产阶级人群追求浪漫的法式生活方式的定位,也符合东风雪铁龙一直推崇的"与众不同,愉悦感受"的品牌理念。活动设置了四大亮点:东风雪铁龙专属航站楼、情景剧式的演绎品牌三次启蒙、近 40 米长的飞机造型道具寓意腾飞以及舞台特效和水幕的运用。这些亮点在重要的三大章节——品牌篇、企业篇和产品篇下演绎,使东风雪铁龙品牌的历史和文化、品牌的优势(舒适、时尚、科技)、C4 世嘉新车型的发布,都通过声光电水等效果的配合进行诠释与展现。

活动处处让各路媒体及嘉宾感受到一次法式生活的体验,再现了雪铁龙的创新精神及百年来对汽车工业的贡献和推动,有力地传递了东风雪铁龙对未来的构想。这样一场非同凡响的人文、视听盛宴,已然成为广州车展前一大车市热点话题,各路媒体争相报道。

在完成了调查研究以后,公共关系活动就进入了制订计划阶段。这是公共关系工作中最富有创意的部分。一个良好的公共关系策划,就意味着良好的市场效应,所以形象设计专家、"点子大王"才能一语千金。

一、公共关系策划概述

(一)公共关系策划的含义

公共关系策划具有战略性、策略性和创造性,是一门科学,也是一门艺术。目前在我国学术界,对于公共关系策划的概念运用得比较普遍,但对其含义的理解却各不相同,概括起来主要有三种。

1. "程序"说

"程序"说是一种广义的理解,即把公共关系策划理解为公共关系活动"四步工作法"中的第二步,包括公共关系目标、计划、策略等方方面面,也就是在公共关系调查分析的基础上，做好公共关系活动实施前的一切准备工作，公共关系策划过程的完成，也就是实施前的一切准备工作的完成。

2．"谋略"说

"谋略"说，即把公共关系策划仅仅理解为谋略或策略，理解为一种简单的设计。按照这种观点，公共关系策划不应把具体的实施计划包括在内。

3．"计划"说

"计划"说，即把公共关系策划理解为计划，理解为依据一定的目标建立起来并可用来进行具体操作的方案步骤。

《中国公共关系大辞典》把策划定义为："人们为了达成某种特定的目标，借助一定的科学方法和艺术，为决策、计划而构思、设计、制作策划方案的过程。"换言之，策划是决策前的准备工作，它为决策进行创意和设计，为决策提供依据，进行运筹。

本书对"公共关系策划"的定义为：所谓公共关系策划，是指以分析预测为基础，根据组织形象的现状和目标要求，确定公共关系活动的战略与策略，并制订出最佳计划方案的过程。

这个定义包括五层含义：

（1）公共关系策划工作是公共关系人员的工作，是由公共关系人员来完成的。

（2）公共关系策划是为组织目标服务的。

（3）公共关系策划是建立在公共关系调查基础上的，既非凭空产生，也不能囊括所有公共关系活动。

（4）公共关系策划可以分成两个层次：公共关系战略策划和专题公共关系活动策划。

（5）公共关系策划包括谋略、计划和设计三方面的工作。

（二）公共关系策划的地位和作用

美国策划大师科维曾形象地说："如果把公共关系活动比作演戏，策划就是创作剧本，一个出色的剧本很容易在演出时获得成功，吸引公众；相反，一个平庸的剧本，无论导演和演员如何尽力，也很难化腐朽为神奇。"

1．公共关系策划是公共关系活动中的最高层次

公共关系策划是在组织的交际应酬、迎来送往、接待联络以及组织的信息传递、公共关系促销和公共广告等两个层次的基础之上发展起来的公共关系最高层次的活动。前两个层次的公共关系活动是由公共关系的业务工作人员和管理工作人员负责实施的，公共关系策划工作必须由公共关系专家或组织中的最高决策者来具体筹划、安排并组织实施，它需要凭借公共关系专家与决策者的创造性思维，提出全面性的构想，进入决策的范畴。

2．公共关系策划是公共关系价值的集中体现

现代公共关系运作是一项系统工程，无论是日常公共关系活动，还是专项公共关系活动，都需要进行很多的公共关系策划。组织在日常公共关系中，如果能进行很好的谋划和操作，就可以保证各项工作都能按部就班、有条不紊地进行。组织重大公共关系活动项目的出台，如果能策划得精彩，就能收到良好的效果。如果组织没有公共关系策划，即使公共关系运作很好，公众也会感觉这个组织平平常常，无振奋人心之处。这些都体现了公共关系的策划价值。它可以使一个组织增加知名度，提高美誉度。

3. 公共关系策划可以增强公共关系工作的有效性

公共关系工作要取得良好的效果，必须遵循公共关系工作的规律，提高公共关系工作的科学性。只有通过精心策划，科学地设计和确定公共关系活动的计划和方案，才能确保其目标、对象的准确性，活动内容、方式的可行性，有助于合理安排活动的进程和经费，加强公共关系活动中各个环节的衔接，以避免单凭经验和主观随意性而造成的失误和损失，防止混乱和不必要的浪费。另外，通过精心策划，把公共关系与广告、市场营销、管理等手段有机结合，实实在在为组织解决在某个时期、某个领域存在的问题，塑造组织良好的社会形象，帮助组织实现在该时期既定的目标和任务。

4. 公共关系策划是组织形象竞争的法宝

公共关系策划在组织中居于非常重要的地位，是关系社会组织公共关系全局性的工作。现代企业的竞争，已经从产品竞争阶段转入企业竞争阶段。这时的竞争从表面上看是一种软性的友好竞争，但是其内涵更深刻，手段更高明，是一种头脑的竞争、智慧的竞争。其表现形式为信誉的竞争、形象的竞争。哪个企业公共关系策划工作做得好，哪个企业就会赢得公众的信任，并形成一种美好的形象。"宝洁""海尔"的成功，在很大程度上是公共关系策划成功的体现。

（三）公共关系策划的特点

从公共关系策划的含义的角度分析，公共关系策划一般有如下特征。

1. 目的性

公共关系的总体目标是树立社会组织的良好形象，但社会组织在不同的发展时期，其公共关系具体目标是不同的，社会组织如何选择公共关系活动，从而实现目标，是每项公共关系策划必须解决的问题。公共关系策划应首先确定目标，然后考虑重点解决的问题及先后次序。因此，公共关系策划具有很强的目的性。目标越明确、越清晰，公共关系工作就越容易开展，其目标就越容易实现。如1992年第25届奥运会期间，北京博士伦眼镜公司借助于中央电视台，通过卫星现场转播奥运会实况而策划的"有奖竞猜'他是谁'活动"，其目的在于扩大博士伦的知名度。2004年11月18日，中央电视台广告招标，广州宝洁成为新标王，中标额度是3.8515亿元，这是央视招标历史上第一次出现外资企业成为"标王"，宝洁公司斥巨资夺标的目的在于提高知名度，以使保洁产品继续扩大国内市场。

2. 思想性

公共关系策划过程是一种思维过程，是策划者对所获社会环境、企业组织的条件和策划目的等信息进行分析、综合、抽象概括，从而形成概念、判断、推理的过程。《汉书·高帝纪》中有一句名言被后人广为流传："运筹帷幄之中，决胜千里之外。"这里的"运筹"，实际上是一种思想的活动。这种思想活动尽管在"帷幄"之中形成，却可以指挥千军万马取得战争的胜利，充分体现出其高度的思想价值。这就是现代组织愿意接受公共关系专家经过创造性思维、系统性思考，而为它们策划公共关系方案的真谛所在。

3. 创造性

创造性是公共关系策划的灵魂。它凭借公共关系人员的创造性素质，集知识、智慧、谋划、新奇于一身，遵循公共关系的基本原则，通过辩证的思维过程，开拓新的境地，并使之产生别具一格、标新立异的结果。例如，1995年12月28日，安徽合肥零售商场"商之都"

落成开业，请来北京市商业系统的 10 位劳模剪彩，并于开业前 3 天在各柜台为合肥市民表演商业服务技能，对"商之都"服务员施以传、帮、带，从而形成了"京城一团火，烧到商之都"的独特的合肥商业现象。公共关系策划贵在创新，创造性思维要自始至终贯穿于公共关系策划的方方面面。因此，公共关系人员在了解、学习取得较好效果的公共关系策划方案和思路时，切忌单纯效仿，要在借鉴的基础上有所创新，策划的公共关系方案一定要有独特之处，否则效果往往不佳。

4. 针对性

公共关系策划主要是解决社会组织的重要决策所涉及的公共关系问题，不是一个统一的和一成不变的模式。社会组织处在发展运行过程中，所面对的问题、所要解决的问题层出不穷，而且千差万别，因此每一次公共关系策划，都要针对当次公共关系问题来运筹和进行。公共关系策划是根据组织所处的外部环境、自身条件和公共关系状态、策划者本身的创造性思维方式等来设计公共关系方案，并运用各种公共关系手段，有效地开展公共关系活动，以期实现公共关系目标。

（四）公共关系策划的原则

1. 公众利益优先

从组织内部看，任何公共关系策划都是为谋求组织发展而展开的，都必须考虑组织的利益，使公共关系活动与组织的整体运行计划紧密结合，以取得良好的经济效益。但任何组织的生存与发展，都离不开公众的支持，如果公共关系策划只追求经济效益，只顾自身利益而不顾公众利益、社会效益，就失去了组织与公众沟通，并获得社会认可和支持的基础，最终将会为社会所不容。所以，成功的策划应是以组织利益和社会利益的统一为宗旨。尤其应该把公众利益放到优先地位，只有如此，才能得到公众的信任，才能赢得公众，也才能最终实现组织的目标，获得组织利益。

2. 尊重客观事实

公共关系策划必须坚持以客观事实为依据，做到客观、真实、全面、公正。所谓客观，就是反映事物的本来面貌，不以推断和想象代替事实，更不能有意识地"造假"；所谓真实，就是直面事实，一是一，二是二，丁是丁，卯是卯，既不夸大，也不缩小；所谓全面，就是充分掌握事物的全貌，反映、传播需要公开的事实的全部材料，决不以点带面，以偏概全，更不能有意掩盖事实真相；所谓公正，就是以公正的态度对待事实，站在公众能够接受的立场上处理问题，不护短，不推诿，不文过饰非。坚持尊重客观事实原则，要求我们必须经过周密细致的公共关系调查，制定切实可行的公共关系目标，排除来自各种虚假因素的干扰，坚持公共关系策划的真实性，在充分掌握客观事实的基础上，策划出公众可接受的方案。

3. 创造性与务实性相统一

一次成功的公共关系策划必须是一次创造性劳动，是对公共关系理论创造性地加以应用，以公共关系策划的新颖、独特的内容吸引公众。公共关系策划要根据组织环境和社会公众各个方面的发展变化状况以及组织内部的条件，提出富有独创性的公共关系方案，才能使公共关系活动标新立异，收到更好效果。但在实践中，有些具有新意的策划方案，因受多种因素的制约，并不一定都能实施。在进行公共关系策划时，组织的需要和实现的可能二者必须统一。对公共关系策划者来说,既要考虑社会组织所要达到的公共关系目的,也要考虑外部环境和内部条件,使得公共关系策划方案的目标是可实现的,程序是可行的,范围是力所能及的,手段和方法是可利用的,为公共关系活动的有效开展奠定基础。

4. 计划性与灵活性相统一

经过策划所形成的行动方案,涉及组织各方面工作的协调,涉及人、财、物的配备,具有较强的计划性。所以行动方案一旦确定,应尽量保持其稳定性,保证整个行动方案的贯彻实施。但是,公共关系策划所制定的计划方案不是僵死的和一成不变的,它应具有一定的弹性和灵活性。组织的主观条件和外部环境随时都在发生变化,因此公共关系策划所制定和实施的方案,应具有充分的回旋余地、灵活的补救措施,尤其是当环境的变化对目标的影响很明显时,应及时适当地调整公共关系策划的活动,或者适度地调整公共关系目标。只有把计划性和灵活性有机地统一起来,才能保证公共关系工作达到更好的效果。

5. 与社会组织整体计划相一致

公共关系策划是在组织总体发展目标约束下进行的。在进行公共关系策划时,必须把这种策划所达到的目标看作组织整体目标的一个部分或一个方面,与组织的整体目标统一起来。无论是专业性的公共关系公司,还是组织内部的公共关系部,在公共关系策划时,都要认真研究现阶段、现时期组织的目标是什么。策划必须根据组织的特定目标来设定策划方案的目标,否则,与组织的发展目标相悖,再好的行动方案,也只能是不切实际的空想。

二、公共关系策划的步骤

公共关系策划的具体步骤是根据社会组织内在的和外在的客观状况以及公共关系策划的具体内容而定的,一般来说,大致可以分为四个阶段、十四个步骤。第一阶段为策划起始阶段,发现和提出问题;第二阶段为策划准备阶段,包括搜集信息、整理信息、分析信息、界定公众四个步骤;第三阶段为策划实施阶段,包括确定目标、设计主题、选择媒介、预算经费、拟订方案五个步骤;第四阶段为策划完善阶段,包括审定方案、形成文件、反馈意见、调整完善四个步骤,如图5-2所示。

(一) 策划起始阶段

公共关系是以问题的存在为前提,围绕解决问题展开活动,因此发现问题、提出问题是公共关系策划的逻辑起点,解决问题是公共关系策划的目标,贯穿于公共关系策划的全部过程。

(1) 问题是目标与现状间的差距。我们所说的问题,是指社会组织的现状与理想目标之间的差距。只要有差距的存在,社会组织的决策者就会感到有问题存在,为了实现既定目标,必须缩小直至消灭现状与目标之间存在的差距,这就需要通过策划采取积极的公共关系行动,以解决存在的问题。

(2) 问题是公共关系策划的逻辑起点。我们之所以把问题作为公共关系策划的起点,是因为公共关系策划行为缘起于问题;问题分析就是确认策划目标;问题影响并制约着策划的各个环节。

(3) 发现问题的常用方法。发现组织所存在的问题,一般常用的方法有例外法则、偏差记录、组织诊断、缺点列举。

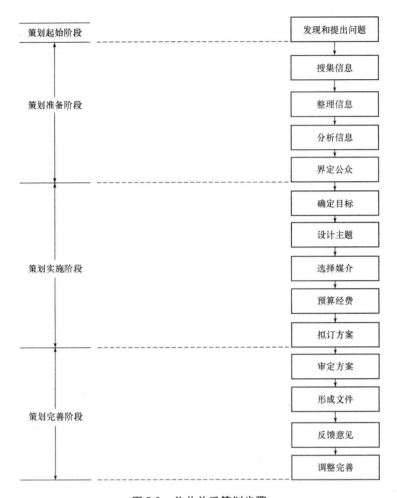

图 5-2 公共关系策划步骤

①例外法则。把社会组织的理想目标与现实状态加以对照，如果两者相符则属于正常，如果两者不符则属于例外。从"例外"中寻找差距，发现问题。

②偏差记录。社会组织安排相关人员周期性地调查和询问组织内外发生的变化，并把脱离组织正常运行轨道的偏差记录下来，然后对这些偏差进行分析研究，从中发现问题。

③组织诊断。社会组织聘请有关专家，对组织的机体或运行状况进行检测、评估和分析，以便发现潜在问题。

④缺点列举。社会组织通过召开各种形式的员工或者公众座谈会，专门就组织的某一方面情况请与会者列举所存在的缺点，从大家所列举的缺点或不足中发现存在的问题。

(二) 策划准备阶段

当社会组织发现问题之后，就要通过具体的公共关系活动来解决问题。为了使公共关系活动有针对性、计划性并收到预期效果，必须针对发现的要解决的问题进行公共关系策划，公共关系策划进入准备阶段。这一阶段包括搜集信息、整理信息、分析信息、界定公众四个步骤。

1. 搜集信息

针对发现并试图解决的问题,搜集相关信息,以便为公共关系策划奠定基础,为审定公共关系策划方案限定参照标准,为开展公共关系活动创造条件。

2. 整理信息

对搜集到的信息,进行归类和初步加工处理,便于信息的保存、分析、应用。这样可以提高信息的有序性、完整性、真实性、准确性、概括性和针对性。

3. 分析信息

针对公共关系策划活动的实际需要,运用专门的信息分析方法,对搜集到的经过初步整理的信息,进行比较、估量、计算、筛选等加工分析,从而弄清现状,找出差距;总结经验,发现优势;获取新知,寻觅时机;设计新路,确定目标。

4. 界定公众

公共关系活动的目标公众或称为对象公众,需要根据公共关系活动的内容、目标及公众状况来确定。只有准确地确定目标公众,公共关系活动才能有的放矢,收到预期效果。针对发现并要解决的问题,根据搜集的信息反映出的特定公众情况,通过信息分析,对公众加以界定,确定目标公众,以便为正式策划做好准备。界定公众有利于明确公共关系活动目的、设计公共关系活动主题、组织公共关系活动队伍、选择传播媒介。

(三) **策划实施阶段**

公共关系策划准备工作就绪之后,就可以进入正式实施策划阶段,这是公共关系策划最重要,也是最富成效的阶段,这一阶段包括确定目标、设计主题、选择媒介、预算经费、拟订方案五个步骤。

1. 确定目标

公共关系策划的目标是指预期通过公共关系策划方案的实施所要达到的最佳效果。确定目标必须以发现并试图解决的问题为出发点,以搜集的信息及其对信息的分析、对公众的界定为依据和前提条件,以预期效果即对问题的解决程度为归宿。确定目标,可以为策划指明方向,为策划的实施提供依据。

(1) 确定目标的方法。

①理论目标:a. 按时间幅度可分为长期目标、近期目标和短期目标;b. 按组织针对的问题可分为建设性目标、解释性目标、纠正性目标、创造性目标等;c. 按公共关系目标实现的顺序可分为传播信息目标、联络感情目标、改变态度目标、引起行为目标等。

②实践目标:英国公共关系专家弗兰克·杰弗金斯将公共关系实践目标概括为 16 种,即新产品、新技术、新服务项目开发之中,要让公众有足够的了解;开辟新市场、新产品和服务之前,要在新市场所在地公众中宣传组织声誉,提高组织的知名度;转产其他产品时,要调整组织对外形象,重新树立与新产品相适应的组织形象;参加社会公益活动,并通过适当的方式向公众进行宣传,增加外部公众对组织的了解和好感;开展社区公共关系活动,与组织所在地的公众进行沟通,以得到他们的支持;本组织的产品或服务在社会上造成不良影响后,通过公共关系活动挽回影响;为本组织的新的分公司、新的销售店、新的驻外办事处进行宣传,使各类公众了解其性质和作用;让广大公众了解组织领导层关心社会、参加各种社会活动的情况,以提高组织的美誉度;发生严重事故后,要让公众了解组织处理过程,采

取的方法，解释发生事故的原因以及正在做出的努力，以取得公众的谅解；创造一个良好的消费环境，在公众中普及与本组织有关的产品或服务的消费方式、生活方式；创造股票发行的良好环境，在本组织的股票准备正式上市前，向各类公众介绍产品特点、经营情况、发展前景、利润情况等，宣传组织的投资环境和条件；通过适当的方式向儿童进行宣传介绍，使正在成长中的一代了解本组织产品的商标牌号、企业名称、服务特色；争取政府对组织性质、发展前景、需要得到支持的情况的了解，协调组织关系；赞助社会公益事业，赢得社会好感和关注，扩大组织影响；准备同其他组织建立合作关系时，对组织的公众、组织的合作者及政府部门宣传合作的意义和作用；处在竞争危机时刻，通过联络感情等方式，争取有关公众的支持。

（2）确定目标的依据。确定公共关系目标要建立在对环境及其发展趋势充分研究与估计的基础上，主要包括以下三种。

①历史研究。任何组织、任何问题以及任何机会，都不可能脱离它的历史根源。因此，理解历史情况应该是确定目标的第一个环节。

②环境考察。考察研究组织所处的内外环境。内部环境考察是要了解组织的个性特点和管理风格，组织内部员工对工作条件感觉如何，对领导是否满意；外部环境考察是要了解社会对组织的现状及行为评价如何，组织和公众之间有哪些误解。

③趋势展望。组织要完成的任务是什么，公共关系计划的宗旨是否与其相一致；该组织的发展前景如何，什么是它的有利因素与不利因素；在哪些方面能够寻求公众对组织的支持。

2. 设计主题

公共关系活动主题是联结所有公共关系活动项目的核心，是统领整个活动，连接各项目、各步骤的纽带。在主题确立了以后，所有的公共关系活动都要围绕这一主题展开。例如，"希望工程"的各种专题展览、宣传画、印刷品、文艺汇演等自始至终围绕"为了千千万万个失学儿童"这一主题。

设计主题是否恰当、准确，对公共关系活动效果影响极大。公共关系策划的设计主题，应当是该项公共关系活动内容的高度概括，因此一般用提纲挈领式的语言来表达。主题的表达方式多种多样，它可以是一句口号，也可以是一句陈述或者一段表白。然而，要想使设计出的主题既切合公共关系活动内容，又高度概括，并令人耳目一新、过目不忘，能够给公众留下深刻印象，是件非常不容易的事情。在设计主题时必须认真思考，反复推敲，精心遣词造句，争取使主题简洁、明了、准确，富有意蕴和韵味，并能够充分体现活动宗旨，对公众具有较强的感召力。

3. 选择媒介

媒介是公共关系传播的载体。一般常见的传播媒介有以下几种。

（1）人际传播媒介。主要包括个人之间面对面交谈、书信来往、电话联系等。

（2）群体传播媒介。包括各种座谈会、新闻发布会、联谊会以及一般性的会议等。

（3）大众传播媒介。主要包括报纸、杂志、广播、电视、网络、各种展览会及宣传材料等。

每一种传播媒介都有自己的长处和短处，在选择传播媒介时应注意以下四个原则。

（1）适应对象原则。考虑此次活动的信息接收者是谁，他们习惯于接受哪种或哪些媒体传达的信息，他们对什么形式和内容的信息感兴趣，他们对各种信息的理解能力如何，他们接收信息的条件如何。

（2）区别内容原则。内容简单而又容易理解的事物可以选择电视、广播，内容比较复杂，需要经过反复思考才能完全明白的道理或技术性较强的事物应选择印刷品传播等。网络游戏主要选择网络和专业的书籍。

（3）合乎经济原则。公共关系传播需要一定的经济投入和其他资源的投入，故而组织在选择媒介时应当首先考虑自己的实力，只要能达到预期的目标，在考虑媒介时应以节省经费支出为出发点，不可一味地贪大。

（4）考虑条件原则。在我国现阶段的发展过程中，经济和科技的发展水平还不平衡，媒介分布和发展的程度，尤其是大众传媒发展的水平很不平衡，故而在选择媒介时必须考虑并且研究当地现有的各种条件，一切脱离实际情况的选择都等于空谈。

4. 预算经费

开展公共关系活动，必须考虑成本与效益即投入与收益的关系问题。公共关系活动需要一定的物质基础。也就是说，公共关系策划方案，必须建立在一定的物质条件基础之上，才有可能实现。因此，预算经费便成为公共关系策划的一个重要步骤。

经费预算项目可以分为行政开支和项目开支两大类。

行政开支 = 劳动成本费用 + 日常行政费用 + 设施材料费用

项目开支 = 已经进行的项目费用 + 计划进行的项目费用 + 预测可能进行的项目费用

预算活动经费的方法主要有以下几种。

（1）固定比率法。按照一定时期内经营业务量的大小确定预算经费总额。经营业务量可以按照销售额计算，也可按利润额计算，各组织自行决定从中抽取一定百分比作为公共关系经费。

（2）投资报酬法。把公共关系活动的开支当作一般投资看待，即以相同数量的资金投入获得效益的大小作为依据。

（3）量入为出法。以组织的经济实力和财务支出情况为依据，根据财力允许支出的金额确定公共关系活动经费总额。

（4）目标先导法。先制定出公共关系活动所期望达到的目标，然后将实现这一目标所需的各项费用详细计算出来，从而计算出整个活动所需的经费总额。

5. 拟订方案

公共关系活动方案是为了实现公共关系目标所拟订的各项措施、办法、途径、策略、技巧的汇集。拟订公共关系活动方案，是公共关系策划阶段的核心环节，是使策划目标得以实现的基础。

拟订方案的意义主要表现为明确公共关系所面临的任务，确定适宜的公共关系目标，编制公共关系工作程序，区分公共关系工作的轻重缓急，便于有条不紊地组织公共关系活动，而且能够展现行动结果。

拟订公共关系方案，应该以对所掌握的各方面信息的科学分析为前提，以目标公众、目标系统、活动主题、传播媒体、活动经费、结果预测等为依据。

(四) 策划完善阶段

策划完善阶段，是公共关系策划的最后一个阶段，它主要包括审定方案、形成文件、反馈意见、调整完善四个步骤。

1. 审定方案

拟订出来的公共关系活动方案，仅仅是关于如何开展公共关系活动的基本构想，为了使其更加科学、更加完善，还必须对它加以审定。审定方案一般是由有关领导、专家、具体工作人员参加的方案审定委员会（审定小组、工作小组）或专门会议，对方案进行讨论、评估、选择、优化、论证。

2. 形成文件

形成文件是指将公共关系策划过程及其结果等与策划有关的主要内容进行加工整理，转化为书面形式。形成的文件就是公共关系策划的正式方案，是反映最终策划成果的书面文件。

撰写策划方案文本是为了对策划过程中各个环节和形成的初步文件进行整理、加工，使之系统化、规范化、完善化。策划方案制作过程是：首先，撰写策划方案写作大纲，列出各章的标题、要点；其次，经过检查、推敲，对大纲进行补充、调整，使之内容全面，顺序合理，结构严谨；再次，对要点进行说明或阐述，使之成为策划方案初稿；最后，对初稿进行修改补充，润色推敲，使之主题鲜明，重点突出，行文流畅，条理性强。

3. 反馈意见

公共关系活动是一种双向传播沟通活动。公共关系策划具有超前性和预测性。策划过程中涉及的一系列因素都处在不断发展变化中，策划人员的事先预测不可能做到与客观现实丝毫不差，更不可能完全准确把握相关因素的发展变化的趋势和程度。因此，不仅在策划方案、最终形成方案文本的过程中要不断地反馈相关的信息和意见，而且在方案实施过程中也要及时收集反馈信息、意见。这样做可以发现实施过程中的偏差，汲取有价值的信息和意见，对方案做必要的调整，以利于公共关系活动的顺利开展，收到更佳效果，实现策划目标。同时，这样做也有利于总结经验，为以后的公共关系策划提供有益的借鉴和启迪。

经常运用的反馈方法有比率统计法、询问统计法、媒介反馈法、观察理解法、民意测验法等。

（1）比率统计法。即对事先确定的开展活动所选择的传播媒体的传播效果进行统计、计算，以计算的比率与策划方案中预计的效果进行比较。

（2）询问统计法。即对目标公众进行询问调查，统计被询问者中接收信息、产生认同、改变态度、引起行为的人数及其程度，并对其加以计算，以计算的结果与策划方案中预测的效果进行比较，从而判断工作成效。

（3）媒介反馈法。即搜集新闻媒介对策划项目实施的相关反应，将其与方案实施以前的媒介反应进行比较，从中了解通过策划项目的实施而产生的效果。

（4）观察理解法。即通过对目标公众产生认同、改变态度、引起行为等情况的观察分析，来判断策划项目实施效果。

（5）民意测验法。即通过问卷、访谈等民意测验的方式，了解目标公众对策划项目实施情况的了解、认知、理解、认同情况，以此推测、检验策划项目实施所取得的效果。

与此同时，还可以根据具体情况，对策划项目实施过程、实际效果进行反馈评估。

4. 调整完善

根据反馈的信息、意见以及必要的反馈评估，对策划方案进行必要的调整，使之更加完善。调整策划方案的基本原则有以下四个方面。

（1）分清主次。即对实施过程中出现的偏差进行认真分析，找出产生偏差的主要因素，针对主要问题进行调整，也就是要解决主要矛盾。

（2）实事求是。即发现事先的预测与客观现实存在偏差时，不能文过饰非，一定要实事求是，从善如流，对事先通过预测而制定的方案进行修改补充。

（3）科学谨慎。即对策划方案的调整必须以谨慎的态度和科学的方法为基础，确认策划方案确实存在问题或不足，确信方案与现实间存在偏差的原因确实在于方案方面的问题，而且找到了存在问题、偏差的真正原因后，才能对策划方案加以调整，不能轻率、随意地改变经过深思熟虑和反复论证而确定的重要内容。

（4）及时果断。如果经过认真分析研究，确认出现问题、产生偏差的原因在于方案本身存在问题或不足，或者方案实施过程中出现了原先没有预料到的影响方案实施的条件变化，那么就要当机立断，及时果断地对方案进行调整、修改，使之完善，从而更符合变化了的客观实际。这样，才能收到良好的公共关系实施效果。

三、公共关系策划方案的撰写

（一）公共关系策划方案的概念

公共关系策划方案又称为公共关系策划书、公共关系策划文案，是策划全过程最终形成的文件，是公共关系工作方案实施过程的指导性蓝图。

策划方案与策划一样，是市场经济发展到一定阶段的产物。策划方案的出现，使策划劳动有了一种物化的形式，而成为一种特殊的商品。如果策划者是一个社会组织委托提供策划服务的主体，那么，策划方案便成为这一智力劳动的载体，并被看作商品而出售给委托方。总之，策划方案是现代社会极富生命力的应用文体。

（二）公共关系策划方案的构成要素及其写法

公共关系策划方案构成要素有标题、主题、目的、背景分析、实施步骤、传播策略、经费预算、效果预测与评估、署名与日期。

1. 标题

作为一份完整的策划方案，必须具有标题。

标题的写法有两种：一是由公共关系活动主体——组织的名称、公共关系活动的主要内容加上策划方案这种文体名称构成，如桂林市龙胜县秋季旅游公共关系促销活动策划方案。另一种是在上一种标题的基础之上再加上一行揭示主题的文字，形成正副标题，如生命呼唤绿色——三金药业股份有限公司环保宣传活动策划方案。

2. 主题

主题是用简洁的语言概括公共关系活动创意内容。如桂林中学百年华诞庆典活动的主题为"同一身份，同一盛事"，其概括的公共关系活动创意内容为：无论你来自何方，无论你去向何方，无论你现在的身份与地位，但是现在或是曾经我们都在这里学习过，成长着，工作过，共同拥有一个身份——桂林中学的一分子；在桂中百年华诞之际，我们将以最高昂的热情，用最热烈、最隆重的方式，共同迎接、共同庆祝我们大家的节日——桂林中学百年华诞。

  3. 目标（或目的）

  目标是指用简洁的语言表明本次公共关系活动要达到的最佳效果，为公共关系活动评估提供参照，同时也表明了本次公共关系活动的意义所在。如桂林市环保宣传活动的目的为：向市民宣传环保知识，进一步提高市民的环保意识，共创国家环保模范城和建设国家级生态示范市；向市民推荐绿色产品。

  4. 背景分析

  公共关系活动背景分析是公共关系策划方案正文的一项要素。这是因为社会组织的任何一项公共关系活动都不是无缘无故的。作为活动的主办方或出资方，在特定的时间、地点，推出一项公共关系活动，均有其特定的背景和需要。一份策划方案，只有在充分调查研究的基础之上，阐明其背景和需要，才能引出后面的具体策划内容、方案，也才能说明举办这一活动的迫切性、针对性和意义所在。

  公共关系活动背景分析的撰写，并无固定的套路，可视活动的不同性质而定。如一项公益型公共关系专题活动的策划方案，与一项品牌推介型公共关系专题活动的策划方案，其活动背景分析的撰写重点就有所不同：前者强调社会热点和公众需要，后者则着眼于市场竞争态势和企业拓展需要。

  但一般来说，背景分析都离不开两大内容：一是社会、公众和市场需要，二是组织自身发展需要。只不过不同的活动各有其不同的侧重点而已。所以，撰写公共关系活动背景分析时，必须牢牢把握社会、公众、市场需要和组织自身发展需要，并注意用简洁的语言表明这一内容。同时在分析社会、公众、市场需要时，应以一定的调查资料为基础展开。

  下面是两则背景分析范例：一则是当年娃哈哈新产品"非常可乐"市场品牌推介型公共关系专题活动策划方案的背景分析；另一则是2002年桂林市大型环保宣传活动这一公益型公共关系专题活动策划方案的背景分析。

  范例一：

  娃哈哈集团是中国最大的饮料食品企业，其产品种类丰富。娃哈哈AD钙奶、八宝粥、矿泉水等都是我们耳熟能详的产品。它一年销售近60亿元，广告投放超过5亿元，产品几乎覆盖中国的每一个乡镇。2000年一年的销售总量是排在它后面的第二到第五大饮料食品企业之和。富于开拓进取精神的娃哈哈人并没有因此满足而裹足不前，而是又把眼光瞄向了可乐市场，决定推出一种新款的可乐——非常可乐。

  自从可口可乐打开中国可乐市场以来，这一利润巨大的碳酸饮料的重头市场一直被洋可乐把持着，中国可乐市场中可口可乐和百事可乐的占有率分别是57.6%和21.3%。在中国，每年生产的可乐有136万吨，只占大陆全年碳酸饮料市场的27%。如此低的占有率表明，碳酸饮料本身仍还有市场空间，可乐市场还有巨大的成长空间。于是，娃哈哈公司瞄准了这个极具市场潜力的空间，选择可乐作为其又一产业增长点。但摆在娃哈哈人面前的是一条极为艰难的道路，在非常可乐之前，有不下十种国产可乐品牌，如银鹭、少林、汾湟等，在洋可乐的壁垒中都没有生存下来。非常可乐该如何在市场上站稳脚跟呢？

在困难面前，娃哈哈集团没有屈服、没有气馁。经过一系列调查，它们发现除了饮料市场尚未饱和，还有开拓空间外，推出非常可乐有自己的本土优势。

首先，非常可乐是娃哈哈集团旗下的一个子品牌。由于娃哈哈在消费者心中有比较高的知名度与美誉度，消费者已对其有一定的品牌忠诚度，因而非常可乐一出生便有天然优势，可以在母体的庇护下茁壮成长。同时，在市场推广中也可省却不少的宣传费用。

其次，纵观国内市场环境和"敌我特点"，非常可乐也有自己的优势。在中国，有一定经济实力和较新观念的居民大多在沿海城市，以及内陆的一些中心城市，而农村尤其是西北部地区，居民收入较低，在选择产品，尤其是一些饮料消费品上对价格比较敏感。娃哈哈非常可乐引进的生产设备和使用的材料与可口可乐同等，但人员管理费用远远低于可口可乐，并且省去了当年可口可乐开拓中国可乐市场的费用。这样，非常可乐的价格就比可口可乐低20%，这使得非常可乐在进军中小城市时就有了价格优势。

范例二：

6月5日是世界环境日，环保是全球的热点话题，是全人类共同关注的焦点。2002年桂林市54项市政重点工程已初见成效，城市面貌焕然一新。桂林市提出了创建国家环保模范城和建设国家级生态示范市的奋斗目标。在此背景下，向市民宣传环保知识，进一步提高市民环保意识，倡导绿色消费已势在必行。

5. 实施步骤

实施步骤一般分为准备阶段、实施与传播阶段、善后阶段。在每一个阶段，一般都要写明活动时间或时机、场地、人物（包括实施人员）、活动方式、物品调度等要素，并将其进行动态的组合，从某种意义上说，就是公共关系活动在文本上的预演。策划文案的可操作性和实践指导性具体体现在这一部分。

（1）时间或时机。时间或时机对策划者来说是命运之神，关系公共关系活动的成败，如何选择合适的时间或时机，策划者应慎重考虑。一般来说，适宜公共关系活动进行的时间或时机有以下几种。

①节假日。目前，中国有十几个传统的和从国外引进的节假日。

②组织创办或企业开业之际。比如，美国芝加哥体育中心酒店在刚刚破土动工时，就开始向公众传播设计规划、介绍施工情况，邀请人员参加联欢活动，征求有关方面意见等，使酒店在未开业之前就已有一定的知名度和美誉度，并拥有了良好的形象和一大批潜在顾客。

③企业推出新的产品和新的服务项目之际。比如，桂林台联房产在推出枫丹丽苑楼盘时就加大了公共关系宣传力度，进行了一系列公共关系活动，如赞助桂林市2001年环保宣传活动等。

④组织发展很快但声誉尚未形成之际。比如，桂林市恭城县、平乐县等具备丰富的旅游资源，但知名度并不高，在这种情况下，它们开展了一系列公共关系活动，如节庆活动、展览展销活动等，通过媒介的推波助澜，它们的知名度和美誉度逐步提升。

⑤组织更名或与其他组织合并之际。比如，第一次世界大战后，日本的"安国银行"改名为"富士银行"时，为了使银行的声誉不受影响，拨出1 000万日元的巨额预算进行维持信誉的公共关系活动。

⑥组织在某些方面出现失误或遭到误解之际。比如，上海的正广和汽水厂出现老鼠钻进汽水瓶事件后所采取的措施（企业危机）。

（2）场地。适合公共关系活动开展的主要场地有以下几种。

①闹市。繁华的街道和顾客盈门的商场，由于公众云集，易于传播，往往是公共关系活动的首选场地。一般来说，生产日用生活用品的企业，适宜选择这些场地作为公共关系活动的舞台。

②广场。指适宜举办大型公共关系活动的体育广场、文化广场以及城市广场。一般来说，重大的节庆活动、物资交流贸易会、体育比赛、文艺演出等，须以这里为舞台。

③会堂。各种类型的会堂，是召开各种会议的场所。一般来说，员工大会、颁奖典礼、新闻发布会、与协作者磋商、与公众的对话联谊，适合在这种场所举行。

④展馆。展馆是供各类组织进行展示性公共关系活动的专门场所，自然也是极佳的舞台。由于展馆一般展厅面积很大，其服务的方式往往是举办短期展览会，供同一行业、同一类商品、同一地区的有关组织联合使用。因此，展馆常作为公共关系活动的舞台。如果是独家使用，就要审视自身的实力；如果是联合使用，就要注意与组织自身同性质的展览会信息。

⑤现场。指生产现场、施工现场、事件发生现场等。由于有时与所传播的信息密切相关，因而利用现场举办公共关系活动，往往有很大的说服力。

选择了公共关系活动的场地后，还需对场地加以布置。大型公共关系专题活动的场地布置，是一项对创意和专业技术均有很高要求的工作，其具体设计方案一般还须另行撰写，并配有专门的设计效果图。但在活动策划文案中，往往也可以将其列为一个要素，拟出几条原则性的意见和设想，让客户或主管领导审阅文案时有一大体印象。

（3）人物（包括实施人员）。在公共关系活动中，要注意考虑如下人员的安排。

①组织领导。他们既是一个社会组织形象的代表，又是公共关系活动的决策者、组织者、指挥者、参与者。因此，组织领导在整个公共关系活动中，应该什么时候亮相、怎样亮相及亮相时，应该传播什么信息，策划者在拟订计划时均应有所考虑。

②组织英雄。一个成绩卓越的社会组织，总会在实践中涌现出若干英雄人物。他们或是科技工作者，或是普通劳动者，或者是中层管理者，也可能是组织领导。在公共关系活动计划中应让这些英雄亮相。如此，既可激励内部公众，也可折服外部公众，并使英雄人物本身拥有成就感。这对树立良好的组织形象极为有利。

③影视明星、政界明星、体育明星、文坛明星、政界要人等。他们具有较大的知名度，如果公共关系活动中能邀请这些人出场，就能借助他们身上的"光环"，使组织信息的传播效果更佳。

④媒介记者。因为公共关系活动的目的之一是尽可能广泛地传播信息，因此与大众传播媒介代表的联络是不可或缺的。计划中对媒介代表的选择一般是与"选择媒介"程序中所确定的媒介对应的。在"拟订计划"阶段，应考虑如何接待媒介代表，向他们传播怎样的信息，以及给他们提供怎样的录摄条件等。

⑤公共关系人员。即整个公共关系活动落实、实施的文职工作人员，他们该如何分工，如出外协调关系、布置公共关系活动场地、准备公共关系文件等，均应细致地予以考虑。

⑥礼仪人员。包括各种仪式中演奏的铜管乐队队员以及迎宾与烘托气氛的礼仪小姐。在拟订计划时,应根据有关要求,确定礼仪队员人数、分工、服务项目及具体任务等。

(4) 活动方式。公共关系活动方式伴随着策划者的策划方案,层出不穷,花样百出。下面仅介绍几种常用的方式。

①节庆活动。即通过文化节庆、纪念庆典等来传播组织信息。比如大连国际服装节、潍坊国际风筝节、上海国际电影节、青岛啤酒节、桂林山水节、阳朔漓江渔火节、深圳荔枝节等。

②新闻发布。即通过发布会上的群体传播与新闻媒介的大众传播相结合,有效地传播组织的信息。如1995年6月,安徽省借在上海浦东投资的裕安大厦启用之机,由各地方组团在上海进行大规模招商活动,其中最主要的方式是召开新闻发布会,有效地传播了安徽各方面的信息。

③赞助。即通过对体育、文化、赈灾、助残、社会公益福利事业的赞助,以树立组织良好的形象。如健力宝、农夫山泉等开展的体育公共关系。

④展览展销。即将组织所拥有的有说服力的事实,包括投资环境、固定资产、过硬的产品、出类拔萃的人才、社会的赞誉等,以实物、图片、文字等予以展示,从而令人信服地传播组织信息。如桂林国际会展中心开展的一系列展览展销活动。

⑤演示。即带有表演性质又能让群众参与的专题活动。如日本西铁城钟表商,为在澳大利亚打开市场,曾出人意料地采用直升机空投手表,谁拾到就归谁所有。结果,观者云集,手表空投后,被幸运者拾到,仍完好无损。于是"西铁城表高质量"的名声不胫而走。

⑥对话。即组织决策者或管理者与公众进行面对面的对话。对话可以是有问有答的大会,也可以是小型讨论会或协商会,还可以是个人之间的谈心沟通,以有的放矢地传播组织信息,并及时从公众那里获得信息反馈。组织内部的员工会议、与协作者进行的业务谈判、召开顾客公众参与的建议征询会等,均属"对话"这一方式。

⑦公共关系新闻策划。公共关系策划人员有意识地策划良性新闻,以吸引媒体的注意,增加被报道的机会,以传播组织的信息。

(5) 物品调度。公共关系活动涉及的物品、道具很多,如音响器材、桌椅板凳、背景板、飘空气球、条幅、横幅、步道旗、罗马柱、花篮及彩虹门等礼仪庆典专用物品以及胸卡、入场券、宣传册、文化衫、广告帽、遮阳伞、手提袋等,这些物品、道具往往成为布置活动场地、烘托活动气氛、宣传组织形象的工具和广告载体。在公共关系活动中,企业往往通过它们作为广告载体来传播自身信息,为树立企业形象服务。而对活动的组织者来说,在有些时候,它们是企业的赞助媒介,是活动组织者的经费来源,在公共关系活动中所有这些物品应给予适当的安排和运用,以发挥其应有的作用。

6. 传播策略

凡策划和实施一项公共关系专题活动,尤其是较大型的公共关系专题活动,主办(出资)单位自然希望这一活动能产生较大的社会影响,乃至造成一定轰动效应。所以,一旦活动内容确定,则需要围绕活动内容全面设计和制定活动的信息传播策略。这一策略一般包括以下三个方面。

(1) 新闻媒介传播。即通过新闻媒介发布有关活动消息及相关报道。这一传播方法投入资金少,宣传效果好,最为理想。一个大型公共关系专题活动,在策划时必须考虑到其宣传的"新闻眼",并据此制定其新闻媒介传播方案。这一方案的内容包括:分几个阶段组织新闻报道;采取什么形式组织新闻报道;重点邀请哪些新闻媒介进行报道。

(2)广告媒介传播。即通过广告发布的形式来传播有关活动的信息。对一个大型公共关系专题活动来说,广告媒介传播往往是构成其传播策略的重要部分,是新闻报道的补充和加强。由于广告的费用投入较大,所以,究竟投入多少广告,采取什么形式组合,均是策划文案时所应谋划和建议的。如于活动开始前一周内,在《×× 日报》《×× 晚报》上各刊载通栏广告一次,将活动的时间、地点、主办单位、有关内容广而告之。

(3)其他媒介传播。即通过宣传单页或宣传册等媒介传播有关活动的信息。这是大型公共关系活动信息传播的补充手段,但由于定向发送,往往能取得比较好的实际效果。

以上三个方面,构成了大型公共关系专题活动信息的整合传播框架。这三个方面如何配置,从而取得最好宣传效果,策划时应该认真考虑,予以合理安排,并在策划文案中加以明确。所以,把这一部分称为"信息传播策略",其中"策略"二字尤为重要。

7. 经费预算

进行公共关系活动经费预算,也就是在计划中将资金、人力和时间进行合理分配,以便有效地开展工作。从财力上保证将公共关系工作纳入正轨。通过估算公共关系活动经费,能够为以后评估公共关系工作的成果及所取得的效益提供比较科学的依据。根据经费情况,便于选用恰当的公共关系活动方式和传播媒介,也容易将公共关系的计划方案具体化,形成时间—经费—活动一览表,保证各项具体任务的实施,以及公共关系活动经费按计划支出,防止透支或以权谋私现象发生。

公共关系活动费用的基本构成有十个部分,具体为:

(1)场地费用:场地租金。

(2)物资费用:包括活动使用的各种道具、器材、设备、文具、礼品及布置场地物品所需的费用等。

(3)礼仪费用:包括礼仪性项目的开支,如邀请乐队、仪仗队、文艺演出的演员等。

(4)保安费用:活动期间保卫工作、安全设施、保健项目等费用支出。

(5)宣传费用:包括用于活动宣传方面的开支,如摄影、录像、广告宣传、宣传品印刷、展示费用等。

(6)项目开支:包括交通运输费、差旅费、办公费等行政性开支或代付费用。

(7)餐饮费:假如活动项目中有宴会或餐饮计划,需要安排这一项目开支。

(8)劳务费:包括公共关系人员和其他劳务人员的薪水。公共关系活动是知识与劳动均呈密集状态的突击性工作,人员的工资、报酬在整个经费中占有很大的比重。这里的人员开支,主要包括公共关系专家、公共关系文职人员、公共关系礼仪队员、名人、摄影师等参与公共关系活动人员的工资、奖金、补贴等。

(9)不可预算的费用:应急费和大型活动常有的许多不可预算的开支,通常都在这一类费用列支,一般是以活动费用总额的 5%~10% 计算。

(10)承办费:假如公共关系活动是委托专业公共关系机构承办的,必须支付承办费,这一费用实际是包括了承办机构的管理费、利润。

8. 效果预测与评估

效果预测与评估是构成公共关系专题活动策划文案的最后一个要素，即根据规范化要求，在活动方案、实施计划及经费预算完成之后，应事先对这一活动的成败定出一个评估标准。如活动各环节的规范操作和呼应，活动应取得的效应，活动参与人数和信息覆盖人数，媒介报道这一活动的发稿数量，政府有关部门和社会公众的反映，以及主办（出资）机构通过这一活动在知名度和美誉度方面的提升等，均可根据不同情况，酌情列入评估标准之中。和效果预测不同的是，这一评估标准应力求予以物化，尽可能定出可检测的客观指标，以便事后评估和验证（注：在实际操作中，有些项目的评估可借助必要的抽样调查来进行）。

评估标准制定的依据来自两个方面，一是对活动效果的科学预测，二是行业根据投入产出比率所形成的对这类活动的一般标准和要求。如公共关系活动评估标准范文所示：

（1）活动实际参加人数不少于2 000人。
（2）媒介有关活动报道不少于30篇（次）。
（3）活动信息覆盖率占本地区人口的1/4。
（4）活动现场执行情况不发生明显失误。
（5）活动经费使用情况严格控制在预算之内。
（6）活动后公司知名度提升20%。
（7）活动后公司美誉度提升10%。

9. 署名与日期

除了以上主要部分，公共关系策划方案往往还有策划者署名、策划日期、附件等内容。有些重大的策划，其形成的策划方案文字篇幅比较长，因此在策划方案的标题之下，还有目录与序文等。

第三节　公共关系实施

当公共关系前期调查和公共关系策划完成以后，接下来便是将公共关系计划、方案付诸实施，这是公共关系最基本、最能体现实际效果的实践活动。

一、公共关系实施的含义、意义与要求

（一）公共关系实施的含义

所谓公共关系实施，就是社会组织为了实现既定公共关系目标，充分依据和利用现实公共关系实施条件，按照公共关系创意策划方案，进行公共关系实施策略、手段、方法设计并据此进行实际操作与管理的过程。通过公共关系实施，经由选定的传播渠道，把必须、应该向公众传播的信息传递给公众，进行必要的反馈调整，加强与公众的联络、联系、沟通，影响或改变公众对社会组织的态度和行为，从而创造对社会组织有利的舆论环境，在公众中树立起社会组织的美好形象。

（二）公共关系实施的意义

公共关系计划的制订是为了实施。再好的计划如果制订出来之后就束之高阁，不去实施，那只能是毫无价值的"纸上谈兵"，就没有任何实践层面的意义。况且，实施的计划是否科学，是否符合实际，还有待于在实施过程中得到检验。而且，由于人的认识不可能完全同客观相一致，因此，制订出来的计划难免存在一些问题或不足，有待于在实施的过程中不断地调整、修改，甚至改变。所以，公共关系实施构成了整个公共关系活动的中心环节。

（三）公共关系实施的要求

1. 要以公众的需求为出发点

公共关系工作自始至终不能脱离公众，否则就没有公共关系工作可言。公共关系实施过程中，要以公众的需求为出发点，特别注意两个方面。

（1）要选择公众喜欢的传播媒介或渠道。公共关系活动实质上是针对公众而进行的信息传播活动。要想使这种传播活动取得良好的效果，必须使发出去的信息全部或大部分为公众所接受，这就需要选用公众所习惯使用的传播媒介或渠道来传播信息。社会组织可以根据公众的人员情况、年龄结构、职业状况、教育程度、兴趣爱好、习惯的行为方式等特征，来选定他们所喜欢的传播媒介或渠道。可供选择的传播媒介或渠道大致有以下几种。

①个体传播渠道。个体传播渠道是社会组织公共关系人员通过个别面谈、访问、邮寄、电话、电子邮件等形式与公众保持联系和交流信息。这种传播渠道的特点是：传播面小，传播速度慢，但对象明确，交流充分，反馈及时，信息真实，在传播过程中便于深入，便于注入感情。在实施过程中对解决个别问题以及对公众中的某些重要人物或有影响的人物，可以使用这种传播方式进行信息沟通。

②群体传播渠道。群体传播渠道是社会组织通过举办座谈会、专题报告会、讨论会、信息发布会、演讲会等形式向部分公众群体传播和交流信息。这种传播渠道的特点是：传播速度快，范围大，反馈及时，易于创造热烈的气氛，形成轰动性的传播效果，还可针对受传者的特殊要求、特殊问题进行有针对性的传播。

③大众传播渠道。大众传播渠道是社会组织通过各种新闻传播媒介，将大量信息大规模地向全社会进行传播。这种传播渠道的特点是：传播迅速，辐射面广，影响力巨大，适宜于解决带共同性的、社会公众普遍关注的问题，是公共关系工作中最常用的、最现代化的传播渠道。

以上几种传播渠道在信息传播的数量、质量、速度、范围、效果上相互补充和渗透，但不能相互替代。因此，在具体的实施过程中，应根据实际情况，如目标公众的爱好、兴趣等具体情况，选择不同的传播方式，也可以综合运用各种传播方式，从而取得最佳的传播效果。

（2）在设计制作信息时要考虑公众的特点和兴趣。公共关系人员在设计制作信息时，一定要充分考虑在调查研究和制订计划过程中，所了解到的公众的文化、社会、心理等方面的特点，并参照这些特点，编写出适合公众口味的新闻稿件、广告词、展览说明、宣传小册子等，这样才能引起公众的兴趣，才能使传播取得良好的效果。

2. 要选择最佳的活动时机

在公共关系活动中，各项计划的实施都要选择适当的时机才能取得最佳的效果。选择以下几种时机开展公共关系活动，可以收到事半功倍的效果。

（1）在组织开业或更名时隆重"亮相"。俗话说："良好的开端，是成功的一半。"抓住社会组织开业或更名的大好时机，开展各种刻意创新的公共关系活动，将社会组织的宗旨、经营方针、业务范围、技术力量、产品质量等向公众做详细介绍，这样做既显得十分自然，又能从一开始就给公众留下深刻的印象。

（2）在组织转产或开拓新产品、新业务时推销形象。社会组织改变经营方向，开拓新的业务，推出新的产品，在市场经济条件下是屡见不鲜的。这正是开展公共关系活动的大好时机。社会组织在向公众大力介绍新的经营项目、新的产品、新的业务的同时，也提高了社会组织的形象，让新的经营项目、新的产品、新的业务和社会组织一起在公众脑海里留下深刻的记忆和美好的印象。

（3）在组织知名度不高或下降时加强组织形象的宣扬和彰显工作。如果一个社会组织的知名度不高或下降时，其产品的销售量和经济效益也会不高或下降。常有这样的情况，某个企业原有生产规模小，不为人所知，或原来的产品质量有某些问题，美誉度不高，后来通过努力，在规模、产量、质量等方面都有了大幅度的进步，但公众并不知情，还是以原来的眼光看待这家企业的形象和产品。在这种情况下，社会组织必须抓住时机，开展有效的公共关系活动，制造轰动的新闻事件，以创造良好的社会效应，提高组织的知名度，使公众对企业"刮目相看"。

（4）在组织出现失误或被公众误解时维护形象。突发的危机事件对社会组织是一个沉重的打击，将使社会组织的形象受到严重损害，甚至有可能危及社会组织的生存和发展。对此，社会组织不能消极对待，必须积极主动地采取措施进行矫正性公共关系活动，以挽回声誉，重塑形象。

3. 在实施计划的过程中实行计划控制

所谓计划控制，就是社会组织在实施计划的过程中，根据出现的新问题、新情况，及时纠正计划中所出现的偏差。或者，根据信息反馈的结果，对原有的计划进行适当的调整和修正。没有计划就没有控制。反之，没有控制或者控制不好，计划就不能顺利实施。计划是控制的基础，控制是实现计划的保证。两者从计划实施开始直至终结，始终联系在一起。两者关系处理得好，实施计划的结果就必然良好。计划控制的程序主要有：设定控制标准；将计划实施情况与控制标准进行比较；发现偏差，分析原因；采取纠偏措施，保证实施计划的顺利实施和公共关系目标的顺利实现。

二、公共关系实施的特点

1. 实施过程的动态性

公共关系实施是整个公共关系活动的中心环节，是计划付诸实行的过程。从理论上说，实施的过程应该是比较顺利的，因为计划的制订是经过充分周密调查研究的结果，但从实际的操作过程来看，实施的过程不可能"照葫芦画瓢"，对计划方案机械式地、一成不变地照搬照抄。因为情况在不断变化，所以在实施计划的过程中，也要根据变化了的情况，而不断地修正、补充、完善计划。这就是实施过程的动态性。

2. 实施主体的创造性

公共关系工作面对的是各种各样的公众，而且随着社会的不断发展和进步，公众的情况也会发生相应的变化,因此,在实施计划的过程中,作为实施的主体——社会组织,必须充分发挥主观能动性和创造性,才有可能使实施计划得以顺利进行。

社会组织在公共关系实施过程中,要不断地创造新奇的活动方式,做到"人无我有,人有我精,人精我转"。如果总能高人一筹,就能使公共关系实施计划得以圆满完成,并在市场经济的激烈竞争中立于不败之地。

3. 实施影响的广泛性

实施影响实际上就是传播效果。在实施过程中,如何达到最佳的传播效果,有必要从公共关系心理学角度深入分析公众对传播效果的认知层次。

美国一家公共关系机构经过大量的调查研究表明,每有一名投诉的顾客就有约26名保持沉默的、感到不满意的顾客。这26名顾客每个人都有可能会对另外10名亲朋好友产生消极影响。而这10名亲朋好友中又有33%的人极有可能把这个信息传给另外20人。因此,只要有一名顾客不满,$1+(26\times10)+(10\times33\%\times20)=327$,就可能有327人有类似的不满。

对于这一调查研究结果,暂且不评论它是否确实,是否有科学性,但至少应该意识到实施影响确实具有广泛性。

三、公共关系实施障碍的排除

由于主观或客观的原因,又由于情况是在不断变化的,公共关系活动在具体实施过程中,肯定会遇到不少障碍,出现不少问题或困难。这就需要不断地排除在实施过程中出现的障碍,顺利地达到预期的目标。

1. 沟通障碍的排除

传播沟通是公共关系的基础和手段之一,广泛而有效的传播沟通是促成社会组织与公众之间相互信任、相互理解的重要过程。因而,也是构成公共关系实施的基本方式和途径。

公共关系实施过程可以简化为传递者、媒介与接收者三个基本要素相互联系、相互作用的过程,即首先由传递者将信息通过媒介传递到接收者那里;接收者的信息再通过媒介反馈到传递者那里。这个过程看起来非常简单,但在实施的过程中却存在不少的难题,会出现一些传播沟通障碍。有问题就要解决,有障碍就要排除。要想排除传播沟通方面的障碍,社会组织要注意以下两个方面的问题。

(1) 要切实了解和掌握公众的"优势需要"。传播沟通要得到公众的理解和支持就必须满足公众的需要。按照美国著名的心理学家马斯洛的理论,人有五种基本需要,即生理需要、安全需要、社交需要、自尊需要以及自我实现需要。这五种需要是有层次的,由低到高,呈阶梯状排列。在这里,生理需要、安全需要是属于低级需要,社交需要属于中间层次的需要,自尊需要和自我实现需要则属于高级需要。因此,必须先满足低级的需要,然后才能逐级上升到高级的需要。而在现实生活中,公众的行为往往受多种需要的支配。在一定的条件下,多种需要中,总有一种是最为迫切并起主要支配作用的优势需要。而优势需要决定着人们的行为。因此,只有切实了解和掌握公众的优势需要,在实施过程中,才有可能与公众产生共鸣,才能进行有效的双向沟通。

(2) 要选择和运用好传播媒介和沟通方法。面对众多的传播媒介,应该如何选择和应用，才能更加有效和更加经济。面对繁多的沟通方法，应该如何选择和应用，才能使公众更乐意参与和更乐意接受，这是社会组织必须考虑的。社会组织的公共关系经费一般都很有限，即使经济效益较好的社会组织也应该本着勤俭节约的原则开展公共关系活动。成功的传播沟通应该是在最经济的条件下，去争取尽可能大的社会传播效应。要做到这一点，必须注意以下几条基本原则。

①必须联系具体的目标。即根据公共关系具体目标和工作要求来选择传播媒介和使用沟通方法。也就是说，选择的传播媒介和使用的沟通方法必须符合公共关系工作的性质和要求，才可能充分发挥其功能。例如：要提高社会组织的知名度和美誉度，可以利用报纸、广播、电视等大众传播媒介；要消除、缓解社会组织与公众的紧张关系，可以通过对话、座谈会、信访等形式；要与社会名流沟通，可采用招待会、茶话会等方式。

②必须适应不同的对象。即根据公共关系对象的特征来选择传播媒介和使用沟通方法。也就是说，根据不同的公众对象选择不同的传播方式，以使信息快捷有效地传递给目标公众，并被目标公众所接受。例如：对于文化程度不高的公众应采用扬声器、电视广播；对于喜欢阅读思考的知识分子应采用报纸、杂志传播；对于行踪不定的出租车司机最好用广播电台传播。

③必须区别传播的内容。即根据传播内容的特点来选择传播媒介和使用沟通方法。也就是说，根据传播的内容来决定传播的形式，使传播形式的优势得以充分的发挥。例如：报道的内容涉及一个生动有趣的活动过程，采用电影或电视容易产生诱人的效果；一件比较复杂的事情，需要一定的思索考虑才能明白，就应该采用报纸、杂志等印刷媒介，而不宜采用广播电台、电视等电子媒介；为扩大商标徽记的影响，向社会征求设计稿件，可用新闻和广告的形式。

④必须本着节约的原则。即根据具体的经济实力和最经济的条件来选择传播媒介和沟通方法。也就是说，根据社会组织的公共关系预算和传播投资能力，精打细算，量力而行，力争在最节约、最经济的条件下，尽可能地获得最大的传播效应。例如：人际传播在经费开支的绝对预算方面来说比较节省，而大众传播（如广告）的作用范围广泛，因此它的单位平均成本可能更低。

2. 组织管理障碍的排除

公共关系活动说到底是组织行为，由社会组织精心策划、具体实施。然而，在具体的实施过程中，也有许多不尽如人意之处，如出现组织管理方面的障碍。如果这些障碍不排除，有可能使公共关系实施受损。

组织管理方面的障碍主要有：组织机构重叠，使得信息传递的层次过多；组织机构分工混乱，使得信息传递通道不畅通；组织机构内部协调不够，使得信息传递过于单向。

当社会组织在进行公共关系实施的过程中，发现组织管理方面存在问题、出现障碍时，必须及时采取有效措施，运用组织内部机构不断自我完善的机制，排除障碍。具体排除障碍的措施有以下几点。

（1）针对组织机构重叠的现象，要精减机构。精简机构的要义并不在于"减"，而在于"精"，在于强有力地发挥组织管理的职能。这样可以减少层次，减少不必要的环节，保证信息沟通的及时性和准确性。

(2) 针对组织机构分工混乱的现象，要制定相应的规章制度，并严格按照规章制度办事，要着力健全各种信息传播渠道，并使之畅通无阻。

(3) 针对组织机构内部协调不够的现象，要加强内部公共关系，增强内部员工的凝聚力和向心力，增强员工的荣誉感和责任心。上级与下级之间，部门与部门之间，亲密合作，分工不分家。上级要善于听取下级的意见和建议，下级要敢于向上级发表意见和建议。上下一致，同心协力，使信息传播渠道多样化，目标一致化，效果最佳化。

第四节 公共关系评估

★案 例

无形的公共关系效果

"为什么不行呢？"

"它们看不见摸不着，你实际上看不到公共关系的结果。"

"我为什么要为了那些探测不到的事情——你所说的'看不见摸不着的结果'而付钱给你呢？"

"因为公共关系与众不同，不能采取像其他部门一样的工作标准。"

"好吧，我给你钱。"

"在哪？我没有看到任何钱呀？"

"当然看不见啦，它是感觉不到的——这就是你说的'看不见摸不着'。"

（资料来源：（美）斯科特·卡特里普. 公共关系教程［M］.8版. 明安香，译. 北京：华夏出版社，2001.）

案例分析：

以上案例可以说明两点：第一，公共关系效果评估难度很大，以致被有些公共关系人士作为一种借口（不可测定论）；第二，公共关系效果评估很重要，它影响到公共关系服务对象对公共关系实务工作"总体评估"。

公共关系评估是公共关系四步工作法的最后一步，对公共关系活动起着总结、衡量和评估的重要作用。

一、公共关系评估的意义与作用

（一）公共关系评估的意义

公共关系评估是指有关专家或机构依据科学的标准和方法，对公共关系的整体策划、准备过程、实施过程以及实施效果进行测量、检查、评估和判断的一种活动。其目的是获取公共关系工作过程、工作效益和工作效率的信息，作为决定是否开展公共关系工作、改进公共关系计划的依据。由于公共关系活动是以人为工作对象，工作效果主要体现为公众的感觉，这使得公共关系工作具有较大的弹性，很难对效果进行量化。随着人力资源管理的发展，目标绩效评估被引入组织实践，对工作成果进行科学的分析评价成为管理工作的必要环节。

公共关系评估实际上是对整个公共关系活动过程的评估。它贯穿于公共关系活动的整个过程，包括事前、事中和事后的评估。它伴随公共关系活动的进展，根据需要随时进行。

（二）公共关系评估的作用

1. 公共关系评估是改进公共关系工作的重要环节

对公共关系活动进行全面、客观的事后评估，可以了解哪些工作已获成功，哪些工作能成功，哪些工作是意外成功，哪些工作可以做得更好。这种对经验和教训的总结评估对一个组织的公共关系工作及其他工作具有"效果导向"的作用。美国公共关系先驱者埃瓦茨·罗特扎恩早在1920年就说过："当最后一次会议已经召开，最后一批宣传品已散发，最后一项活动已经成为历史的记录时，就是你头脑中将自己和自己所采用的方法重新过滤一遍的时刻。这样你就会清理出经验和教训，供下一次借鉴。"这位先驱者所说的"清理出经验和教训，供下一次借鉴"，恰恰说明了公共关系评估对改进公共关系工作及其他工作的重要作用。

2. 公共关系评估是后续公共关系工作的必要前提

从公共关系工作的连续性来看，任何一项公共关系工作计划的制订与实施都不是孤立存在和产生的，它总是以以往的公共关系工作及其效果为背景。制订新的公共关系计划，要对前一项公共关系工作从计划的制订到实施、从效果到环境变化以及存在的问题进行系统的评价分析。即使是前后两项公共关系工作所要解决的问题各不相同，它们也不会是毫无关系。例如，前一项公共关系工作的目标是为新产品开拓市场，而后一项公共关系工作的目标是缓解不利舆论对组织的冲击，挽回组织的声誉。然而，为了实现后一项公共关系工作的目标，组织必须了解各种不利舆论产生的原因、辐射范围及产生的影响。这时，公共关系工作就不可避免地要涉及组织的产品市场、消费者公众、组织形象等问题。这样，对前一次新产品开拓市场的公共关系工作的总结评估，就为后一项公共关系工作提供了决策的依据。这是公共关系工作连续性的一种表现。

3. 公共关系评估是鼓舞士气、激励内部公众的重要形式

公共关系实施的效果本身，往往表现为一种复杂的局面，它既涉及公众利益的满足，也涉及公众利益的调整。一般来说，内部员工很难对它有全面而深刻的了解和认识。所以，当一项公共关系活动实施之后，由有关人员将该项公共关系活动的目标、措施、实施的过程和效果向内部员工加以说明，可以使他们认识到公共关系活动的意义和价值，增强员工的公共关系意识，使其认清本组织利益和实现的途径，增强组织内部的团结和相互理解，激励本组织员工自觉将实现本组织的战略目标与自己的本职工作紧密地联系在一起，并变成一种自觉的行动。

艾维·李早就指出，公共关系工作的动力来自组织的决策层。公共关系总结评估的另一个重要意义在于，它可以使组织的领导人看到公共关系活动的明显效果，明白公共关系费用没有白花，从而更自觉地重视公共关系工作。

4. 公共关系评估是衡量公共关系活动效益的重要依据

公共关系工作评估，可以衡量经费预算、人力、物力的配备与开展公共关系活动之间的平衡性，衡量公共关系活动的效益。这是考核本组织内部公共关系部工作质量，或衡量外聘公共关系公司效益的重要依据。

公共关系评估不是一般性事后总结，而是公共关系活动的重要内容，是一种具有特定标准、方法和程序的专门研究活动。

二、公共关系评估的内容

公共关系评估是一个连续不断的活动，一旦进入公共关系的工作过程，评估活动即宣告开始。因此，从理论上讲，公共关系评估的内容应该包括公共关系活动的方方面面。但是在具体操作中，评估的内容可以根据要求有所侧重。一般来讲，其评估内容如下。

（一）公共关系工作程序评估

公共关系工作程序评估是对公共关系工作的各个步骤、各个环节的工作进行评估、估计或研究。其内容和要点主要有以下三点。

1. 调查过程评估

调查过程评估包括调查设计是否合理；调查方法的选择是否得当；调查工作的组织实施是否合理；调查结论分析是否科学；等等。

2. 计划过程评估

计划过程评估包括公共关系计划的目标是否科学；总体计划是否可行、合理，战略构想是否周密、科学；目标公众选择有无遗漏、是否科学；媒介选择及媒介策略是否得当；经费预算是否合理；等等。

3. 计划实施过程评估

计划实施过程评估包括各项准备工作、沟通协调工作是否落实到位；实施过程安排是否合理、周到、得当、有创新；信息制作的内容是否准确；传播效果是否明显；实施效果是否达到目标要求等。

（二）专项公共关系活动评估

专项公共关系活动评估主要包括以下几类。

1. 日常公共关系活动成效评估

日常公共关系活动成效评估包括组织的全员公共关系运作情况如何；组织内部的公共关系协调状况如何；组织和外部公共关系协调状况如何；组织公共关系人员的工作状况如何；公共关系人员与领导工作配合如何；组织和各部门在经营管理的各个环节上的公共关系投入如何；等等。

2. 单项公共关系效果评估

单项公共关系效果评估包括项目的计划是否合适；其目标与组织总目标、公共关系战略目标是否一致，项目的目标是否已经实现；传播沟通策略、信息策略是否有效；公共关系沟通协调如何，对公众产生了哪些影响；公共关系形象有何改变；项目预算是否合理；组织管理工作成效如何；等等。

3. 年度公共关系活动效果评估

年度公共关系活动效果评估包括年度公共关系计划目标是否合理，实现状况如何；年度日常公共关系活动成效如何；年度内单项公共关系活动的类型、数量及成效分析；年度公共关系经费预算使用情况及合理性研究；内部公共关系利弊得失如何；公共关系机构与公共关系人员的绩效如何；组织的公共关系应变能力如何；等等。

4. 长期公共关系活动效果评估

长期公共关系活动效果评估是对一定时期内，公共关系项目及公共关系长期工作成效的分析。长期公共关系活动效果评估是一个总结过程。它根据组织长期的公共关系活动目标，将日常工作评估结果、单项活动评估结果、阶段性工作评估结果一并吸收进来，进行系统分析，从而获得一个总的结论。在这种评估中，公共关系人员要特别注重公共关系战略得失问题、公共关系变动规律问题、公共关系与经营管理问题的分析研究。

（三）**传播沟通评估**

对传播沟通的评估，旨在专门分析衡量公共关系中的传播效果，以检测传播沟通工作中的得失问题。传播沟通的评估要点包括如下三个方面。

1. 信息制作评估

信息制作评估检测公共关系人员的制作能力，如在一定期限内的新闻稿件撰写数量、专题报道数量、其他传播资料的制作数量、图片和信件的数量等。检测其制作的表现形式是否合适、表现手法和质量是否很高等。

2. 信息曝光度评估

仅仅制作了信息，而没有得到足够的曝光，则不会有多大的传播沟通效果。因此，需要对信息曝光度进行必要的评估研究，把握信息传播的覆盖面、数量。如发稿量、被媒体采用的数量、信息被哪家媒体采用效果更好、传播是否充分、传播是否浪费等。

3. 信息传播有效性评估

对信息传播效果大小的衡量主要是检测以下内容：公众对信息本身的了解情况，如有多少公众了解、了解程度如何；公众接收信息的情况，是否接受、承认信息内容，接受的比例多大；公众接收信息后的态度，有多少公众赞同信息内容，多少公众形成了对组织的良好形象；公众行为效果的情况，有多少公众对信息产生相应反应，有多少公众达到公共关系目标的期望水平；传播沟通方案如何，目标是否合理，策略是否恰当；媒体选择是否合适，信息策略是否得当，目标状况如何，等等。

（四）**公共关系状态评估**

公共关系状态评估旨在通过各类公众关系的变化来评估以往公共关系工作的成就。公共关系状态评估可以将内部公共关系与外部公共关系区分开来进行。

1. 内部公共关系状态评估

内部公共关系状态评估主要包括评估全体员工的公共关系意识，员工的士气和归属感；组织的凝聚力和号召力，组织的政策在沟通中被员工接受的程度；双向沟通带来哪些生机和活力；影响员工关系的因素测评；沟通渠道需做哪些改进；传播策略及目标有何欠缺；公共关系贯穿于各种经营活动的各个环节中有无障碍等。

2. 外部公共关系状态评估

外部公共关系状态评估主要考察消费者、媒体、社区、政府等多种目标公众在接受信息、产生情感、改变态度、引起行为等方面的变化情况。

(1) 消费者关系评估。评估组织对消费者信息传播、沟通及人际协调方面的工作效果。

(2) 媒体关系评估。评估媒体的态度冷漠还是热情、是否积极支持，采取何种沟通策略及效果。

(3) 社区关系评估。了解各类社区公众对组织及其活动的看法，分析社区公共关系投入的利弊，找出新的沟通策略。

(4) 政府关系评估。评估组织与政府关系的沟通协调策略等。

公共关系评估类型，在内容上互有交叉，区别只在于评估的角度。因此，公共关系评估工作可视其需要，选取其中一类或几类进行。

三、公共关系评估的方法

公共关系评估的目的是取得关于公共关系工作过程、工作效益的信息，作为决定开展公共关系工作、改进公共关系工作和制订公共关系计划的依据。公共关系评估方法因评估的内容不同而不同。

（一）专家意见法

专家意见法又称"德尔菲法"，是一种综合专家意见，就专门问题进行定性预测的方法。其稍作修改即可用于不易量化的公共关系效果的评估。其具体步骤是：

(1) 由主持人拟好调查评估项目，并给出评价标准。如公众舆论的变化可分为好转、略好转、原状、略恶化、恶化五个标准。

(2) 邀请专家若干名。一定要聘请知识丰富、熟悉情况的专家。

(3) 请专家匿名、独立地就拟订项目发表意见。若意见分散，则将上轮意见汇集整理，反馈给每一位专家，请他们重新发表意见，直至意见趋于一致。

(4) 汇总出能代表大多数专家意见的结论，作为专家集体对公共关系活动的评判。

（二）民意测验法

民意测验法在公共关系评估中运用得较为普遍。这种方法的基本做法是：按抽查法的要求，在选定的公众群体中，选择一定数量的测验对象，用问卷、表格等方式，征求他们对指定问题的意见、态度、倾向，再做出统计、说明，分析公共关系活动的效果。

（三）公众意见法

公众意见法包括公众意见征询法和公众问卷调查法。公众意见征询法是在公共关系活动过程中和活动结束后，通过对公众的访问和举行公众代表座谈会，以电话或口头交谈的方式来征求公众的意见。公众问卷调查法则是在公共关系活动的准备阶段、结束阶段与结束后3~6个月向目标公众发放问卷，通过对问卷的整理、统计、分析来评估本次公共关系活动的效果。

（四）实验法

实验法的实质是利用事物、现象间客观存在的相互关系，通过调节某个变量（如公共关系活动前后某个企业的声誉）测定另一些量（如产品销售量、订货量）的增减。实验法可以在经历和未经历公共关系活动的两组公众之间展开。

（五）自我评判法

采用自我评判法的前提是公共关系人员在公共关系活动的全过程中，或者在组织的日常活动中，坚持记录有关指标和数据的变化。例如，通过对比公共关系活动前后企业的销售额数据、企业的知名度和美誉度的量化指标，就可比较准确地评估出本次公共关系活动的成果。不仅如此，全面、准确的活动记录还可以帮助公共关系人员以时间为周期（如按年度）评估公共关系活动的整体效应。此外，值得一提的是，公共关系活动总是处于一定的社会环境和自然环境中，组织形象及产品销售量的变化可能是公共关系活动本身引起的，也可能是因同时期其他社会因素或自然因素引起的。例如，1994年夏季某地电风扇的脱销主要是由于当时天气过于炎热造成的。所以，理想的公共关系评估应排除各种干扰因素，准确地显示出公共关系的真正魅力。

四、公共关系评估的程序

（一）设立统一的评估目标

统一的评估目标是检验公共关系工作的参照物，有了参照物才能通过比较来检验公共关系计划与实施结果。即使这一评估目标更多的是定性的而非定量的，仍需制定出一个统一的评估目标。这就需要评估人员将有关问题，如评估重点总结成书面材料，以保证评估工作的顺利进行。另外，还要详细规定调查结果的运用。如果目标不统一，则会在调查中收集许多无用的材料，影响评估的效率与效果。

（二）将评估过程纳入公共关系计划

评估不是公共关系计划的附属品或计划实施后的事后思考和补救措施，而是整个公共关系计划的重要组成部分。因此，对评估应该给予足够的重视，对评估的方法、程序等方面应予以充分的考虑和周密的筹划。

（三）在公共关系部门内部取得评估后的一致意见

部门负责人要认识到，即使是公共关系人员本身，也不能一下子就把公共关系活动没有实物性结果的性质与它的可测量效果联系起来。要给他们足够的时间认识效果评估的作用和现实性，并允许他们通过自己的亲身体验加深这一认识，并逐步取得一致意见。

（四）从可观察与测量的角度将目标具体化

在项目评估过程中，首先应该将项目目标具体化。例如，谁是目标公众，哪些预期效果将会发生以及何时发生，等等。没有这样的目标分解，项目评估就无法进行。同时，目标分解还可以使公共关系计划的实施过程更加明确化与准确化。

（五）选择适度的评估标准

目标说明了组织的期望效果。如果一个组织将"让公众了解自己对当地福利机构的支持，以改善自己的形象"作为公共关系的目标，那么评估这样的公共关系标准就不应该是了解公众是否知道当地报纸上哪一个专栏报道了这一消息，占用了多大的篇幅，而应该了解公众对组织的认识情况以及观点、态度和行为的变化。

（六）确定收集依据的最佳途径

调查并非总是了解公共关系活动影响的最佳途径，有时组织活动记录也能提供这一方面的大量材料。在某些情况下，小范围的试验也是十分有利的。在收集有关评估资料方面，没有绝对的唯一最佳途径，方法的选择取决于评估的目的、提问的方式以及前面已经确定的评估标准。

（七）保持完整的计划实施记录

实施记录能够充分反映公共关系人员的工作方式和工作效果，尤其重要的是反映计划的可行性程度，如哪些策略是有效的，哪些策略是无力的或者无效的，哪些环节衔接比较紧密，哪些环节还有疏漏或欠缺。

（八）及时、有效地使用评估结果

公共关系活动的每一个周期都要比前一个周期表现出更大的影响力，这是因为运用对前一个周期评估的结果来对后一个周期进行了调整。由于评估结果的运用，问题确定及形势分析将会更加准确，公共关系目标将会更加符合组织发展方向的要求。

（九）将评估结果向组织管理者报告

将评估结果向组织管理者报告应该成为一项固定的制度。它一方面可以保证组织管理者及时掌握情况，有利于进行全面协调；另一方面也可以说明公共关系活动在持续地保持与组织目标一致及其在实现组织目标过程中的重要作用。

（十）丰富公共关系专业知识内容

公共关系活动的科学组织与效果评估使人们对这一活动及其效果有更多的理解与认识，效果评估的成果进一步丰富了公共关系专业知识的内容。通过具体项目效果评估所得到的资料经过抽象化分析，可以得到对指导这一活动有普遍意义的思想、方法与原则。这些思想方法与原则，不断丰富了公共关系行业的理论与实践。

五、公共关系评估结果报告

公共关系活动效果如何，很大程度上取决于组织决策部门的评价，作为组织内部的公共关系人员，应该定期向决策部门汇报公共关系活动的成果，将评估的结果以报告的形式加以汇报。

（一）报告的内容

报告的内容包括陈述公共关系活动及成果、比较实际活动与预期目标、预测今后工作。

（二）报告的形式

1. 非正式报告

公共关系人员通过电话、会见、简短书面报告的形式向组织负责人汇报活动的进展。这种形式占用时间不多，可以真实地反映工作状况。

2. 正式报告

关于公共关系活动成果的正式报告，一般有以下四种形式：定期备忘录、小组或委员会议、汇报会、年度报告。

章后案例

The New MINI Clubman · MINI 新绅士聚会

项目主体：宝马（中国）汽车贸易有限公司

项目执行：北京信诺传播顾问股份有限公司

项目背景：

新一代 MINI Clubman 于 2015 年 11 月 13 日在成都方所上市，成都方所见证了新一代 MINI Clubman 从文艺青年到新绅士的成长。

第一次，一家书店出现这么多有型的新绅士，他们为新一代 MINI Clubman 而来。没人会想到将一场时装秀搬到一家书店里，除了 MINI。几十位国际名模穿梭于书海之中，带你真正走进新绅士的日常生活。

项目调研：

现场邀请了各大领域明星人物，如内地著名演员王千源、靳东；香港著名演员林保怡；新生代建筑师李道德；著名设计师、品牌顾问、艺术家陈幼坚；英国著名时装设计师 Mr. Patrick Grant；多方记者；BMW/MINI 投资人等，参加了此次 MINI Clubman 的盛会。通过此次活动，进一步增强了消费者对 MINI Clubman 这款车的积极购买欲望。

项目策划：

此次活动采用了全新的形式，不再是一场常规的新车发布会，没有会场、没有大屏投影的全新 Clubman "上市会"确实前所未见。严格来说，全新 Clubman 已经上市，在 4S 店早有展车并提供试驾，价格配置一览无余。而此次，更像是由 Clubman 发起的一次聚会，点滴细节无不昭示着它的改变。它向你发出了邀请，请你也"刻意"一点！邀请你参加一场"新绅士聚会"，这是与过往相比，格调不尽相同的一次 MINI 品牌活动。其实，这是 MINI 品牌的革新与换代。

活动场地选在了成都。成都不是一线城市，向来怡然自得，悠闲快乐。姑娘漂亮、餐馆很忙，这算是风情还是特色？总之早已心照不宣，名声远扬。她无须与强者比争，自有风骨，旗帜鲜亮。成长中的成都孕育了成长中的成都人，从文艺青年到新绅士，成都真是不二之选。而方所，这个位于成都，有着"地下藏经阁"之称的巨大空间，真的不能简单称之为书店，它像是一种海纳百川的感观体验，也是独立灵魂停驻、交流的精神家园。就如同MINI 从不是一个车厂的标识，他所代表的态度与生活方式，见仁见智。由此，真的不难理解，此次方所与 MINI 的结缘。方所 4 000 平方米的文化空间，在那一晚，俨然变成了 Clubman 的主场。

出席活动的嘉宾不只是美女，她们是真正的淑女，她们的着装个性优雅，首饰未必昂贵，却处处暗藏心机。她们的手包造型独特，往往是点睛之笔，她们出现的时候，会让你忍不住去问"尊敬的女士，今天用的什么香水"。当然，除了美女还少不了男士，他们的西装也许不昂贵，但是他们注重每一个搭配细节，一身新绅士范儿的优雅盛装。那晚，他们走上红毯成为焦点。

走进会场，有更多的新绅士已在会场准备好迎接他们。国际名模在会场演绎着新绅士的一天，从清晨起床、读报、吃早餐，到旅行、赛车、和家人一起欣赏音乐会，新绅士总是会有不同的面貌，游刃于各种场合。私人休闲时光，越能看出他们变化多端的高品位；文艺且优雅、成熟又俏皮，新绅士能够为审美找到最佳平衡点；别担心他们偶尔的"不守规矩"，那恰恰是不可或缺的幽默感。新绅士擅长营造氛围。阴沉的雨天里，他们只需用一把雨伞衬里的花纹，就能一扫你的忧郁情绪。即使身处众多绅士之中，也能凭借胸口那块色彩跳脱的方巾让人一眼看到他们的不同：尊重传统，却又懂得把玩细节。他们的成长是对传统规则"调皮式"的挑战，而那些恰到好处的精致细节，就是他们的用武之地。

在一场聚会里见到如此多的新绅士，对绝大多数人来讲，这可能是头一次。在这场MINI新绅士聚会上，你不仅可以听到好莱坞明星聊他的近况，看国际名模褪下华服和乐队主唱贴身热舞，与各行业精英举杯畅谈、不醉不休……更有趣的是，为你倒酒的是屡获殊荣的世界顶级调酒师，你坐的椅子是知名艺术家的家中私藏……

项目执行：

此次项目邀请的嘉宾在 The Temple House 博舍下榻。这是一处古典与现代相结合的经典案例。前庭老模样，后院新态度。从灰色的庭院天井向上望，现代化的玻璃外墙包裹住了看上去低调却奢华到细微的客房。

走进房间，没有悬念，MINI 的欢迎信静静地在桌上等着我们。所有对当晚的期待都浓缩在这张系着黑色丝带的卡片。甚至贴心地在酒店为来宾准备了化妆间，专业的造型师、化妆师随时恭候。

傍晚，"新绅士"们在酒店门口列队打开双闪，载各位嘉宾出发，前往方所。入场的"凭证"是一只胸针，搭配自己的衣服挑选颜色。布艺胸针十分精美，有黑、棕、绿三色可选。红毯准备时，美女工作人员为嘉宾别上入场的胸针，然后递过来一张卡片，说"送您方所的优惠券"。卡片上写着：

"我们否定了数十种精致的礼品方案，最终选择送上这张小小书券，因为，不管时代怎样改变，一本好书将永远是你最长久的陪伴。"

走进会场，有美酒与音乐的等候，更有一场精彩的新绅士秀，看秀结束，还可以拿出优惠券尽情购买喜欢的书。

这真可谓是一场最具创意的发布会。

项目评估：

新一代 MINI Clubman 上市发布会，当然，更是一场新绅士聚会，在这场聚会里精于专业，更乐于跨界，不拒绝任何可能，更擅于创造各种可能。对于特立独行的车主和特立独行的车之间的关系，这次的新一代 MINI Clubman 上市发布会采用了不同寻常的策划，是一场精妙绝伦的盛宴！

（资料来源：刊自《国际公共关系》第71期，2016年12月.）

案例分析题：

请根据以上案例说出公共关系策划方案包含哪些部分。

思考题

1. 公共关系调查对组织有何意义和作用?
2. 公共关系调查的程序有哪些?
3. 公共关系策划的原则有哪些?
4. 公共关系活动中如何选择最佳的活动时机?
5. 公共关系效果评估主要运用哪些方法?

第六章

公共关系 CIS 战略

★学习目标

知识目标：了解 CIS 的含义、名牌的含义、CIS 的地位与作用、CIS 的构成要素及功能、CIS 的设计原则及导入程序。

技能目标：能够利用 CIS 导入程序对组织进行 CIS 导入。

素养目标：培养和锻炼把握细节的能力、整合资源的能力、规划能力。

★建议课时

6 课时。

★案例导入

点燃中国 CIS 的"星星之火"
——广东太阳神集团有限公司

我国第一家全面导入 CIS，并获得巨大成功的企业是生产保健口服液的广东太阳神集团有限公司。太阳神集团的前身是珠江三角洲一家规模不大的乡镇企业——广东东莞黄江保健品厂，该厂于 20 世纪 80 年代初开发出一种生物健口服液，并逐渐在广东市场站稳了脚跟。到 80 年代中期，生物健口服液在走出广东省，准备开拓上海和华东市场的前夕，企业决策者开始接受 CIS 理论，并进行了大胆实践。1987 年，东莞黄江保健品厂与 CIS 设计师签订《企业形象总体设计合同》；1988 年委托广州新境界设计群负责总体策划，全面系统导入 CIS。一场在中国企业界堪称形象革命的变革浪潮拉开了序幕，点燃了中国 CIS 的"星星之火"。

导入 CIS 的第一步是重新确立企业的产品形象。在原有的经营模式下，产品是生物健，商标叫万事达，企业的名称为东莞黄江保健品厂，三者互不相干。用 CIS 思想加以评判，"生物健"这个名称外延狭窄，硬度大，弹性小；企业名称地方味浓厚，二者又与商标不统一，并且"万事达"商标识别性也较弱，用此名的企业或产品甚多。这种模式对企业的未来发展极为不利。设计师从众多的创意命名中,最终选定古希腊神话中的 Apollo(太阳神)为产品命名。

"太阳神"读音响亮,通俗易记,含义隽永,格调昂扬,它不仅取代了"生物健",宣告了"太阳神"口服液的问世,同时涵盖了企业名称和商品名称,实现了品牌形象、商标形象和企业形象的三位一体。"太阳神"商标用象征太阳的图形和 Apollo 的第一个字母 A 的三角变形组合而成,主体色——红白黑三色形成强烈反差,视觉冲击力强。"太阳神"商标造型单纯、明确、简练,代表了健康向上的产品功能和永不满足的企业追求。

太阳神集团有限公司的理念识别是:①经营信条——振兴民族工业,提高中华民族健康水平;②企业意识——精诚理解,合作进取;③经营策略——以科技为依托,以市场为导向,以人才为中心。

太阳神集团有限公司的行为识别是:"对内——培养企业意识,包括管理意识、人才意识、公共关系意识、法治意识、时间意识、策划意识、差异意识等;对外——保证产品质量,强调售后服务、关心社会、服务社群,使经济效益与社会效益相融合。"

太阳神集团有限公司的公司之歌(歌词):"经过无数个沉浮的春秋,满天的星星还在奔走。没有太阳的黑暗里,燃烧的地平线还在等候……当太阳升起的时候,我们走出桑田沧海。当太阳升起的时候,我们的爱天长地久……"

纯朴内向的"万事达"生物健,经过精心的 CIS 策划,以全新形象的"太阳神"口服液投入市场,在神州大地刮起了一阵强劲的"太阳神"旋风,给企业带来巨大的经济效益和社会效益。数年之间,太阳神集团有限公司从一家默默无闻的乡镇企业迅速发展成为全国著名企业,其产品远销到港澳和东南亚地区。1988 年,公司年产值仅 100 多万元,导入 CIS 后的 1990 年年产值增至 4 000 万元,1991 年竟达到 8.5 亿元,1994 年销售额高达 10.5 亿元,连续几度进入中国 500 家大型工业企业行列。

(资料来源:http://3y.uu456.com/bp_52njg4wh6o6i8ss1cmvb_1.html)

案例分析:

太阳神的成功范例,使得地处改革开放前沿的珠江三角洲地区很快出现了企业形象战略热。随后 CIS 由南而北席卷全中国,形成中国 CIS "星火燎原"之势。一大批经过 CIS 策划的企业或品牌,包括健力宝饮料、李宁服装、美菱集团、扬子集团、容声冰箱、科龙空调、乐百氏、娃哈哈、雅戈尔、长安汽车、沱牌曲酒、金轮集团、嘉陵工业股份、天歌集团、杉杉服装、芬格欣药业、古井集团、春都集团、美的空调、海尔、长虹、康佳、万家乐、神州、三九胃泰、地奥、兴发集团、新飞、仕奇、燕京啤酒等,以强劲的整体形象力赢得了市场竞争的绝对优势。

第一节 名牌战略

一、名牌的含义

名牌,即具有较高知名度和商业信誉的牌号。这里的牌号包含两层含义:一是指商品品牌,即生产者(或销售者)给自己生产(或销售)的产品所规定的商业名称;二是指企业名称。

（一）名牌产品

名牌产品是指具有一定知名度、信任度和美誉度的产品。

知名度是指人们知晓产品的程度。名牌产品的知名度至少应达到非购买者也能知道的程度。信任度是指人们对产品的信任程度。名牌产品的信任度至少应达到知晓的人们中的90%的信任感。信任度不同于知名度。有些牌号知名度很高，但让人购买时很难放心，则其信任度不一定很高。美誉度是人们对产品的赞誉和喜爱的程度。

一般地说，名牌产品具有以下特点。

(1) 质量过硬；
(2) 价格公道合理；
(3) 功能健全稳定；
(4) 款式独特新颖；
(5) 包装美观大方；
(6) 品牌易读、易记、易于识别；
(7) 品牌标志美观鲜明、寓意深刻、引人注目；
(8) 产品的生产和使用过程对生态环境无害；
(9) 产品售后服务周到；
(10) 产品顺应时代要求。

（二）名牌企业

名牌企业是依靠一类或数类名牌商品，在国内和国际市场的激烈竞争中，持续保持较高的商业信誉和市场占有率的企业。

名牌产生于市场竞争，名牌企业这一概念自然也属于市场范畴，所以用市场占有率和商业信誉等概念加以界定，但是名牌企业的内涵则远远超出市场的范围。

对于名牌企业，已有一些国外的管理专家讨论了其特征，例如，英国的 H. H. 马克斯认为，名牌企业一般具有以下特征。

(1) 有革新表现；
(2) 正在成长；
(3) 现代化；
(4) 在研究与开发方面有突出表现；
(5) 受到顾客广泛欢迎；
(6) 盈利丰厚；
(7) 经营有方；
(8) 多种经营；
(9) 满足消费者需要；
(10) 与四邻友好相处；
(11) 与原材料供应企业关系良好；
(12) 光明正大地展开竞争；

（13）为改善社会环境努力做出贡献；
（14）培养出有才能的经理人员；
（15）积极开展企业兼并；
（16）坚持独立办企业；
（17）企业内没有劳资纠纷；
（18）资助教育、艺术和社会公益事业；
（19）制造优异的新产品。

名牌之所以成为市场竞争的焦点，是因为它常常带来较高的市场占有率和伴之而来的高额利润；对于政府来说，支持企业创立名牌，除了经济原因之外，还有重要的社会意义。此外，名牌作为一种无形资产，其本身就具有巨大的经济价值。

二、名牌战略的必要性

海尔集团张瑞敏曾经说过，名牌就是在同等条件下，比别的品牌卖得多、卖得快、卖得价高。这句话道出了创名牌与发展名牌的重要性，同时，也指出了名牌战略的优势。任何一个企业，要在激烈的市场竞争中获得成功，就必须在品牌经营过程中，努力创名牌与发展名牌。这是因为：

（1）名牌有利于提高员工尽职度。任何一个企业要想成功，首先必须提高员工尽职度。只有全体员工有较高的尽职度，才能"人尽其才，才尽其能"，才能最大限度地提高效率与效益，从而营造强大的实力。否则，根本无法生产出优质的产品，更无法使企业获得成功。而名牌有利于提高员工的尽职度，因为企业创名牌工作是一代人或几代人艰苦努力的结果，并且它又能给企业及其职工带来好处，因而全体员工必然会像"珍爱自己眼睛"一样保护名牌形象，从而形成巨大的名牌凝聚力，这种凝聚力必然会促使全体员工更加尽职地做好本职工作。

（2）名牌有利于提高顾客忠诚度。顾客忠诚度主要是顾客对品牌的评价与情感，它主要表现为顾客的重复购买次数以及顾客对品牌"移情"的难易程度。显然，品牌"名气"越大，顾客对其评价就越高，因而重复购买次数就越多，显然越有利于提高顾客忠诚度。

名牌、员工尽职度、顾客忠诚度三者之间的关系，可用图6-1表示。

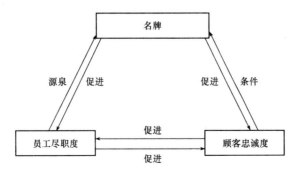

图6-1　名牌、员工尽职度、顾客忠诚度三者之间的关系

企业管理理论及实践证明，市场营销的终极目标在于打造品牌。实际上，随着社会的发展，营销已经成为人们生活中不可或缺的要素，它正以独特的功能渗透到社会的政治、经济、文化、艺术等各个领域，并在很大程度上影响着事物的发展和结果。所以，在经济全球化的大背景下，我们急需建立新的品牌意识和营销观念。

名牌企业就是名牌商品的制造商、服务商，是市场竞争优胜劣汰的通行证，更是市场竞争制胜的可靠保障。对消费者来说，名牌企业意味着诚信经营、值得信赖，意味着质量可靠、服务一流，意味着消费者权益和顾客价值能够得到保障。因此，打造名牌企业既有利于赢得顾客忠诚，降低交易成本，也有利于提高营销效率，扩大企业收益。将健康企业推向名牌企业这一更高的经营境界，是企业在短期内立足市场及策略竞争的需要，更是企业着眼于未来、做强做大战略部署的需要。

改革开放以来，中国商品在世界市场的形象始终是"价低质次"。可以肯定，在相当长的一段时间内，中国企业的高端产品，甚至高端品牌都将很难在全球取得信任。因此，中国企业要想改变自身形象，打造出世界知名品牌，首先要做到"价廉物美"，变"价低质次"为"价低质优"。对中国企业来说，这本身也是一种考验。随着中国经济的发展和城乡消费水平的进一步提高，中国企业将面临更多的市场机会。而对于更多的中国企业来说，首先应将自己的战略目标放在国内，因为中国化的品牌战略更应该从中国市场的实际出发，进而做强做大。只有先在中国市场成为知名品牌，才有可能走向世界。

三、名牌战略的效应

品牌一旦成为名牌，就能够产生普通商标所起不到的重要作用，这一作用就是名牌效应。名牌效应能给企业带来高额的经济收益和显赫的声誉、荣耀以及社会地位，从而表明企业的巨大成功。

名牌效应主要有以下几方面。

（1）扩散效应。即名牌一旦确立，就会通过消费领域的传导和流通范围的展开，迅速扩大产品的影响力，赢来越来越多的消费者的信赖，提高顾客的忠诚度。

（2）持续效应。只要名牌不出现严重的质量问题和信誉问题，它的影响力及其经济效果就会长期持续下去，甚至能延续上百年的时间。

（3）放大效应。企业一旦创立一个名牌，其信誉可以从一个产品放大到一组产品；从一个品牌放大到一系列的品牌；从品牌形象放大到企业形象，由此带来的经济效果也起到了放大作用或乘数作用。

（4）刺激效应。名牌有利于进一步刺激市场需求，挖掘市场潜力，特别是能够刺激消费者的攀比心理与炫耀心理。

正是由于名牌具有上述重要作用，企业在品牌经营过程中应该把创名牌与发展名牌作为其最高目标。

四、名牌战略的特征

要实施名牌战略，就必须正确认识名牌战略的特征。从总体上说，名牌战略应具有一般战略的特征，如纲领性、全局性、长远性等。但名牌战略也有其自己的特征，这些特征主要表现为以下几方面。

(一) 整体领先性

实施名牌战略,需要技术、经济、管理等各方面工作的相互协调,从而实现技术、经济、管理的系统优化。因而,实施名牌战略,绝不是只做好某一方面的工作就可以。名牌不等于技术先进,仅有先进技术,没有一流的管理,就无法实现"两个轮子"驱动。同样,认为"名牌就是产品+广告",片面强调"地毯式轰炸"的广告策略的观点也是错误的。

另外,实施名牌战略时,必须保证在系统优化的基础上,"整体领先",没有"领先"就无法营造"优势",自然也就无法创名牌与发展名牌。

(二) 鲜明特色性

要实施名牌战略,就必须有自己"鲜明的特色"。没有一定的特色,就无法在"芸芸众生"中出类拔萃。如IBM、麦当劳、肯德基等,无一不是靠"特色取胜"。

(三) 贸易杠杆性

贸易杠杆性即创名牌与发展名牌的战略,有利于促进贸易活动过程的进行及名牌战略成果的达成。例如利用名牌效应促进贸易活动的开展等。

(四) 资本积累性

名牌作为无形资产,"名气"越大,其资产价值就越大。"可口可乐"在1994年的品牌价值就达到359.5亿美元,"万宝路"在1994年的品牌价值达到330.45亿美元。随着名牌战略的实施,一方面,"名气"会越来越大,必然会促进无形资产的积累;另一方面,也有利于资本积聚与资本集中。

正是因为如此,"可口可乐之父"伍德拉夫说,即使公司一夜之间化为灰烬,但仅凭"可口可乐"的品牌,就可在短时期内再发展起来。显然,名牌战略能够起到资本积累的作用。

第二节 CIS 战略

美国学者威廉·P. 金等人曾经指出,企业总体战略常常是个别战略的综合,每个战略都是围绕着一个中心制定的,为实现总体的目标服务。企业CIS战略,就是企业总体战略中的一个重要组成部分,是为树立良好企业形象目标而制定的企业个别战略。

一、CIS 战略的含义

CIS 是英文 Corporate Identity System 的缩写。Corporate 除了有企业的意思外,还有组织、机构、团体等含义。Identity 有三个含义:一是识别、证明;二是同一性;三是持恒性、一贯性。System 是系统的意思。CIS 就企业或组织机构来说为自身的主体性和同一性,而主体性的根本意义是"我是谁",是对自我的认同;从同一性来看,Identity 是指企业本身某些事物的共通性。因此可以说,CIS 战略是指企业或组织机构的统一化或同一化战略。CIS 的含义为"企业或组织机构的识别系统"。由于"Identity"一词的多意性,国内也有人将 CIS 译为"企业形象革命"或"企业机构形象"等。还有日本学者把 CIS 看作"Corporate Identity Strategy"的缩写,并译为"企业形象战略"。

所谓 CIS 战略,是对企业形象的有关要素(理念、行为、视觉)进行全面系统的策划、规范,并通过全方位、多媒体的统一传播,塑造出独特的、一贯的优良形象,以谋求社会大众认同的企业形象战略。企业 CIS 战略不是一般的管理工程,也不仅仅是视觉传达设计,更不是仅仅为企业装潢门面,而是企业总体战略的重要组成部分。

二、CIS 战略的发展

CIS 的早期实践可以追溯到 1914 年德国的 AEG 电器公司。AEG 在其系列电器产品上,首次采用彼德·贝伦斯所设计的商标,成为企业形象设计中统一视觉形象(VI)的雏形。在 1932—1940 年,英国实施伦敦地下铁路工程,该工程的形象设计由英国工业设计协会会长佛兰克·毕克负责,被称为"设计政策"的经典之作。

第二次世界大战后,世界经济开始复苏,企业经营者意识到建立统一的识别系统以及塑造独特经营观念的重要性。自 1950 年开始,欧美各大企业纷纷导入 CIS。其中具有代表性的企业有意大利的维利贝蒂公司、德国的奔驰公司、美国的国际商用机器公司等。1956 年,美国国际商用机器公司以企业文化和企业形象为出发点,突出表现制造尖端科技产品的精神,将公司全称"International Business Machines"设计为蓝色的富有品质感和时代感的造型"IBM"。在以后它成为"蓝色巨人"的形象代表,即"前卫、科技、智慧"的代名词,也是全球现代企业 CIS 正式诞生的重要标志。

20 世纪 60 年代以后,欧美国家的 CIS 导入出现了潮流般的趋势。20 世纪 60 年代的代表作是由无线电业扩展到情报、娱乐等 8 种领域的 RCA;20 世纪 70 年代的代表作是以强烈震撼的红色、独特的瓶形、律动的条纹所构成的 Coca-Cola 标志。总之,20 世纪 60—80 年代,是欧美企业形象设计的全盛时期。日本企业在 20 世纪 70 年代以后、我国企业在 20 世纪 90 年代初也开始创造自己的 CIS,从而使之成为一个世界性的趋势。

我国在 20 世纪 80 年代末 90 年代初才逐渐出现 CIS 概念,但对大多数企业来说,对 CIS 的认识很不全面。现代的企业,绝不应该仅仅把注意力放在生产过程上,如果不了解市场需求,就无法生产适销对路的商品,也就无法获得发展,甚至会危及生存。想要了解市场需求,就必须树立良好的市场形象,取得广大消费者的信赖,建立广泛、良好的沟通和联系渠道,及时从消费者那里获得市场信息的反馈,从而及时调整生产经营的目标和结构,掌握市场主导权。为此,企业必须导入与实施 CIS 战略。

1988 年,中国第一家成功导入 CIS 的厂家将原产品"万事达"改名为"太阳神",组建广州太阳神集团,采用企业理念、运作行为和产品标识"三位一体"的形象战略,迅速提高了企业的知名度,成功地打入了强手如林的保健品市场,牢牢地确立了市场地位。

三、CIS 战略的特征

企业 CIS 战略有如下特征。

（1）把企业形象视为一种资源要素，一种无形资源。这是企业形象战略得以实现的根基。随着信息化社会的到来，科学技术出现了社会化和一体化的发展趋势，由技术所引起的产品及服务质量方面的差异显然被缩小了，尤其理性消费向感性消费的转变，大众性消费向个别性消费过渡，由完全的卖方市场转变为完全的买方市场，使单一的竞争优势（价格优势、品质优势）已不足以保证企业在激烈的市场竞争中取得优势。企业只有借助于综合的优势，并采用科学的信息传达手段，充分了解市场，才能在激烈的竞争中把握主动权。

（2）CIS 战略是企业形象的差别化战略。首先，它特别强调信息传达的效率化、标准化和统一化的差别，利用信息传达的手段使企业产品的使用者，以及与企业有关的部门、社区等明确企业的社会定位及其存在意义，并加以认同；其次，利用信息的传达，使产品的对象识别企业视觉符号，如企业的标志、名称、商标、色彩、图案等，确立视觉印象；最后，利用感性诉求，以维持公众对企业的认识、依赖和好感。

（3）企业对理念的开发、提供和自我认同，是 CIS 战略成功的关键。企业在导入 CIS 战略的过程中，首先应制定明确的经营理念，达到"自我认识"与"自我介绍"的统一。如果不能充分地探讨企业的理念问题，就无法讨论 CIS 的问题。

（4）CIS 战略是一种全方位的信息传达体系，一种需要企业全员经营的战略。企业信息的传播对象不仅仅是消费者，而是全方位的，包括企业内部员工、社会大众、机关团体。企业在导入 CIS 的过程中，必须由自己的力量来完成企业理念的提供和开发工作，这就需要动员企业员工的力量。要促成完整的外部形象，内部员工的认同和自觉参与是前提。因此，CIS 的推动必须采取某种形式，让企业的全体员工有共同参与的机会。

（5）企业信息传达的媒体，不只是局限于大众传播媒体，而是扩大到所有与企业有关的媒体。

（6）企业 CIS 战略是企业的长期战略。作为长期战略而非短期的行为，CIS 战略必须设计一种可控制实际操作的作业程序和检查改进的机制。CIS 的开发可划分为三个过程：调查、企划、实施。调查是把握现状，分析实态，寻求问题并加以分析；企划是在调查的基础上，提炼理念，提出构思，设计程序；实施是根据企划的结果，开发识别系统，确认媒体的选择与投放，并对内、对外发布。此外，必须对实际操作过程进行监督，对实施效果进行反馈，并对整个 CIS 战略体系进行改进、补充、提高和完善。

在企业 CIS 战略中，所要建立的企业识别系统，就其实质来说，就是企业文化系统，它既有理念的支持（企业的价值观），也有企业的行为规范（行动识别），同时还有表现理念及其配合行动的视觉符号系统（视觉识别，包括企业标志、名称、商标、标准色、标准字、图案等）。

四、CIS 战略与中国经济的发展

CIS 如潮水般风行全球，引发了国内社会各界对 CIS 的多元认识。"形象设计""企业文化""品牌经营"等诸多流行词汇层出不穷。市场在变化，时代在变化，企业要想不被市场与时代所抛弃，就要把企业形象放到至关重要的地位。如果说中国目前对企业标志已经很重视的话，那么也只能说是重视标志符号（Logo）的识别，而不能称之为 VIS（Visual Identity

System，视觉识别系统），当然，更谈不上 CIS 了。解决这个问题的根本办法是：不能只把眼光放在如何提高设计界的整体水平上，因为离开了政府支持及企业家的认同，单靠设计人员是无从下手的。CIS 是当今全球企业步入信息时代、走向成功的基本手段和有效工具。所以，中国企业导入 CIS 是必需的、迫切的。

（一）企业生存与发展需要 CIS

随着经济的迅速发展，我国国民的消费模式由温饱型向全面小康型过渡，人们的消费需求开始由数量型向质量型转变。这种转变在人们消费行为上的表现就是注重品牌、追求名牌，标志着我国在从发展型的社会向成熟型的社会迈进。扩大名牌消费可能导致两个结果：一是名牌商品的需求比例相对增加；二是名牌商品和非名牌商品的价差不断扩大。

同时，随着经济短缺程度的降低和买方市场的形成，市场竞争越来越激烈。企业要生存、要发展、要想在市场竞争中争得一席之地，就必须不断地创造品牌、维护品牌。而品牌的创立除了需要不断地改进产品质量和发挥质量优势之外，还须不失时机地创造并形成自身独特的企业形象和产品形象，建立良好的企业信誉和品牌信誉，获得消费者的认同。只有这样，才能获得相应的市场份额。CIS 正是现代企业有效地掌握与占领市场，自下而上谋发展的利器。

企业要想保持稳定、健康的发展，就需要进行多次自身革命，企业自身的品牌建设要经历从局部到整体、从整体到局部的多次反复定位调整。

（二）企业开拓市场需要 CIS

随着中国与世界经济的兼容性越来越强，中国市场来自国际市场的压力也越来越大。国外品牌纷纷在我国抢占"滩头阵地"，中国市场已经成为国际市场的重要组成部分，也是世界商战的主战场之一。在今天的国际市场上，对大部分产品而言，国内市场都是相对有限的，只有开拓海外市场，才能扩大市场的份额。产品质量和国外名牌不相上下，而且具有地缘优势、人缘优势和区域文化优势的中国企业，能否在这场市场争夺战中守住本土市场，关键在于其能否更新观念，和国外名牌在中国本土上打一场"形象战争"。因此，全面推广 CIS，注重形象投资，是中国企业巩固本土市场乃至开拓海外市场必不可少的武器。

争创世界名牌也是中国几代领导人的夙愿。早在 1956 年，毛泽东视察南京无线电厂时就语重心长地说过："将来我们也要有自己的名牌，要让全世界听到我们的声音。"1992 年，邓小平在视察珠海时也深刻指出："我们应该有自己的拳头产品，创造出我们中国自己的名牌，否则就要受人欺负。"江泽民也提出了"立民族志气，创世界名牌"的国产品牌观。近年来一个很显著的现象是，上至国家领导人、各部委，下至省、市、县、镇各级政府，对品牌战略都开始逐步重视。

（三）民族经济发展需要 CIS

中华民族作为一个拥有五千年文明史，以"大一统"作为主要发展轨迹的民族，并不缺少形象识别意识。从古老的太极八卦图到明清的老字号，再到当代的"工业学大庆""农业学大寨"，"文化大革命"中的"红宝书""红袖章""绿军装"等都说明我们这个民族有着深厚的形象识别意识基础。但"政治 CIS"并不能使我国的经济与世界经济强国并驾齐驱,并不能使我国的产品与世界名牌比肩而立。由于历史的原因,我国的 CIS 意识并没有被较好地、充分地引导到经济发展上来。我国民族经济要自立于世界经济之林,要有自己企业的整体形象,要有我国经济的整体 CIS,这需要我国政府、企业和 CIS 策划专家的共同努力。

今天的中国,已不存在抵制洋货或闭关保护了。我国企业在欢迎世界品牌带来其成功经验的同时,更应该博采众家之长,大兴"拿来主义",用全新的视角检讨传统的意识,迅速跨入世界先进者的行列。所有为民族工业摇旗呐喊者,都期待着中国企业在市场竞争中品牌意识的觉醒,期待着中国民族经济得以更好地生存和发展。

当然,我们也应当清醒地看到,我国与发达国家的差距不仅在于科技水平和管理手段等方面,在运用整体策划及形象法制系统工程方面也存在着巨大的差距。这是摆在政府职能部门、企业决策者和 CIS 专业策划者面前的一个迫在眉睫的问题。

我国自古就有《孙子兵法》《三十六计》等谋略著作,然而总有一些企业忽视谋略,缺乏谋略,只讲究匹夫之勇。谋略是克敌制胜的关键,企业经营战略史上的显赫战功都是以智谋取胜。《孙子兵法》说:"兵者,诡道也!"其意思是指在竞争场上,智慧的重要性与不可取代性。

当前,我国策划设计界为诸多企事业单位、行政机构、团体活动及城市策划设计了形象识别系统,把这些实践经验加以总结,以自律为基础,把 CIS 导入中国文化,已经适逢其时。

(四)国民经济教育需要 CIS

在 20 世纪 90 年代,我国出现了一种特有的经济现象,即成千上万的企业在争创名牌,走下生产线的产品乃至生产产品的企业,犹如未琢之玉,急需形象识别设计等现代经济手段辅助其成为名牌产品或名牌企业。然而,在当时能够为企业成功导入 CIS 的策划设计专家实属凤毛麟角,具有 CIS 知识的专业人才储备远远未能达到时代的需求。

中国 CIS 策划设计未形成完整的思维概念,这与高等院校所开设的经济学课程有关,而在设计专业的教学设置中,开设 CIS 专门课程的极为少见。高等院校毕业的大学生走向工作岗位后,还不清楚 CIS 是怎么一回事,因为没有学过。

没有 CIS 策划设计课程,代之以标志设计课,从历史的角度来看,这是可以理解的。因为 CIS 只有发展到今天才可能总结出 CIS 理论。当时中国的国情,没有适合 CIS 发展的环境,我们的设计教育者们的知识结构与理论上的交流是有限的。时至今日,高等院校的商业设计课仍是从美术或视觉艺术的角度去教授,用形式感和美感来充实自己的创作思维,热衷于所谓的"现代感、时代气息、象征性"的表象功能,从来没有领悟过企业的创意经济效益和 CIS 策划设计意图所在,至于涵括其中的企业理念、企业行为,更不会去深入探索。而其他经济专业重点讲的是理念与管理、公共关系策划等方面的课程,忽视形象设计及各种相关学科互相合作的综合教育。由于 CIS 课程的教学方针和教学思想不明确,结果一批又一批的毕业生所形成的对 CIS 的了解仅仅停留在表层的平面设计,对 CIS 的理念和行为系统,一直处于无知或模糊的状态。

从现代企业经营形象战略研究角度看,我国企业 CIS 落后于国外的原因之一就是理论与实践的脱节,而从事 CIS 研究的学者往往与设计界和企业界不搭界,有的甚至"老死不相往来"。研究理论的人往往不注重实际,从事实际工作的人又多忽视理论总结。

面对市场化的中国经济,面对国际化的 CIS,中国企业界和策划设计界人士不仅要有斗志、勇气,还需要有智慧,因为我们要面对比别人更多的冲击与考验。

第三节 CIS 的构成要素及设计

CIS 作为企业形象识别系统,主要由理念识别(Mind Identity,MI)、行为识别(Behavior Identity,BI)和视觉识别(Visual Identity,VI)构成,如图 6-2 所示。在国内也有人觉得应该增加听觉识别,或者一些其他的识别,当然也未尝不可,但所谓识别,一需要成系统,二需要可操作。

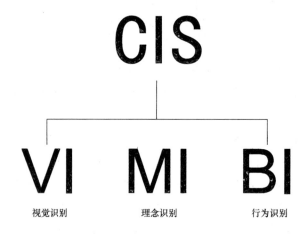

图 6-2 CIS 的构成示意

从目前国内的情况来看,能够将理念识别和行为识别做到比较理想程度的案例几乎没有。视觉识别方面虽然做得不少,但存在的问题也比较明显,或者做得过于死板,强调了统一,没有了灵活性,视觉形象刻板僵化。或者零乱不成系统,缺乏规范,从而无法操作实施。更有一些设计,完成了视觉识别系统,统一了形象反而葬送了个性,变得更加无从识别。当然,国内的企业家和设计师在这些方面做了大量的工作,也取得了可喜的成绩,但存在的问题仍然不可忽视。因而,我们不要急于扩大识别项目,而应着重在构成 CIS 的 MI、BI、VI 这三个方面扎扎实实地多做些工作。

一、企业理念识别

企业理念识别是 CIS 的基本精神,也是 CIS 运作的原动力,在 CIS 中起着核心和灵魂的作用。通过 MI 内在的动力,影响企业内部的动态、活动与制度,组织的管理与教育,并扩及对社会公益活动、消费者参与行为的规划,并以此体现和塑造企业独特的形象。纵观世界上成就斐然的明星企业，大都有着明确的、积极的、深入人心的企业理念，例如，IBM公司"IBM意味着服务"，通用电器公司"进步乃是我们最重要的产品"，杜邦公司"化学能为美好的生活提供更美好的产品"。

一个企业无论是否自觉，都存在着自己的理念，理念支配着企业的一切活动。企业理念是企业长期发展中形成的基本精神和独有的价值体系，是企业哲学、企业精神的集中表现，包括企业的经营宗旨、经营理念和企业文化等方面的内容。企业理念是一种意识形态的深层组织文化，是CIS战略实施的基础，是CIS的核心所在。理念识别系统（MI）赋予企业生动的人格魅力，从经营观念上与别的组织区别开来，并指导和规范着组织的行为识别系统（BI）和视觉识别系统（VI），如图6-3、图6-4所示。

图6-3　迪士尼的企业理念识别

图6-4　阿里巴巴的企业理念识别

从理论上说，企业的经营理念是企业的灵魂，是企业哲学、企业精神的集中表现，同时也是整个企业识别系统的核心和依据。企业的经营理念要反映企业存在的社会价值、企业追求的目标以及企业的经营思想。这些内容，通常用简明确切的、能为企业内外乐意接受的、易懂易记的语句来表达。如图6-5所示，麦当劳的理念就是Q、S、C、V，其字面上的意思是质量（Quality）、服务（Service）、清洁（Cleanliness）、价值（Value）。这是它的创始人在创业之初就确定的，富有快餐业的特征。四个字母概括了企业对全社会的承诺：它只要开业经营就必须在任何情况下向顾客提供高质量的食物（Q）、自助式的良好服务（S）、洁净整齐的用餐环境（C）以及物有所值的消费方式（V）。理念一经确定，它的经营管理模式、各项严格的规章制度、对食物的科学配方及制作规程、特有的充分尊重顾客的服务方式以及视觉识别系统，都是 QSCV 这一经营理念的具体体现。而这一理念也成了企业员工上下一致奉行的信条与信守的原则。

麦当劳的标准化执行核心：QSCV

Quality　保证一流的质量
Service　周到的服务
Cleanliness　清洁的环境
Value　让顾客感受到物有所值

图 6-5　麦当劳的企业理念识别

在构成 CIS 的三个因素 MI、BI、VI 中，MI 是 CIS 的最高决策层，是 CIS 战略的策略面，可以比作企业的"心"；BI 是 CIS 的动态识别形式，是 CIS 战略的执行面，可以比作企业的"手"；VI 是 CIS 的静态识别符号系统，是 CIS 战略的展开面，可以比作企业的"脸"。企业理念是企业从上到下全体员工共同遵守、持之以恒的共同价值观和指导思想，它是塑造企业形象的核心准则，一般包括企业经营信条、精神标语、经营策略等基本内容（图6-6）。

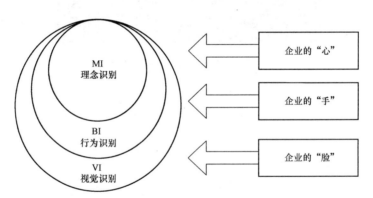

图 6-6　CIS 的构成要素

二、企业行为识别

企业的行为识别系统几乎覆盖了整个企业的经营管理活动。它基本上由两大部分所构成：一是企业内部系统，包括企业内部环境的营造，员工教育及员工行为规范化等；二是企业外部系统，包括产品规划、服务活动、广告活动、公共关系活动等内容。

（一）内部系统

1. 企业环境

企业内部环境的构成因素很多，它主要包括两部分内容：一是物理环境，包括视听环境、温湿度环境、嗅觉环境、营销装饰环境等；二是人文环境，主要内容有领导作风、精神面貌、合作氛围、竞争环境等。创造一个良好的企业内部环境，不仅能保证员工的身心健康,而且对树立良好企业形象有重要意义。企业要刻意营造一个干净、整洁、独特、积极向上、团结互助的内部环境,这是企业提供给社会大众及消费者的第一印象。

2. 员工教育

员工教育的目的是使其行为规范化,符合企业行为识别系统的整体性要求。员工教育可分为干部教育和一般职员教育,前者侧重于政策理论水平教育、法制教育、决策水平及领导作风教育;后者则侧重于与日常工作相关的内容,如经营宗旨、企业精神、服务态度、服务水准、员工规范等。

3. 员工行为规范化

行为规范是企业员工共同遵守的行为准则。行为规范化既表示员工行为从不规范转向规范的过程,又表示员工行为最终要达到规范化的结果。它包括的内容有职业道德、仪容仪表、见面礼节、电话礼貌、迎送礼仪、宴请礼仪、舞会礼仪、谈话礼节和体态语言等。

此外,行为识别的内部系统还包括福利制度、公害对策、作业合理化、发展策略等内容。

(二)外部系统

1. 产品规划

产品规划是塑造企业产品形象的第一步。产品形象包含的内容有产品名称、包装、功能、质量、价格、营销手段。产品规划首先是要进行市场调查,以求得与消费需求的一致性,在此基础上进行产品的设计、新产品开发,并应用产品组合策略加深消费者对产品的印象。产品形象的核心是产品的质量。因而,产品规划活动的关键是保证产品质量。

2. 服务活动

服务是企业活动形象的一道光环。优良的服务最能博得消费者的好感。就内容而言,服务活动包括三个阶段的内容,即售前、售中和售后服务。服务活动对塑造企业形象的效果取决于服务活动的目的性、独特性和技巧性。服务不得有半点虚伪,它必须是言必信、行必果,能带给消费者实实在在的利益。

3. 广告活动

广告可分为产品广告和企业形象广告。对 CIS 来说,应更加重视形象广告的创造,以获得社会各界对本企业及产品的广泛认同。形象广告就其制作手法而言与其他广告并无显著不同,但它有自己较为独特的目的——树立商业信誉,扩大企业知名度,增强企业内聚力。产品形象广告不同于产品销售广告,它不再是产品本身简单化地再现,而是创造一种符合顾客目标的追求与向往的形象,通过商标、标志本身的表现及其代表产品的形象介绍,让品牌给消费者留下深刻记忆,以唤起社会大众对企业的注意、好感、信赖与合作。

4. 公共关系活动

公共关系活动是企业活动识别的重要内容。通过公共关系活动可以提高企业的信誉度、美誉度,能消除公众的误解,取得社会的理解和支持。公共关系活动的内容有专题活动、公益性活动、文化性活动、展示活动、新闻发布会等。

三、企业视觉识别

视觉识别是通过个体可见的视觉符号,经由组织化、系统化、统一性的识别设计,传达企业的经营理念和情报信息，塑造企业独特的形象。

视觉识别是 CIS 的静态识别符号，是具体化、视觉化的传达形式，其项目最多，层面最广，效果最直接。MI 是抽象思考的精神理念，难以具体显现其中的内涵及表达其中的精神特质；BI 是行为活动的动态形式，偏重其中的过程，少有具体的视觉形象；VI 的传播力量与感染力量最为具体而直接，能将企业识别的基本精神、差异性充分地表现出来，并且可让消费者一目了然地掌握其中传达的情报信息，轻易地达成识别、认知的目的。

企业经营的内容、产品的特性以至企业的精神文化，必须通过整体传达系统，尤其是具有强烈冲击力的视觉符号，才能够将具体可见的外观形象与其内涵特质融汇成一体，以传达企业情报信息。

VI 的基本要素包括企业商品名称设计、标志设计、标准字设计、标准色设计等。

（一）商品名称设计

人有姓名，企业、商品亦然，一个意义隽永、含义深刻的商品名称，不仅能产生与众不同的导购效应，而且能给企业和产品带来事半功倍的形象效应。显然，导购效应和形象效应的叠加，无疑会给企业带来巨大的社会效应和经济效应。

一批凝练易记、含蓄新颖、给人美感的商品名称进入了公众的视野，给人们以全新的、充满时代气息的感受，如"迅达"（燃气具）、"万家乐"（家用电器）、"太阳神"（口服液）、"三九胃泰"（药品）等。这些新颖悦耳的商品名称，不仅是工业设计的杰作，而且是企业与产品形象设计的神来之笔。然而，搞好商品的命名设计并非易事，在一定程度上可能会影响一种产品的命运。一种新产品的面世，会因为新颖美感的名称而迅速打响，带来可观的效益，也可能由于名称平淡乏味而被湮没。

当然，产品品名的设计是颇有学问的，且很讲技巧。实践表明，产品的命名应具有以下特点：立意高、本意好、顺口、响亮、气派、具有现代意识和时代感，并能吸引消费者，让人们产生具体印象，留下难忘的回味和值得记忆的好感。同时，在起名时，还要避免与本地区、本国以至外国产品品名重复。如果设计的商品是外销的，还要注意命名不要犯忌讳。

此外，进行品名设计时还要考虑以下几方面。

（1）暗示产品性质。如美容品起名要引起消费者富于浪漫的无限遐想；计算机产品取名应具备高科技气息等。

（2）体现独特性。选择品名要避免司空见惯的词语，要具有独特的创意，这样既便于注册又不易假冒，且在法律上具有专用性。

（3）简短。要求字数一般不超过5个，音节限于2至3个，如"美的""雅戈尔""可口可乐"等。

（二）标志设计

在 VI 的诸多要素中，应用最广泛、出现频率最高的当属标志。

标志是一种单纯的、具有明确特点和便于人们识别的视觉形象，是突出企业个性、说明企业性质，将企业产品的识别记号告知社会大众的视觉语言。标志是具有发动所有视觉设计要素的主导力量，也是综合所有视觉设计要素的核心。标志既是一种情报、媒体，也是传递的方法之一。标志可用于店面招牌、广告物、包装、购物袋、制服等。一个成功的企业,它的标志是深入人心的,当人们看到其标志,便自然会想起其产品的性能和质量,以及企业的理念和行为。

标志设计须在方寸之间表现出深刻的精神境界,给人以静谧、柔和、饱满、和谐的感觉。可以说,一个成功的、著名的、公认的标志,总是凝聚着设计者的智慧和心血。一个小小的标志,往往对塑造企业和产品形象起到不可估量的效果,这是因为标志语言是人类共同的视觉语言。进行标志设计时,要研究消费者与生产者、经营者,人与物,企业与人,产品与市场之间的关系,一般应遵循以下几个原则。

(1) 突出企业形象,具备独特个性。标志是用来表达企业或产品的独特性格的,要让消费者认清企业的独特品质、风格和经营理念,因此在设计上必须别出心裁,使标志富有特色、个性显著,并与其他企业标志区分开来。

(2) 寓意准确,名实相符。一个企业的标志要巧妙地赋予寓意,耐人寻味,这样有利于企业形象的传播,即把握一个"准"字,使标志的形态能正确恰当地表现符号的内容和含义。

(3) 简洁鲜明,富有感染力。标志不仅是消费者辨认企业的途径,也是提高企业广告效果的一种手段。标志在设计上,其图案与名称应单纯醒目,易于传播、理解和记忆,因而还须把握一个"奇"字,使设计的创意具有独特的面貌和出奇制胜的视觉效果,易于捕捉消费者的视觉,从而引起注意,产生强烈的感染力。

(4) 造型优美精致。善良美好的寓意、新颖别致的构思都必须通过商标的造型表现出来,因而设计时还需把握一个"美"字,使符号的形式符合人类对美的共同感知。

(5) 赶在时代潮流前面,相对稳定。标志要想为公众所熟知和信任,就必须长期宣传,长期使用,从而使其在公众心目中扎下根。因而在标志设计时,还要注意满足一定程度的持久性,不要显得过迟。有的标志用了很久,主要原因就是它具有实用性,基本上和时代合拍。如果一开始标志的设计便落后于时代,经常大修改或重新设计,就会给人以反复无常的混乱感觉。

(三) 标准字设计

VI 计划中对企业所用标准字的设计和认定(包括英文、中文和其他语种),其重要性并不亚于图形标志符号,因为它运用广泛,几乎涵盖了视觉识别符号系统中各种应用设计要素,出现的频率也几乎与图形标志符号相当。由于文字具有明确的说明性,可直接传达名称、内容,补充说明图形标志内涵,因而有增加品牌诉求力的作用。

加强企业视觉统一性的标准字与普通铅字的最大差别表现在两个方面:一是造型外观不同;二是文字配置关系不同。标准字是通过字间的幅宽、笔画的配置及线条的结构、粗细等多方面造型要求的设计,来丰富文字的表现力。现在,国外用普通铅字简单地排出企业名称或商品名称的标准字几乎没有了,很多国外名牌企业在进入我国市场时,也都将其品牌译成汉字,并用独特的字形予以表现。如 Coca-Cola 公司就从四千多个中文译名中煞费苦心地选择"可口可乐",并选用特定的字形加以表现,给中国消费者以独特的视觉识别。

在设计实践中人们发现:"由细线构成的字体"易让人联想到纤维制品、香水、化妆品类;"圆滑的字体"易让人联想到香皂、糕饼、糖果;"角形字体"易让人联想到机械类、工业用品类。

英文字母的变形有着各种意味,而中文汉字的书法源远流长,各种字体的形式意味就更丰富了,如隶书的厚实严肃、草书的飘逸灵秀。各种"书"又分"体",各"体"又有各种风格,如楷书中的颜体庄重博大、柳体空灵洒脱等。即使不是书法,字体设计上也同样可以加以变化,将字体的比例、形状、弯曲等都处理得精致美观,如雪碧的"碧"字中的一点,是柠檬形象的高度抽象;芬达的"达"字中的一点,是苹果叶子的高度象征,非常传神。

(四)标准色设计

标准色是企业指定某一特定的色彩或一组色彩系统,运用在所有的视觉传达设计的媒体上,通过色彩具有的视觉刺激与心理反应,表现企业的经营理念或产品的内容特质。它是企业经过特别设计选定的代表企业形象的特殊颜色,一般为 1~2 种,广泛地应用于标志识别、广告、包装、制服、建筑装饰、展品陈列、旗帜、事务用品等应用项目设计上,是企业视觉识别重要的设计要素。

心理学家经调查发现,各种颜色对人的感觉、注意力、思维都会产生不同的影响,五彩缤纷的色彩也就为组织视觉形象的识别提供了基础,成为组织塑造个性形象的有效手段之一。CI 中的 VI 部分色彩的选择,也便成为企业形象竞争的重要武器。如较早引进 CI 的广东太阳神集团公司,其标准色选定为红色和黑色,两者强烈的对比能产生极大的视觉冲击力,给人留下深刻的印象,很快打开了市场,树立起名牌形象。

因此,企业的色彩不仅影响着视觉识别和传播,而且影响着社会心理认同,最直接的表现就是在市场营销上,色彩也成为企业的一种市场竞争战略,因为它直接作用于消费者的感觉。

第四节 CIS 的导入

CIS 战略的实施是一个长期的过程,需按照科学的规划和预期的时间循序渐进地进行,以便达到预期的成果。因此制定一个符合企业目的和方针的理想程序是很重要的。一般而言,CIS 战略的程序通常以 CIS 导入计划的形式表现,导入计划会因企业的特点和问题的特性而有所不同,但基本程序是大体相同的,可分为"准备""企划""实施"三个阶段。准备阶段,包括成立 CIS 委员会、CIS 工作小组,对企业现状开展调查分析工作;企划阶段,包括确立企业 CIS 战略的目标、CIS 的具体项目内容、CIS 设计、CIS 手册、CIS 实施规划;实施阶段,主要是企业 CIS 计划的发布、项目实施、信息反馈等。

一、导入 CIS 的准备

企业一旦确定要导入 CIS 计划,首先要明确导入的目的和意图,必须明白 CIS 战略是怎么一回事,切不可盲目行事或效仿他人。企业可以聘请有关专家来企业讲解和介绍 CIS 的基本理论和实施方法，务必使企业的领导和管理人员对 CIS 战略有比较正确的认识，做好 CIS 导入前的准备工作，如选择合适的策划公司，成立专门的 CIS 委员会和工作小组。

（一）选择合适的策划公司

企业的 CIS 策划是一项系统过程，只有一个具有全面策划、实施、管理水平的公司才能胜任。衡量一个 CIS 策划公司的水准，可参考以下条件：一是实力，包括人员的组成结构和水平；二是经济基础和媒体关系；三是策划的经验和成果。在这三个条件中，策划人员的水准和经验是最重要的因素，而水平的高低只有通过比较和鉴别才能确定，可以对收集来的几家策划公司的资料进行分析比较，也可以通过几家策划公司竞标的方式进行选择，还可以采取聘请 CIS 顾问的方式，由 CIS 顾问协调几家各有所长的策划公司共同承担。

（二）成立专门的 CIS 委员会

CIS 委员会是整个 CIS 战略实施的司令部。CIS 委员会应由企业的主要负责人和企业各部门的主管或代表组成。在整个计划的推进过程，CIS 委员会的主要任务有以下几项。

（1）确认 CIS 的计划和实施方针；

（2）确认企业形象调查的内容和形式；

（3）组织对企业内部员工的教育活动，协调各部门的关系；

（4）按照调查的结果构筑 CIS 的基本概念和计划；

（5）按领导批准的 CIS 计划，制订导入的具体项目、要求、程序、时间表；

（6）审议 CIS 策划、设计表现及经费预算等内容，报上级批准；

（7）调解 CIS 导入过程中出现的问题；

（8）负责对内、对外发表 CIS 的导入情况；

（9）总结 CIS 的实施成果，并对以后的工作提出意见。

（三）成立 CIS 工作小组

CIS 工作小组是在 CIS 委员会领导下成立的专门工作机构，可根据项目设立 CIS 工作小组，具体负责各个项目的实施工作。CIS 工作小组协助企业形象调查机构对企业进行全面的、深入的、客观的调查。调查工作是整个 CIS 战略成败的关键，企业只有认真配合才能保证调查的质量。CIS 工作小组需要经过和调查机构的协商，确认调查的内容、调查的方法、调查的具体形式、调查时间和地点的安排、调查质量衡量的标准以及调查成果的形式等。

二、CIS 的企划

CIS 的企划实际上是从企业形象调查开始，通过定性的和定量的、总体的和项目的调查，基本掌握企业的全部情况。可以按照事先确定的标准对调查的结果进行综合的评价，如对企业认知度及基本形象的评价；对企业形象的特征及问题的评价；对企业商品力和销售力的评价；对企业内部传播情况的评价；对企业现有识别项目的评价，并在此基础上确立 CIS 的目标和方向，提出新的企业形象的概念，并以转化为设计的概念作为设计项目开发的依据。

建立企业新的理念系统，是企划的重点之一。企业理念需从企业员工或主管中，能够代表企业全体的价值观念、文化因素、历史传统、经营风格等多种因素的融合中产生，并以简明概括的语言表达出来。要广泛征求企业员工的意见，反复讨论、认真酝酿。要充分表达企业理念的思想性、独特性、指导性和传播性特点，并通过具体的形象概念体现出来。此策划阶段的特点是，在企业内部从思想上进行自我反省、检讨，对照企业的新规划、新目标提出新的设想，进而提炼出企业形象的新概念，发展成完整的理念系统（企业宗旨、企业精神、经营方针、行为规范等）。

企业视觉识别系统开发的第一步，是对基本形象概念进行推敲和归纳，使之转变成可供设计参考的设计概念，也就是将企业未来抽象的形象概念转变成具象的、可视的形象。通常的设计开发程序有以下几个步骤。

（1）让设计者了解 CIS 设计开发的目标、宗旨、重点，掌握企业现在的信息和未来形象的要求，最好提供较具体调查资料的分析结果，或请设计者到企业的生产、经营场所实地考察、参观。

（2）根据企业未来的形象概念，拟订设计的概念。再从不同的方向、不同的角度设计出多个企业标志和标准字草图。

（3）在多个方案中选择具有代表性的草图，按未来不同的应用项目制作成各种应用效果预想图。

（4）组织企业的主要关系者和内行的设计人员对设计草案进行测试和挑选，同时也向企业内部的员工进行调查、征求意见，从中选定初步的方案。

（5）对选定的方案进行精致化作业，规定其放大缩小的修正方法，同时进行其他视觉要素的设计工作。

（6）对设计的基本视觉要素及其组合进行视觉修正，并对 CIS 手册进行编辑，此阶段最好由各个专门工作小组协同进行，以保证手册的完整性和系统性。

（7）按照整体的应用开发计划，设计出视觉识别应用项目，并详细规定具体应用项目的注意事项。

（8）对设计应用项目进行测试和打样，对可能出现的问题及时做出修正，以免在将来的实际施工中造成预想不到的后果。

（9）将应用设计系统或具体应用项目的雏形和规定编制成册，有助于将来的设计管理工作。

三、CIS 的发布

企业的 CIS 计划确认之后，就要考虑在何时正式向外发布、如何向外发布。企业可选择以下时机进行发布。

（1）新公司成立时或合并成企业集团时。当新公司成立时，随即实施全面的 CIS 战略，以系列性、独特性的统一信息传达至企业的相关对象，以塑造良好的企业形象。合并成企业集团的企业，在内部机制、视觉结构和经营格局上均发生了变化，此为企业的新起点，通过 CIS 计划的统一传达，使消费大众对企业的新形象产生认同。

（2）企业创业周年纪念时。创业周年纪念是对企业成长的肯定，此时进行 CIS 计划的发布，会增强社会公众对企业的信心，增进员工的向心力和自信心。

(3) 扩大经营范围、改变经营体制时。随着社会的发展,企业需扩大或调整其经营内容,改变其经营方式。因此,企业的视觉系统与企业的实际情况会发生不符。工商管理部门批准企业改变经营范围时,正是企业 CIS 计划发布的好时机。

(4) 企业向国际市场开拓,经营国际化时。在企业即将进入国际市场时,原有的视觉系统已不适应,必须创造国际化的形象,此为 CIS 计划发布的好时机。

(5) 新产品开发成功,并准备推向市场时。为配合企业的新产品上市,企业必定要进行大量的广告宣传,以迅速扩大产品的市场知名度。企业在做产品宣传的同时,向社会发布新的 CIS 计划,不仅能以较经济的传播取得较好的社会效应,而且会因新产品代表着企业经营的不断创新的具体成果,能在消费者心目中较容易地建立良好的新形象。

总之,企业选择 CIS 计划发布的时机,要从企业的实际情况出发,认真分析、早做安排,切不可匆忙行事、盲目推进。

章后案例

星巴克:企业形象策划史上最赚钱的咖啡

星巴克(Starbucks)咖啡公司成立于 1981 年,是世界领先的特种咖啡的零售商、烘焙者和星巴克品牌拥有者。旗下零售产品包括 30 多款全球顶级的咖啡豆、手工制作的浓缩咖啡和多款咖啡冷热饮料、新鲜美味的各式糕点食品以及丰富多样的咖啡机、咖啡杯等商品。

长期以来,公司一直致力于向顾客提供最优质的咖啡和服务,营造独特的"星巴克体验",让全球各地的星巴克店成为人们除了工作场所和生活居所之外温馨舒适的"第三生活空间"。鉴于星巴克独特的企业文化和理念,公司连续多年被美国《财富》杂志评为"最受尊敬的企业"。从一杯杯咖啡开始,星巴克已经改变了世界各地人们喝咖啡的习惯。更了不起的是,它让一种沿街叫卖的商品变成了高档产品。它开创了一种星巴克式的生活方式,这种生活方式在美国内外都正被越来越多的人接受。星巴克已从昔日西雅图的一条小小的"美人鱼"进化到今天遍布全球 40 多个国家和地区,连锁店达到近一万家的"绿巨人"。

一、星巴克理念识别系统

目标市场的定位:不是普通的大众,而是一群注重享受、休闲,崇尚知识,尊重人本位的富有小资情调的城市白领。

星巴克六大使命宣言:

(1) 提供完善的工作环境,并创造相互尊重和相互信任的工作氛围。
(2) 秉持多元化是我们企业经营的重要原则。
(3) 采用最高标准进行采购、烘焙,并提供最新鲜的咖啡。
(4) 高度热忱满足顾客的需求。
(5) 积极贡献社区和环境。
(6) 认识到盈利是我们未来成功的基础。

星巴克人认为:他们的产品不单是咖啡,咖啡只是一种载体。而正是通过咖啡这种载体，星巴克把一种独特的格调传送给顾客。咖啡的消费很大程度上是一种感性的文化层次上的消费，文化的沟通需要的就是咖啡店所营造的环境文化能够感染顾客，并形成良好的互动体验。

经营理念：星巴克公司以心对待员工，员工以心对待客人，客人在星巴克享受的不仅是咖啡，而是一种全情参与活动的文化体验。一杯价值3美分的咖啡为什么在星巴克会卖到3美元？星巴克为什么既能为顾客带来期望的价值，又能让企业获得更可观的利润？一个重要的原因就是，星巴克始终坚持"尊重员工，从顾客出发，与员工及客户多赢"的经营理念。

星巴克的诉求：顾客体验是星巴克品牌资产的核心诉求。就像麦当劳一直倡导销售欢乐一样，星巴克把典型美式文化逐步分解成可以体验的元素：视觉的温馨，听觉的随心所欲，嗅觉的咖啡香味等。

星巴克的价值观："星巴克出售的不是咖啡，而是人们对咖啡的体验。"这是星巴克的价值主张。星巴克创造出的"咖啡之道"使每个光临的顾客都有独特的体验。通过咖啡这种载体，星巴克把美国文化中比较细致、中产阶级的一面和特殊的格调传送给顾客，展示了美国生活中轻松友好的一面。

经营定位：

(1) 第三生活空间。在美国，人们每天例行的人际交谊活动逐渐丧失。星巴克探察出这种趋势，在忙乱、寂寞的都市生活中把咖啡店装点成生活的"绿洲"，让附近民众有休憩的小天地、静思的环境和交际的场所，为人们塑造了一个除了家和上班之外的"第三生活空间"。

(2) 小资体验。许多顾客认为花费5到10分钟的时间到星巴克品尝异国情调的咖啡，体验雅皮的感觉，为乏味的日子增添了浪漫情趣。在这里，他们要的不是喝一杯咖啡，而是享受喝咖啡的时刻。

(3) 始终坚持品质。保证品质，星巴克坚守四大原则：①拒绝加盟，星巴克不相信加盟业主会做好品质管理。②拒绝贩售人工调味咖啡豆，星巴克不屑以化学香精来污染顶级咖啡豆。③拒绝进军超市，星巴克不忍将新鲜咖啡豆倒进超市塑胶容器内任其变质走味。④选购最高级咖啡豆，做最完美烘焙的目标永远不变。

(4) 始终保持风格。星巴克的过人之处在于既创造了统一的外观，同时又加入变化，利用风格体现美感，创造了视觉冲击。星巴克结合不同的地点使每家店都有自己与众不同的特色。但是丰富多彩的视觉享受、浓郁咖啡香味的嗅觉享受、美妙音乐的听觉享受是不变的经典。

二、星巴克视觉识别系统

星巴克的标志如图6-7所示。星巴克的这个标志很有神秘色彩，是根据一幅16世纪斯堪的纳维亚的双尾美人鱼木雕（版画）图案设计出来的。

标志上的美人鱼像也传达了原始与现代的双重含义：她的脸很朴实，却用了现代抽象形式的包装，中间是黑白的，只在外面用一圈彩色包围。

设计风格严谨，有大家风范。对称的造型和对色彩的严格把握，使标志延伸出一个横跨欧亚，覆盖全球的王者形象。

Oldest　　　　　　　　Older　　　　　　　　New

图 6-7　星巴克商标

秩序化手法很成熟地应用到设计中来，有秩序、有节奏、有规律、有韵律地构成图形，给人以规整感。没有抢眼的色彩，却有着丰富的造型，深刻而又含蓄。

三、星巴克行为识别系统

星巴克员工教育：星巴克的每一位工作伙伴在每天营运的过程中，就是不断地实践"one cup at time"。这种一次务实地做一个选择的积极态度，正是展现"个人责任"改变世界的方法。星巴克伙伴通过每一次和客人在店里相遇的机会与瞬间，创造独一无二的服务与体验价值，"承诺用自己的智力、心力和劳力，热情地解决问题，而且绝不再争功诿过。"

星巴克人力资源管理：

（1）文化与理念：星巴克总是把员工放在首位，坚持"员工第一"的理念和价值观。

（2）员工招聘方面：星巴克在选员工时，重视人的本质。

（3）员工培训：核心训练是培训员工具备为顾客服务的理论和技巧。

（4）薪酬福利制度：薪资锁定在业界前 25%。

（5）员工激励制度：创新激励、报酬激励、鼓励授权。

企业广告行为策划：

（1）环境宣传：星巴克以咖啡制作的四大阶段衍生出以绿色系为主的"栽种"；以深红和暗褐系为主的"烘焙"；以蓝色为水、褐色为咖啡的"滤泡"；以浅黄、白和绿色系诠释咖啡的"香气"。

（2）感官宣传：嗅觉、视觉、听觉、触觉和味觉共同塑造了星巴克咖啡馆浪漫的情调。

（3）包装宣传：星巴克的美学不仅是借鉴，还融合了自己的风格。不同的标记在基本统一的风格下又显示出其多样性和变化性。

企业新业务拓展行为策划：星巴克正在着手拓展中国的二线市场，同时试图整合其店铺的所有权，以取代原来的合伙模式。

企业市场危机拓展行为策划：星巴克一系列广泛的变化，从速溶咖啡到撤掉了饮料价格的新菜单板，表明了其如何调整高端定位以适应经济衰退的。公司期待管理层拟出一个应对经济衰退的计划，其中包括努力使星巴克产品看起来更物美价廉一些，并通过削减 5 亿美元的成本来增强投资者们的信心。与此同时，它打算开设一系列装修更为高雅的店铺，其首家这样的店铺正在开设当中，主打传统咖啡饮料。

（资料来源：https：//wenku.baidu.com/view/454e863ede80d4d8d15a4f5f.html）

案例分析题：

结合本案例，讨论星巴克CIS系统给你留下深刻印象的细节。

思考题

1. 什么是名牌？对于现代企业而言实施名牌战略有什么必要性？
2. 试描述CIS的构成，并说明各个构成要素的内涵及它们之间的关系。
3. 为什么说MI是CIS的最高决策层，是CIS战略的策略面，可以比作企业的"心"？
4. 简述CIS导入程序的不同阶段。
5. 企业发布CIS计划的最佳时机有哪些？

第七章

危机公共关系

★ 学习目标

知识目标：理解危机公共关系的含义；掌握危机事件的特点、类型；掌握危机管理组织架构和管理者的职责；掌握危机预案的拟定程序以及危机发展阶段；理解危机事件修复的意义。

技能目标：能够分析危机事件的原因、类型；能够制订危机预案；能够进行危机处置和修复；能够进行危机事件评价与总结。

素养目标：提升心理控制能力、客观判断能力；培养团队合作精神；培养面对突发危机事件的心理综合素质。

★ 建议课时

8课时。

★ 案例导入

汶川大地震之政府危机公共关系

2008年5月12日，汶川大地震给这一天贴上了永恒的标签。据统计，截至5月20日12时，地震已造成34 074人遇难，245 963人受伤，累计失踪32 361人。为表达全国各族人民对汶川大地震遇难同胞的深切哀悼，国务院决定，2008年5月19日至21日为全国哀悼日。在这次强烈地震后，中国政府危机公共关系发挥了极其重要的作用，有力地推动了抗震救灾工作。

一、强烈地震引发的危机公共关系

2008年5月12日14时28分，突如其来的强烈地震中断了人们的正常生活。以汶川为中心，方圆几个县区，地动山摇，房屋倒塌，顷刻间成为人间地狱。地震发生18分钟后的

14时46分，新华网发布地震消息。15点55分，新华社播发了胡锦涛作出的重要指示，要求尽快抢救伤员，保证灾区人民生命安全。请注意，这个时间点不是我们平常用的整点时间。16点40分许，温家宝乘专机从北京起飞奔赴灾区。温家宝在飞机上发表讲话说，灾害面前，最重要的是镇定、信心、勇气和强有力的指挥。大地震发生后，有关资讯通过电视、广播、电话、互联网等媒体源源不断地传向每一个角落。在CCTV滚动传播的资讯中，每个公众从一开始就置身于这场由党和政府主导的轰轰烈烈的政府危机公共关系之中了。

突如其来的强烈地震把党中央国务院、灾区人民以及国内外公众紧密地联系起来了，灾情牵动着全国人民乃至全世界人民的心。紧急动员抢救人民群众的生命成了政府压倒一切的根本任务，同时还要协调国内各级政府、各个省市、各个方面的抗震救灾行动，要协调前线救灾和后方支援的关系，以及与外国政府、社会公众之间的关系，在及时真实、全面传播灾情和施救进程的同时，还要消除误导公众的谣言，突然间艰巨而又紧迫的危机公共关系摆在了中国政府面前，公共关系任务之艰巨、紧迫、复杂前所未有。从地震发生到信息发布，再到启动应急预案、抢险救灾，这些工作都在地震后两小时以内启动。政府危机公共关系在地震后迅速开启了大幕。

二、危机公共关系促进全面救灾

汶川强烈地震后，灾区通信全部瘫痪，与外界失去了联系，社会公众对整体地震情况不清楚，人们心头的恐惧挥之不去。由于群众处于集体无意识状态，情绪处于波动之中，很容易引发疾病流行、社会动乱和一些过激行为，从而导致社会危机。因此，抗震救灾中的危机公共关系十分重要。在地震后一个多星期的时间里，中国政府反应灵敏，态度诚恳、行动迅速、措施得力，公共关系效果良好。这次政府危机公共关系有以下几个方面的亮点。

第一，党和国家强有力的行动坚定了人民抗震救灾的信心。

地震发生后，胡锦涛总书记马上作出重要指示，要求尽快抢救伤员，保证灾区人民生命安全；温家宝总理立即赶赴灾区指挥救灾工作；解放军总参谋部的应急预案立即启动。中央几次召开政治局常委会议全面部署救灾工作，并成立了由温家宝任总指挥，李克强、回良玉任副总指挥的抗震救灾总指挥部。温家宝总理强调首要工作是抓紧时间救人，多争取一分一秒的时间就可能多抢救出一个被困者。温家宝总理着急、忙碌、亲切的形象，极大地稳定了民众情绪，起到了动员各方的巨大作用。从网上大量的留言中可以看到人民群众对总理的敬仰之情。

胡锦涛总书记先是在北京密切关注抗震救灾进程，在最关键的时候，不顾余震危险亲临地震现场，看望灾民，指挥抗震救灾。总书记、总理和干部群众在一起，这种水乳交融、生死与共的情景极大地鼓舞了全国人民，形成了良好的互动关系，各级各地政府、民众，以前所未有的激情不惜一切代价投入这场战役。

第二，社会各界精诚团结、众志成城，为抗震救灾提供了坚强后盾。

在这次抗震救灾的过程中，各个部门行动也十分迅速到位。地震发生后30小时，社会各界准备基本就绪。中国外交、公安特警、国家安监、质检、环保、交通运输等部门都进入紧急状态。中国移动、中国电信、中国网通和中国联通组织精兵强将抢修通信设备，架起灾区和全国联系的渠道。很多企业和个人多次捐款、捐物。向灾区调运的物资、救援分队、志愿者日夜兼程奔赴前线，各地的大学生自发献血。截至5月18日晚，"2008宣传文化系统抗震救灾大型募捐活动"共募集各界捐款15.1429亿元人民币。网民向灾区表示慰问和祝福，整体呈现出团结一致抗震救灾的社会氛围。

第三，大众媒介在信息传播和凝聚人心方面发挥了重要作用。

抗震救灾中，大众传播媒介共同发挥作用，及时沟通社会各界，很好地实现了关系互动。5月12日14时46分，新华网就发布消息：四川汶川发生7.8级强烈地震。国内各主要门户网站的头条都有这些消息，让全国人民对异常情况有了及时和全面的了解。之后，各家媒体在灾情发生后几乎不停顿地发布最新伤亡数字和救灾消息，介绍防灾知识。中央电视台也以全天直播的形式报道灾情、传达高层指挥救灾的举措。政府行动了，并且让每项行动为公众所知，从而带动了社会舆论。危机之中，任何一件事情都有可能被放大、被误读误导，而在这次政府危机公共关系中，信息传播不仅及时、全面、真实、透明，而且十分准确到位，保证了抗震救灾正确的舆论导向。

第四，及时制止谣言传播为抗震救灾提供了良好的舆论环境。

在突发灾难面前，民众出于一种求生与关爱亲友和财产安全的本能，往往听信各种谣言。汶川地震发生后，有称北京当晚将发生余震，一时间闹得人心惶惶。但是，仅在汶川地震后2小时，国家地震局就公布，北京当晚发生余震传言不实，北京地区近期都不会发生破坏性地震。这是一种前所未有的回应速度。5月13日，重庆、上海、湖北、广西、陕西、浙江、河北、北京等地也出现关于地震的流言，各地政府在第一时间阻断错误信息，辟谣的效率非常高。这次地震发生后，大众传播媒介多渠道、全方位持续发布地震情况，给公众吃了消除恐慌的"定心丸"。政府积极发布灾情和救灾信息的做法取得了成效，使这场波及大半个中国的地震没有造成社会恐慌和动乱。

第五，中国的抗震救灾赢得了国际社会的同情和大力支持。

由于政府公共关系及时、到位、出色，美联社、法新社、美国CNN、英国广播公司（BBC）等多家重量级西方权威媒体也通过中国媒体开放、真实、准确、权威的信息渠道了解了中国汶川震情，对中国抗震给予了大幅报道，对中国应对地震的速度和救援给予了肯定。同时，国际社会纷纷向中国地震灾区捐款捐物，或亲自参加救援，支持中国政府和人民的抗震救灾。

三、危机公共关系取得了巨大成效

汶川大地震让人们看到了党和政府危机公共关系处理的速度和能力。有评论说，中国政府震后的应对简直迅速全面到了如同早有准备的地步。中国政府面对地震危机，打了一场漂亮的公共关系仗。在这次抗震救灾的大行动中，党的宗旨体现得更加鲜明，危难之中，在人们群众心里树立了党和政府的良好形象。中华民族经受了一场灾难考验，促进了社会各界大团结，推动了抗震救灾工作顺利进行，让国际社会看到了我们的进步，赢得了国内外公众的心。在这种特殊的形势下，全国上下各行各业，地不分南北，人不分老幼，真正达到了理解心与心，连通人与人，精诚团结，众志成城，共赴国难的境界。这就是中国政府危机公共关系的巨大成效。

（资料来源：中国公共关系天地网及《公共关系世界》期刊）

案例分析：

汶川大地震，让我们看到了中国政府在灾难（重大公共危机）面前的应对能力。回首

2003年，当"非典型肺炎（SARS）"疫情发生时，由于政府没有考虑到新闻媒体的传播力量而对某些信息遮遮掩掩，出现了被动局面。从此次汶川大地震发生后政府和媒体第一时间发布有关消息来看，这无疑是一次严峻的考验。地震发生后，中国政府始终以高效率的公共关系手段应对危机，向全世界展现出了一个有勇气、敢负责的现代政府形象。站在公共关系学的角度看，这是和我国日臻完善并趋于成熟的危机公共关系程序设置息息相关的。一般情况下，危机公共关系涉及危机公共关系组织、危机公共关系预案、危机事件处置和修复等。

在国外，公共关系危机管理已经发展得较为成熟，不仅成为公共关系实务的重要组成部分，而且逐渐成为一种管理工具和管理艺术。而在中国，危机管理尚处于发展阶段。随着中国企业界对公共关系，特别是对危机管理重视程度的提高，越来越多专业的国际和本土公共关系公司如雨后春笋般在中国大地亮相。同时，鉴于公共关系危机对社会的危害性，以及社会组织及公众危机意识的增强，危机公共关系管理也越来越受到管理课程的追捧和研究。危机管理不仅成为公共关系公司的重要服务内容，而且许多较为规范或者正逐渐规范化发展的企业，也设立了公共关系部或者公共关系职能岗位，甚至社会公共服务部门、各高等院校等也设立了专注于危机公共关系服务课题研究的部门和机构。

第一节　危机公共关系概述

一、危机公共关系的定义

（一）危机

罗森塔尔·皮内伯格认为，危机是具有严重威胁、不确定性和有危机感的情景。巴顿认为，危机是一个会引起潜在负面影响的、具有不确定性的大事件，可能对组织及其员工、产品、服务、资产和声誉造成巨大损害。格林认为，危机是指事态已发展到无法控制的程度。

在现代汉语中，危机一词有两种意思：一是指潜伏的祸根，如危机四伏；二是指严重困难或生死成败的紧要关头，如经济危机、金融危机、政府危机等。

《哈佛商业评论》对危机的定义是："危机是这样一种紧急状态，必须采取必要的、重大的、非同寻常的干预手段来阻止或修复将造成的巨大损害。"

（二）公共关系危机

公共关系危机，从一般意义上讲，是指由于组织内部或外部的种种因素，严重损害了组织的声誉和形象，使组织陷入了强大的社会舆论压力之下，并处于危机之中的一种公共关系状态。这种状态如果不能迅速改变，就会影响组织的生存。公共关系危机种类很多，如厂区火灾、食物中毒、机器伤人等引发的重大伤亡事故；地震、火灾、风灾、雷电及其他自然灾害造成的重大损失；由于产品质量和社会组织的政策和行为引起的信誉危机等。对这些危机事件处理不当，会产生严重的后果。

（三）危机公共关系

危机公共关系是指在公共关系理论和原则指导下，公共关系人员运用公共关系的策略、技巧和措施，主动改变因突发事件而造成危机局面的过程。如果说公共关系危机是一种状态，那么危机公共关系强调的则是一种行为过程。

危机公共关系也指发生危机时的公共关系管理活动，即用公共关系手段减少危机给组织与公众带来的影响，进而寻求公众对组织的谅解，以重新树立和维持组织形象。

二、公共关系危机事件的特点

危机＝危＋机。"危"意味着危险；"机"意味着机会，不要放弃任何一次努力。

（一）危机之"危"

1. 突发性

危机大多是带有明显的突发性特点的事件。危机在发生之前，虽然可以估计到其发生的可能性，但一般又无法确定其一定会发生，更无法确定其发生的具体时间和规模。正是因为它的突发性和难以预测性等特点，使得其一出现就会让人们感到意外、恐惧和恐慌，会给组织带来一定程度的混乱。组织要想处理好此类事件，就必须具有很强的灵活性和应变能力。

★案例

2008年，央视在"3·15"晚会上突然曝光××无线是国内最大的垃圾短信制造者。"3·15"晚会用了将近半个小时曝光了垃圾短信制造内幕，同时对××传媒旗下××无线进行了重点曝光和暗访，揭开了垃圾短信制造的流程和内幕。由此国内大众对××无线的谴责声此起彼伏。3月16日，央视《新闻联播》针对此事做了一个后续报道，××传媒的一位副总裁矢口否认此事。3月17日，××股份大幅下跌26.59%。这次××无线形象受到了重创，将××无线苦心经营的高科技形象一下子打下云端。

2. 危害性

危机一般对组织形象、组织生存的环境和发展前景都会产生负面影响，甚至造成破坏性影响，包括生命财产损失、持续混乱和人心恐慌。危机不仅会影响组织的正常运行，而且会对组织的良好形象产生致命的打击，甚至可把一个组织置于危险的状态之中。处理此类事件，往往需要调动组织的各种力量，综合运用各种手段，全力以赴进行处理。

★案例

2006年8月开始，某品牌电池由于易发生着火问题，在全球范围内刮起一股"电池召回风"，共计召回1 000万个电池，这一"电池门"事件对中国笔记本电脑用户影响很大。2006年10月，高某曾透露，未来某品牌中国公司的业务负责人可能由中国人担任。在日本企业中，很少有中国人能够进入日企高层。高某发此言论的背景正是某品牌遭遇"电池门"事件之时，分析人士指出，2006年10月该品牌全球总裁访华以及高某发表的本土化言论，无疑是希望将"电池门"事件在中国的影响降至最低。但是让某品牌始料不及的是，2006

年11月,某品牌在中国又遭遇了质量问题,被迫召回产品。一系列的丑闻不但让品牌大受影响,第三季度财报亦遭遇"滑铁卢":该品牌公司(2006年10月26日)公布的财务报告显示,2006财年上半年(4月至9月),该公司营业利润同比猛跌90.9%,为62.2亿日元,"电池门"事件让该品牌直接损失约4.29亿美元。

3. 聚焦性

危机是一种极易引起舆论、媒体、公众高度关注和社会聚焦的事件。危机的信息传播往往比危机本身发展更快,伴随事件发生而来的强大社会舆论压力,常常会成为危机事件处理中最棘手的公共关系问题。

4. 复杂性

危机有显著的复杂性。无论是处理危机、控制危机,还是协调与危机有关的方方面面,都非常复杂,一旦发生危机,往往涉及比平时更多的人力,需要投入大量的金钱和物资。通常,如果一个企业发生灾难事故,又造成人员伤亡,其涉及的单位、部门从十多个到几十个不等,范围会非常广泛。

(二)危机之"机"

危机对组织的危险与威胁不言而喻,但危机并不等于组织的彻底失败。危机之中往往孕育着转机,甚至蕴含许多难得的机会。危机应对及时,处置有效,修复完好,对组织是一次锻炼,对组织领导人、公共关系人员和合作伙伴是一次考验,对全体员工也是一种历练。经历了转危为安,组织会更成熟。

★案 例

危机中早产的"淘宝"

2003年3月末,马云把10名员工叫到办公室,给他们部署了一个"秘密任务",随后这10人便悄悄"潜入"杭州湖畔花园风荷院马云创业的地点。他们的"秘密任务"就是开发淘宝网。

三四月间,一场"非典"突如其来地席卷半个中国。从南到北患者与日俱增,学校放假,接触者被隔离,世界卫生组织宣布对北京发出旅行警告。

5月5日,阿里巴巴一位员工因参加广交会被确诊为"疑似患者",整个杭州如临大敌,实施了大规模隔离的紧急措施。400多名阿里员工和近千名家属开始了为期一周的隔离生活,包括被赋予"秘密任务"的这10个人。员工们临"危"不惧,将工作电话转移到家中,通过电话、邮件进行沟通和工作,以致家里的老人都养成了习惯,拿起电话第一句话就是:"您好,阿里巴巴。"

5月10日,淘宝网提前上线,但员工们因"非典"被隔离,没有鲜花,没有闪光灯,只在全市十余处民宅中同时隔空举杯相庆。这一天后来被定义为"阿里日",旨在回顾"非典"的磨难,感恩员工家属共度时艰。

6月起疫情趋缓。6月12日,马云在"后非典时期中国电子商务走势"对话上说:"不是所有企业都会因为'非典'而成为倒霉蛋。"

6月24日,世界卫生组织宣布撤销对北京的旅行警告,并将北京从疫区名单中删除。

2003年年底,危机中的淘宝网全年成交额达到3 400万元。

(资料来源:蔡国栋,周立群,滕威振.互联网时代的公共关系[M].北京:红旗出版社,2016.)

三、公共关系危机的类型

准确认识和判断公共关系危机的类型,是成功进行公共关系危机处理的一个重要前提。按照不同角度划分,公共关系危机存在以下几种类型。

(一)按照危机影响程度划分

按照危机影响程度划分,公共关系危机可分为一般公共关系危机和重大公共关系危机。

1. 一般公共关系危机

一般公共关系危机主要是指常见的公共关系纠纷。对一个组织来说,常见的公共关系纠纷主要有内部关系纠纷(如部门之间不配合、领导与下属不协调)、消费者关系纠纷(如消费者投诉)、同业关系纠纷(如奇虎360与腾讯的"3Q大战")、政府关系纠纷(如偷税漏税、环境污染)、社区关系纠纷等。从某种意义上来说,公共关系纠纷还算不上真正的危机,它只是公共关系危机的一种信号、暗示和征兆。只要及时处理,做好工作,公共关系纠纷就不会向公共关系危机发展。

2. 重大公共关系危机

重大公共关系危机主要是指组织的重大事故,如企业的工商事故、重大生产失误、火灾等造成的严重损失,以及突发性的商业危机、重大劳资纠纷等。它是公共关系从业人员面临的必须及时处理的真正危机。对于产品或企业的信誉危机(如三聚氰胺毒奶粉事件)、股票交易中的突发性大规模收购等,公共关系人员必须马上应付处理,最好平时就有所准备。

(二)按照危机关系对象划分

按照危机关系对象划分,公共关系危机可分为内部公共关系危机和外部公共关系危机。

1. 内部公共关系危机

发生在组织内部的公共关系危机称为内部公共关系危机,如内部关系纠纷,组织成员之间、组织成员与领导之间出现不信任等引起的公共关系危机(如领导对下属批评不当或在评优、评先、晋升、加薪时出现了因不公平而引起的群众不满,或者由于本组织成员工作不尽职导致出现失误等)。内部公共关系危机波及范围不太广,主要影响本组织的利益,责任的归咎对象是本组织的一部分人,因而相对容易处理。内部公共关系危机的主体在现代企业中主要以领导和职工为重点。

2. 外部公共关系危机

外部公共关系危机是与内部公共关系危机相对而言的。它是指发生在组织外部,影响多数公众利益的一种公共关系危机,例如,组织与公众之间、本组织与其他组织之间或者组织与政府部门之间发生的各类纠纷而引发的公共关系的无法协调,还包括由公众的误解而引起的一些公共关系危机事件。外部公共关系危机波及范围广,受害者大多为具体的社会公众,不可控因素较多,较难处理,需要有关各方密切配合,共同行动。

(三)按照危机给组织带来损害的表现形态划分

按照危机给组织带来损害的表现形态划分,公共关系危机可分为有形公共关系危机和无形公共关系危机。

1. 有形公共关系危机

有形公共关系危机给组织带来直接而明显的损失，凭肉眼即可观测到这些损失，如房屋倒塌、爆炸、商品流转中的交通事故等造成的人员伤亡或财产损失。有形公共关系危机的产生与造成的损失大多是同步的。危机造成的损失明显，易于评估。危机造成的损失难以挽回，只能采用其他补救措施。有形公共关系危机的发生常常伴随着无形公共关系危机的出现。

2. 无形公共关系危机

无形公共关系危机是指给组织带来的损失表现得不明显的公共关系危机。给任何一个组织形象带来损害的危机，都属于无形公共关系危机。如果不采取紧急有效措施阻止，已受损害的组织形象将蒙受更大的损失。无形公共关系危机始发阶段，损失不明显，很容易被忽略，但危机发生后，若任其发展，损失将越来越大。这种危机造成的损失是慢性的，可采取相应的补救措施。要想处理好这类危机就要与新闻媒体多打交道，且必须注意方式与方法。

（四）按照危机产生的主客观原因划分

按照危机产生的主客观原因划分，公共关系危机可分为人为公共关系危机和非人为公共关系危机。

1. 人为公共关系危机

人为公共关系危机是指由人的某种行为引起的公共关系危机，如组织负责人的不当言论、企业产品的以次充好、组织的安全保卫工作不力、财产管理不善、有人故意搞破坏等造成的危机。人为公共关系危机具有可预见性和可控性，也就是说，如果平时采取相应有效的措施，有些危机造成的损失是可以避免或减轻的，在一定程度上也是可以控制的。

2. 非人为公共关系危机

非人为公共关系危机主要是指不是由人的行为直接造成的某种危机。引发非人为公共关系危机的事件有地震、洪涝灾害、风灾、雪灾等自然灾害以及罢工、经济萧条、战争等社会事件。非人为公共关系危机大部分无法预见，具有不可控性。这种危机容易得到社会各界和内部公众的同情、理解与支持。

四、公共关系危机成因

（一）组织内部因素

1. 缺乏危机意识

要进行良好的危机管理，必须具备良好的危机意识。我国不少社会组织，特别是一些企业缺乏危机意识，缺乏应对危机的整套管理体系和方法，在组织平安无事时，一般不会有未雨绸缪的防范意识和战略考虑，也不太注重公共关系活动。而当出现了影响组织发展的突发负面事件时，又往往有病乱投医，进行无序的公共关系活动，这往往又会导致组织的负面形象进一步恶化。

2. 经营决策失误

组织经营决策失误是造成危机的重要原因。很多营利性组织的决策行为往往都从组织自身的利益出发，忽视了社会的利益，由此造成了组织的利益目标与社会的利益目标相对立，使组织的经营活动得不到社会公众的支持，进而导致无法经营，甚至使企业走上绝路。

3. 公共关系策略失误

社会组织要通过持续不断的公共关系活动与公众进行沟通，同时也要通过各种公共关系策略来塑造组织形象，促使组织目标的实现。如果社会组织公共关系策略失误，就会对组织公共关系工作产生误导，造成人为危机。如一些组织通过收买某些媒体进行虚假宣传，通过欺骗方式进行公共关系活动，当事实真相被公众知后，就会给组织带来很大的负面影响。

（二）组织外部因素

1. 遭遇不可抗力因素

（1）自然灾害。自然灾害是指社会组织无法预料和抵抗的自然事件，如地震、洪水、火灾等。社会组织的生存与发展离不开一定的自然环境。社会组织的自然环境是指组织开展生产经营活动所面临的自然条件，包括自然资源、生态环境、地理因素等。当自然环境发生剧烈变化，甚至发生自然灾害时，就会使组织无法开展正常的活动，造成巨大损失，带来严重危机。

（2）社会事件。社会组织是社会的产物，它的产生与发展离不开一定的社会背景。组织需要社会为它提供人力、物力及广阔的市场，以保证满足组织生存和发展的各种条件。如果社会资源短缺、能源紧张、环境污染，特别是发生战争、动乱等重大事件，势必危及组织的正常运行，进而发生公共关系危机。

2. 体制政策因素

国家和地区的经济体制和政策，是构成社会外部环境的核心，对组织的生存与发展有重大影响。如果体制不顺，政策对组织的发展不利，组织经营活动就会遇到很大的阻力，甚至会陷入欲进不能、欲退不忍、裹足不前的困境，进而使组织陷入困境。

造成危机的上述因素中，组织内部因素即主观因素是可控的，是通过组织的自身努力可以避免或有效解决的。组织的外部因素即客观因素是不可控的，但社会组织也不能完全被动、无所作为。社会组织可以通过有效的公共关系活动对这些不可控因素施加积极的影响，促使它们向积极的方向发展，从而给组织发展营造较好的外部环境。

第二节　危机公共关系组织

危机公共关系是一项复杂系统的工作，所以需要组织设置统一的危机管理组织系统。危机一旦发生，组织便可迅速启动紧急程序，各相关机构和人员能够立即按照既定程序，各司其职，做好分内的管理和处理应对工作，以化解和消除危机，有效维护组织形象。

一、危机公共关系组织的构成

危机公共关系组织系统主要包括三个运行中心，即决策中心、媒体中心和信息管理中心。系统内的各中心都有其各自的功能职责及构建特点，每个中心都是相对独立的工作机构，但在执行任务时相互联系、相互协调，呈现系统性的运作状态。

（一）决策中心

决策中心主要是在危机应急行动中协调信息、提供应急对策、处理应急后方支持及其他管理职责，是进行应急行动的全面统筹中心。决策中心能保证整个应急环节有条不紊地进行，减少因危机应对不及时或组织工作持续紊乱而造成的额外人员伤亡和财产损失。

决策中心要求有相对固定的机构成员，主要成员要定期接受必要的培训，其他成员可以分散在组织各部门，平时在各自的部门从事自己的工作，一旦发生危机，应急工作开始，他们必须立刻聚集，组成一个危机决策中心，赶赴现场参与应急行动。该中心是一个灵活的机构，可根据具体的事故情况确定相对应的成员结构。同时，决策中心必须有相应的配置并有专人管理，以保证事故应急期间能获得工作需要的一切设备和资源。

（二）媒体中心

媒体的宣传、报道和曝光使得人们要求增加各种社会事件透明度的呼声越来越高，对于与公众生活紧密相关的危机更是如此。因此，任何一个较大的危机都有可能引起媒体的注意。如果没有专门的机构来处理与媒体的关系，则可能导致媒体报道失真，影响危机应对，破坏组织在公众心中的形象，甚至引起公众的恐慌。

媒体中心是危机管理组织通过各种新闻媒体与公众接触的纽带，其经媒体将有关危机的信息，如事件的起因、经过和可能造成的影响，应急工作的进展等向大众公布，解释危机真相，可以消除公众的恐慌心理。

媒体中心的成员来自技术支持人员中的公共关系管理人员，以提供最新的真实信息为工作准则，向公众解释危机真相，并注意维护组织的公众形象。所以，媒体中心必须保证发布危机信息的准确性和信息来源的可靠性，并指派有经验的公共关系管理人员担任新闻发言人，负责危机信息的发布。针对媒体可能提出的问题，事先准备好回答的材料，列出媒体和公众最关心的信息：危机的性质及可能造成的影响；公众应该采取的防护和预防措施；可能出现的伤亡情况，如伤员数量、伤害程度、伤员姓名等；事故现场应急救援工作的具体情形及持续的时间等。若需召开新闻发布会，则必须向管理部门申报并获得批准以后才可以召开，用于新闻发布会的所有有关危机的信息必须经法律和相关部门审查，以确保信息的准确性并做好保密工作。为保证发布信息的一致性和连贯性，在新闻发布会上最好固定一个发言人。该发言人必须熟悉危机状况和相关的法律条文，此外，应该注意发布会上的信息必须与官方部门（如政府）所公布的信息一致，以免引起公众质疑。

（三）信息管理中心

信息管理中心是应急系统的三大功能中心之一，是危机应对工作的支持机构，其为其他中心提供各自所需的信息，以便指导应急行动和应急计划的制订。信息管理是将信息作为一种资源来进行管理，研究信息的获取、加工、存储、报道、传递等，主要内容包括信息需求分析、信息资源建设和信息资源开发利用三大部分。

信息管理中心必须具备先进的信息管理技术、完善的信息管理设备和专业的信息管理人员。信息的及时性、有效性和可靠性必须得到保障。危机应急的目的是减少危机可能造成的人员伤亡和财产损失,如果所使用的信息是错误的或者过时的,将有可能造成不必要的应急资源浪费,加剧危机的危害性后果,甚至可能导致灾难性的后果。

二、危机管理小组

(一)危机管理小组人员构成

危机管理小组是专门从事危机管理工作的组织和机构,其由一群富有活力和创造力的人员组成。其目的在于进行系统的信息收集和危机咨询,使组织危机防患于未然或使危机损失最小化。其主要职责是全面、清晰地对各种危机情况进行预测;为处理危机制定策略;监督危机处理方针和步骤的正确实施;在危机发生时,对处理危机进行指导和咨询。

1. 小组成员类型

(1)点子型。这是极具创造性的专门人才,能确保在极其紧张的环境、极其紧迫的时间下,不断提出新点子和建议,积极推动原有危机处理预案、处置措施的丰富和完善。

(2)沟通型。这种人谙熟人类沟通的规律和技巧,精通媒体运用与媒介关系,既能保障上下、内外各方公众沟通交流的协调流畅,又能与各类新闻媒体融洽合作。

(3)挑刺型。运用逆向思维,不断从反面提出可能出现的问题,不断对组织原有的应对策略措施、信息沟通技巧等提出挑战和质疑,促使危机管理做到更为完善和周全。

(4)记录型。不但要善于记录、总结,迅速形成计划、方案等,而且要具有丰富的信息处理、档案管理经验。

(5)人道型。所有管理者都要求具有人道主义精神。要求能自觉以人为导向,以公众利益为中心,真诚为公众服务。这正是危机管理取得成功最应该具备的条件。

2. 小组成员分工

(1)最高决策层。最高决策层参与组织危机管理的全过程,就是要保证危机管理的权威性。

(2)公共关系专业人员。公共关系专业人员是危机公共关系方案的参谋者和具体执行者,负责危机公共关系程序的优化和实施,发挥着使危机管理程序更合理和富有操作性的作用。

(3)法律顾问。作为组织的法律事务顾问,他们熟悉组织日常运作过程中可能出现的法律纠纷,便于在法律程序上保证组织行为的正确性。

(4)新闻发言人。新闻发言人专门负责与外界沟通,尤其是与媒体的沟通,及时、准确、口径一致地按照组织对外宣传的需要把公共关系信息发布出去,形成有效的对外沟通渠道。这样就可以避免危机来临时对外宣传的无序、混乱以及由此可能产生的公众猜疑。

(5)其他人员。组织还应该根据危机类型,增补不同类型的新成员。例如,当财务系统出现危机时,应增加财务总监或总会计师;当营销系统出现危机时,应增加营销总监或销售负责人;当产品质量出现危机时,应增加产品工程师或技术部门负责人等。

(二)危机管理人员素质

危机管理人员必须具有良好的心理控制能力,即能够很好地控制自己的情绪,沉着、稳妥地进行危机事件处理。

（1）具有良好的学习创新能力。由于危机事件具有突发性和无序性，每次解决问题时可能采用不同的方法，所以对每一个危机管理人员来说，每次危机公共关系活动都是一次学习机会。解决问题依靠智力和毅力，因而，危机管理人员永远不能放松学习。

（2）具有较强的客观判断能力。必须客观地、实事求是地思考问题。同时，危机管理人员还要有出色的判断能力，以产生敏锐、准确的观察能力，这对危机处理过程尤为重要。

（3）具有良好的沟通协调能力。危机管理人员通常需要待人和蔼、友善、真诚，在危机处理过程中，要很好地保持与人们的沟通。

（4）具有很强的团队合作精神。危机管理需要采取"团队作战"方法，讲究团结和整体。所以，具有团队精神是对危机管理人员的本质要求。

（三）避免错误的危机管理态度

1. 无能为力

持无能为力态度的人认为，危机发生的概率很小，要预测危机的发生时间和地点比较困难，即使发生危机，也无能为力。其所采取的措施要么没有用，要么收效甚微。一旦发生危机就会出现手足无措的局面。

2. 心存侥幸

持心存侥幸态度的人认为，危机是不会发生的，而且危机不会产生很大的影响。他们或许怕麻烦，或许不在乎，心存侥幸，只要危机不出现，就得过且过。

3. 自以为是

持自以为是态度的人认为，不会发生危机，即便发生危机，也不会动摇根本，更有甚者认为，危机发生在某一单位，不会影响整体运行。

第三节　危机预防机制

一、树立危机意识

（一）危机意识的内涵

中国博大精深的传统文化蕴含了危机意识的辩证思想。孟子所言"生于忧患，死于安乐"就极富哲理，值得借鉴。"千里之堤，溃于蚁穴""前事不忘后事之师"，强调的都是未雨绸缪、居安思危，抓住小危机防范大危机的道理。在市场竞争日趋激烈的今天，对我国现代企业而言，树立危机意识相当重要。

所谓危机意识，就是指在企业的长期发展战略中，应充分考虑和预测组织将来可能面临的各种危机，以确保组织在平稳顺利发展的时期，也能对未来可能出现的危机状况做好精神和物质的全方位准备的一种思想和心态。树立危机意识，是组织危机管理的基础和起点。

（二）危机意识的作用

（1）提高员工日常工作的警觉性，避免不当行为诱发危机。

(2) 培养员工发现危机征兆的能力,尽可能将危机消灭在萌芽状态。

(3) 力求确保在危机发生时,全体人员能够冷静面对,避免不必要的恐慌,防止危机蔓延。

(三) 危机意识的内容

1. 提高警惕性

在灾难与危机发生之前保持充分的警惕性,将危机萌芽与爆发的可能性维持在最低水平。站在组织管理层的角度,提高危机来临的警惕性,关键在于对组织的经营和管理工作保持高度的谨慎;站在员工的角度,只有员工具备危机意识,才能深切体会到组织的产品或服务存在的隐患有可能给顾客带来的巨大损失,以及对自身职业生涯的危害。这样会促使员工提高对产品服务的质量要求,增强工作的自觉性与高效性。

2. 培养洞察力

组织的危机不可避免,但危机在发生之前都会出现一定的征兆。通过对员工进行培训和日常性的演练,员工可以在一定程度上具备识别危机先兆的能力。如果组织的每一位员工都能对此类危机来临前的征兆了然于心,组织的危机就能得到充分抑制。

3. 增强行动力

充分有效的危机意识能使组织在危机发生时沉着冷静、正确有效地处理危机,防止危机的进一步恶化和扩散。只有在正确的危机意识指导下,组织才能通过对组织整体结构和员工心理素质的调整,塑造对抗危机的行动能力。

4. 拥有判断力

拥有判断力是指组织能够在危机发生后,通过对关键时机的把握,转危为机,变被动为主动,力争在危机之后创造组织发展的新阶段。在危机面前,组织不仅应做到应付自如,还应善于把握隐藏在危机中的新的组织发展机遇,实现危机制胜的远大目标。

二、建立预警系统

(一) 公共关系危机预测分析

1. 从同行危机中分析预测

处于同一行业的组织面临的条件比较接近,尽管这些公共关系危机可能没有在组织身上产生,但对组织来说,仍具有发生的可能性。因此,组织可以通过借鉴同行发生公共关系危机的情况,来推测自己组织发生危机的可能性,从而一方面尽量避免公共关系危机的发生,另一方面在危机发生时能够及时应对。

2. 从组织发展历史分析预测

找出组织发展过程中曾经发生过的每一次公共关系危机事件的档案,从中分析总结,发现潜在的危机。组织的发展中所出现的每一次公共关系危机事件既是组织的教训,也是组织的宝贵经验。通过对组织过去的公共关系危机产生的原因、处理的方式和方法进行分析,可以找出组织公共关系危机产生、发展的规律,从而更好地预防公共关系危机。

3. 从组织性质特点分析预测

不同性质的组织有不同的公共关系危机。因此,社会组织应该清楚自己组织的性质,列出组织可能发生的各种公共关系危机,根据本组织的特点,着重检查相应方面,及时发现和排除隐患。

(二) 构建公共关系危机预警系统

公共关系危机预警系统是根据组织外部环境和内部条件的变化,建立一套能够感应危机来临的信号,通过对危机风险源、征兆进行不断监测,从而在各种信号显示危机来临时能够及时向组织发出警报,提醒组织采取行动,以实现对系统未来可能出现的公共关系危机进行预测和报警。构建公共关系危机预警系统的步骤如下:

(1) 确立需要发出危机预警的对象,并按重要性排序。
(2) 根据预警对象,确定危机监测的内容和指标。
(3) 确定危机预警系统所需的技术和资源。
(4) 评估危机预警系统的性能,包括准确性、可信度和稳定性。
(5) 向组织员工讲解系统功能及作用,指导员工根据危机预警做出反应。

(三) 监测公共关系危机隐患

大部分公共关系危机在爆发前都会出现某些征兆,所以应当及时捕捉这些危机预兆,监测危机隐患。公共关系危机监测的重点有如下几方面。

(1) 加强公共信息与组织经营信息的收集分析,及时掌握公众对组织活动的反应和评价。
(2) 加强与重点客户沟通,及时关注其变化趋势,使关键客户成为组织的稳定支撑。
(3) 经常分析竞争对手的生产经营策略和市场需求发展变化的趋势。
(4) 定期和不定期地进行自我诊断,分析组织的生产经营和公共关系状态,客观评价组织形象,找出薄弱环节,采取必要措施。
(5) 开展多种调研,研究及预测可能引起组织危机的突发事件,把组织危机因素消灭在萌芽状态。

三、制订危机预案

危机预案,顾名思义,是指预防危机的方案,既可以作为预防或减少危机产生的手段,又可以作为检查管理部门执行防范危机的根据。

(一) 危机预案的拟定程序

1. 危机预案的规划与设计

对组织所有可能面对的危机问题,依据危机产生原因、危机影响程度进行分类,制订相应级别的危机应对预案。

2. 危机预案的评估与选择

运用各种管理工具对制订的应急方案进行全面、详细的评价,选择满意的方案。

3. 危机预案的演练与完善

采用模拟实战的演练方式对危机预案不断进行检验。通过开展定期危机模拟演练,提高相关人员的危机意识和临危应变能力,确保在危机实际发生时能高水平地处理危机。

（二）危机预案的具体内容

1. 组织机构问题

处理危机事件的中心组织结构、有关人员具体安排、相关人员职责，对这些方面既要规定全面，又要注意对不同情况事件有随机应变的准备。

2. 对外窗口问题

既要规定危机事件中由谁来统一口径，统一对外讲话和发布新闻，还要规定组织各方面人员与外部人士接触的责任。

3. 传播信息问题

预先制定好一旦意外发生时，通知有关组织、新闻机构及各类型公众的传播计划和媒介方案。

（三）危机预案的注意事项

预案制订后，需要对其进行反复检查，使预案真正做到有的放矢，起到及时处理危机和减少危机损失的作用。制订危机预案要考虑以下方面。

（1）预案目标要有效达成。

（2）要具备足够的应变能力。

（3）财务预算控制在组织承受范围。

（4）能够彻底解决问题，并不会造成后遗症。

（5）危机预案真正有必要。

危机事件预警机制虽然具有重要意义，但没有一个组织能将其做到完美无缺。危机预案要按最坏的情况设计，要明确设立预警启动、升级、降级的数量和质量指标，指标要结合实际、科学全面，以控制事态发展的规模和速度。危机发生后，要根据危机规模、性质和影响范围迅速启动相关预案，公共关系人员应依据制订的紧急预案迅速做出反应，并尽快使既定的紧急预案转变为实际的、切实可行的处理危机的公共关系活动计划。

第四节　公共关系危机处理

公共关系危机处理就是要控制危机、解决危机。一是要在思想上临危不惧；二是要掌握准确信息，及时预警，确认危机；三是要积极应变，立即行动，适时沟通；四是要亡羊补牢，转危为安，控制危机，解决危机。

一、公共关系危机处理的意义

著名公共关系专家弗兰克·杰夫金斯说："今天我们生活在化学、核能、电气外加恐怖危机之中，必须承认，如不采取措施防止最大可能出现的危机，任何事情都有可能发生。"公共关系危机给组织造成的损害，轻则影响组织的正常运营，重则危及组织的发展甚至生存，并给公众和社会环境造成极大的破坏。因此，公共关系危机处理对于一个组织具有重大意义。

（一）降低或挽回经济损失

给组织带来直接和间接的经济损失是公共关系危机的后果之一，及时并认真处理公共关系危机可以降低或挽回经济损失。

（二）协调与公众的关系

当面临公共关系危机时，公众与组织的关系就处于缺少协调的状态。这时有关公众就会成为消极公众，做出对组织不利的行为。因此，公共关系危机处理的目的在于协调组织与公众的关系，形成组织发展的良好局面。

（三）重塑组织良好形象

公共关系危机的实质就是组织形象危机和声誉危机。对于任何一个组织来说，无论何种因素或事件引发的公共关系危机，都会不同程度地影响其在公众心中的良好形象。通过公共关系手段处理这种形象危机，能使组织已受到损害的形象不再继续恶化，能控制事态进一步发展，使组织形象损失降低到最低程度。如果控制得当，甚至可以塑造比危机前更佳的形象。

二、公共关系危机的发展阶段

危机发展一般经历突发期、扩散期、爆发期、衰退期四个阶段。

（一）突发期

危机事件突然发生，直接影响到组织、企业的生存状态与发展前景。危机突发是向人们发出警告，这时如果对危机熟视无睹，那么在危机扩散阶段，只能使任何控制危机的努力变成对损失程度的控制。

（二）扩散期

危机一经到来就不会自行消失，如果不能将其控制、消灭在萌芽状态，问题一经披露、批判投诉、媒体追踪、舆论传播，其负面影响就逐渐扩散开来，形成蓄势待发之势。

（三）爆发期

危机爆发是指危机在扩散、积蓄到一定程度后，对组织、对社会造成的影响突然增强，犹如炸弹突然爆炸，产生巨大威力。

（四）衰退期

衰退期指社会关注急剧下降或转移，危机影响力逐渐衰退的阶段。

三、公共关系危机处理的原则

公共关系危机处理原则主要包括承担责任原则、真诚沟通原则、速度第一原则、系统运行原则、权威证实原则。

（一）承担责任原则

危机发生后，公众会关心两方面的问题：一方面是利益问题，利益是公众关注的焦点，因此无论谁是谁非，企业应该承担责任。即使受害者在事故发生中有一定责任，企业也不应首先追究其责任，否则会各执己见，加深矛盾，引起公众的反感，不利于问题的解决。另一方面是感情问题，公众很在意企业是否照顾自己的感受，因此企业应该站在受害者的立场上表示同情和安慰，并通过新闻媒介向公众致歉，解决深层次的心理、情感关系问题，从而赢得公众的理解和信任。所以，一旦发生公共关系危机事件，组织就应该坦然面对，勇敢承担应有的责任，把事实说清楚，争取得到公众的理解。

（二）真诚沟通原则

当危机事件发生后，企业处于危机旋涡中时，是公众和媒介的焦点。企业的一举一动都将受到质疑，因此千万不要有侥幸心理，不要企图蒙混过关。应该主动与新闻媒介联系，尽快以真诚的方式与公众沟通，说明事实真相，促使双方互相理解，消除疑虑与不安。

真诚沟通是处理危机的基本原则之一。这里的真诚指"三诚"，即诚意、诚恳、诚实。如果做到了"三诚"，则一切问题都可迎刃而解。一是诚意。在事件发生后的第一时间，公司的高层应向公众说明情况，并致以歉意，从而体现对消费者负责的企业文化，赢得消费者的同情和理解。二是诚恳。一切以消费者的利益为重，不回避问题和错误，及时与媒体和公众沟通，向消费者说明危机处理的进展情况，重拾消费者的信任和尊重。三是诚实。诚实是危机处理最关键也最有效的解决办法，人们会原谅一个人的错误，但不会原谅一个人说谎。

（三）速度第一原则

俗话说："好事不出门，坏事传千里。"在危机出现的最初12~24小时内，消息会像病毒一样，以裂变方式高速传播。而这时，可靠的消息往往不多，社会上会充斥着谣言和猜测。公司的一举一动将是外界评判公司如何处理这次危机的主要根据。媒体、公众及政府都密切关注公司发出的第一份声明。对于公司在处理危机方面的做法和立场，舆论赞成与否往往都会立刻见于传媒报道。因此，组织必须当机立断，快速反应，果断行动，与媒体和公众进行沟通，掌握处理危机事件的主动权，从而迅速控制事态，否则会扩大突发危机的范围，甚至可能失去对全局的控制。危机发生后，能否首先控制住事态，使其不扩大、不升级、不蔓延，是处理危机的关键。

（四）系统运行原则

在处理整个危机事件过程中，组织者要按照危机处理预案全面、有序地开展工作。处理危机过程是一个完整的系统，环环相扣，若要把危机事件处理得顺利，任何一个环节都不能出问题。因此，组织一定要坚持系统运行原则，不能顾此失彼，从而保证及时、准确、有效地处理危机事件。

（五）权威证实原则

作为组织，尤其是生产企业和经销企业，产品质量是企业得以生存和发展的保障。产品质量的好坏不是自己说了算，自己称赞自己是没用的，没有权威的认可只会徒留笑柄。尤其在危机发生后，企业不要整天拿着高音喇叭叫冤，而要"曲线救国"，必须请重量级的第三者在前台说话，用"权威"说法来证明自己，使消费者解除对自己的警戒心理，重获信任。

四、公共关系危机处理的程序

公共关系危机的处理是一项复杂而系统的工作，社会组织在处理所面对的每一项微观而具体的危机事件时，往往会采取不同的策略。但与其他事物一样，公共关系危机有自己发生、发展的过程，公共关系危机处理也应遵循危机事件发生、发展的规律与特点。公共关系危机处理程序如下。

（一）启动预案，成立组织

公共关系危机发生后，要迅速判断危机事件的级别，并启动相应的危机应急预案，成立由组织主要领导亲自负责、各职能部门负责人参加的危机处理小组，并制定危机处理方案和危机公共关系的目标、具体行动计划，明确危机处理小组的责任，协调、管理危机公共关系流程，开展有效的内外部沟通。

（二）深入现场，弄清事实

危机处理小组要深入现场，开展调查，弄清公共关系危机发生的时间、地点、原因、有无人员伤亡和财产损失以及造成了怎样的影响，评估危机形势，调查涉及哪些组织和人员，并采取有力措施控制事态进一步发展。

（三）迅速处理，安抚公众

公共关系危机发生后，要按照危机处理小组的部署和规划，迅速有效地开展工作，确认危机事件的利益相关者，了解他们的情况，与他们及时沟通，表达组织的关心，积极主动地承担责任，赔礼道歉，赔偿损失，做好善后工作。安抚公众、缓和对抗很关键，因为一般的处理方式往往是不断做解释工作，而这恰恰是危机处理的大忌，即便有千条理由，此时也应该安抚受害公众，真心诚意取得他们的谅解，这样才有可能顺利化解危机。

（四）联络媒体，主导舆论

危机发生后，各种传闻、猜测都会发生，媒体也会纷纷报道。这时组织应委派一人作为新闻发言人，及时发布组织的真实信息，增加信息透明度，减少盲目猜疑和流言的产生。同时，"新闻发言人"要主动与媒体联络，特别是与首先报道的记者联络，以"填补信息真空"，掌握舆论主导权。

★ 案 例

双汇"瘦肉精"事件

2011年央视"3·15"特别节目《"健美猪"真相》的报道，将我国最大肉制品加工企业双汇集团卷入"瘦肉精"旋涡之中。报道声称，河南孟州等地采用违禁动物用药"瘦肉精"饲养的有毒猪，流入了双汇集团下属的济源双汇。因为卷入"瘦肉精"丑闻，处于风暴眼中的济源双汇公司于3月16日停产整顿。肉制品行业又一次受到消费者的质疑，同时也加剧了中国消费者对食品行业和食品安全的不信任。"瘦肉精"事件，使中国肉制品行业面临严峻的生存考验。

事件发生后，双汇产品在一些城市的超市大规模撤柜，并开展了一系列补救措施，然而品牌信誉度却难以挽回。双汇产品销量在全国遭遇前所未有的"滑铁卢"。

尽管双汇已经进行了一系列的危机公共关系活动，应对舆论的态度和积极性比起当年的三鹿有了很大的进步，也更为主动地进行了一些与公众沟通的动作，但很显然，社会的舆论普遍没有得到缓解。

双汇作为全国肉品行业的"龙头老大"，在事件发生后多次表现出的更多是对企业本身的关照和重视，强调事件对双汇造成了多么严重的损失，对于消费者的健康和利益却很少提及，只是用"困扰"来解释事件的影响。这一态度并未考虑消费者的利益和情感，这绝对是危机事件处理的大忌。

危机事件后，双汇需要做的绝不仅仅是向公众公布事件真相，更重要的是履行企业本身应承担的社会责任，重塑企业一个负责任、关注消费者权益和健康的正面形象，通过能彰显企业责任的实际行动去重新获得消费者的支持和信任。的确，只有以诚意应对危机，以尊重进行公共关系活动，受损的品牌才可能得到修复，对于遭遇危机的双汇来说，尊重消费者才是最好的公共关系活动。

（资料来源：http://www.wendangxiazai.com/b-e27db487d4d8d15abe234e83-4.html）

五、危机公共关系传播

危机事件发生后，在强大的社会舆论和可能产生舆论压力面前，在新闻媒体的高度关注下，组织只有通过对公共关系危机的有效管理，才可能在公众面前树立稳定、可信的良好组织形象。公开和坦诚是对付危机的最好策略，而且是唯一可采取的策略。

（一）危机信息沟通

在公共关系危机发生时，信息沟通被认为是有效的管理工具。福莱灵克公共关系咨询有限公司提出了"3W"的危机公共关系沟通传播策略。

"3W"是指在一场危机中，沟通者需要尽快明确三件事：一是我们知道了什么（what did we know）；二是我们什么时候知道的（when did we know about it）；三是我们对此做了什么（what did we do about it）。危机发生后，组织寻求问题答案并做出有效反应解决问题的时间间隔将决定危机处理的成效。

（二）危机信息发布

1. 应及时发布的信息

（1）事件发生的时间、地点。

（2）死亡和受伤人数。

（3）伤亡人员名单，包括死亡人员性别、地址、年龄、职务等。

（4）经济损失情况。

（5）本组织的基本情况，包括规模、产品、经营等方面的情况。

（6）与事件有直接关系的其他背景资料。

2. 不宜发布的消息

（1）对事故的推测。推测的信息不可靠，很容易带来新的麻烦或纠纷。

（2）传递延误的信息。延误的信息常常会被误解为掩盖事实，也将产生对组织管理水平的怀疑。

（3）事故发生的原因和责任。这方面应由政府、组织当局和有关调查机构最终发布。过早或过多谈论此事，可能造成与最后结论相矛盾，也可能涉嫌干预调查和推卸责任。

（三）新闻发言人"五度"法则

新闻发言人"五度"法则是指以下五个方面。

（1）高度。作为公众人物，必须在以下两点具备认识上的高度：

①公众人物拥有更多的社会资源，理应承担更大的社会责任。

②引导社会舆论、实现社会正义是媒体的责任。

（2）态度。人们会原谅一个犯错误的孩子，但不会原谅一个不认识错误的孩子。每个公众人物，在面对媒体时，始终应记住最重要的事情：第一是态度，第二是态度，第三还是态度。

（3）风度。保持低调谦逊，不要忘本，任何时候都不要得意忘形。

（4）气度。得饶人处且饶人。宽容是宽容者的"通行证"，狭隘是狭隘者的"墓志铭"。

（5）尺度。不要过激反应，不要自我纠结，不要给大家任何理由，让自己成为话题，更不要让自己成为关注的焦点。因为只要在话题中心，就会继续遭受伤害。

★ 案 例

《人民的名义》之危机公共关系

《人民的名义》开播当晚刷新当年新剧首播收视纪录，这部由最高人民检察院影视中心牵头拍摄，因其反面角色最高级别直至副国级，被称为"史上尺度最大的反腐剧"。《人民的名义》可谓收视率与口碑俱佳的良心清流之作。剧情以一位"小官巨贪"的国家部委某项目处长赵德汉的落马展开，随着丁义珍的失踪，导致一件服装厂股权争夺腐败窝案浮出水面。大风服装厂工人因为集体持股的股权和下岗安置没有得到补偿，不同意拆迁服装厂。但该服装厂已经被抵押给了山水集团，并且其所在位置影响了政府一项很重要的政绩工程，不拆迁的话工程难以进行下去。

电视剧中的"一·一六事件"指山水集团的拆迁队假扮警察，试图趁深夜强拆大风厂，工厂工人在抵抗中意外点燃大火，致使两人重伤，三十多人轻伤，而有关事件的文字、图片、视频等被新媒体迅速、大规模传播。这起群体性突发事件的网络舆情发展，可分为以下六个阶段：

第一阶段，事件突发。大风厂工人在王文革的带领下，用火墙抵制"假警察"强制拆迁。在此过程中，王文革手持的火把意外掉下火苗，继而引起大火，三十余名工人因躲闪不及被烧伤。

第二阶段，刺激性信息在网络上传播。火灾现场和工人伤亡情况被工人和围观群众上传到网络上。大风厂工会主席郑西坡打电话劝说王文革不要点火时，该事件已被上传到网上。剧中自称"汉东水军总司令"的郑胜利，直播了"一·一六事件"并请求"网络大V"转发相关视频，扩大了事件的传播范围和影响，对网络舆情的发展有重要的推动、煽动作用。

第三阶段，网民态度、意见和情绪形成。网上流传出"反对政府强制拆迁""侵害工人利益"的言论，更多网民看到现场惨状后不断发声，负面舆论愈演愈烈。

第四阶段，舆情范围扩大化。随着舆论不断发酵，网络舆情影响范围不断扩大，传至国外。这间接推动了事件的恶性发展，导致工人们的怨恨和压迫感持续增加，进而化身为一群情绪化、非理性的"乌合之众"。

第五阶段，舆情二度激化。京州市市委书记李达康不顾网上舆论，采纳省公安厅厅长祁同伟的建议，动用武力清场——政府与工人之间的矛盾再次激化，并激起了更大的民愤。现场群众不断上传事发现场的图片和视频，此时网上出现市委书记在现场带领警察用武力强行清场的言论。

第六阶段，造成恶劣影响。该事件涉及市委书记、副市长、警察、市委等相关领导和机构，对京州市市政府的形象造成了严重的负面影响。虽然在省委书记沙瑞金的指示下，京州市市政府对此事做出了迅速反应，但该事件对政府公信力所造成影响一时难以消除，以致后来"一·一六事件"中的涉事工人王文革因为对政府的不信任，选择绑架厂长儿子来争取自己的股权。

在这次的"危机处理"中，李达康展现出了一位事件直接负责人应有的"公共关系素质"。

一是在接到上级处理危机的电话后，立即行动。与祁同伟接到电话后的"揣度"不同，市委书记李达康在接到电话后，立即采取了行动。剧中的细节展现得很好：一边接电话，一边开始换衣服。

二是关心重点：是否有人员伤亡，采取措施减少伤害。在赶到现场的路上，李达康积极与现场人员保持沟通，关注事件重点：是否有人员伤亡。在得知有重伤两人，烧伤三十多人后，当机立断：通知医院，开通绿色通道抢救伤员。

三是能知轻重：在政绩与他人生命面前，选择后者。在祁同伟提出"趁火强拆"的建议后，很显然李达康心动了：大风厂拆迁问题一直是他的一个心病，何不借此机会拆除？但是在拆迁之前，他还是咨询了老检察长的看法。在得到上级的同意后，他思考了很久，还是选择了不拆。在自己的前程面前，有人因为一念之差而做了错误选择。在危机事件中，一定要分清事情的轻重缓急，不能因为抢功或是逃避责任而做了错误选择，导致事件恶化。

四是安抚人心：平息民众情绪，做出承诺。经过一夜的对峙，工人们依旧誓死护厂。在下属买来早点时，李达康却让老检察长和工人们先吃，表现出对民众的关怀。在派发早点之际，首先代表政府向老检察长表示感谢，这既是对老检察长的肯定，也为政府与人民之间建立了一个"共同点"，让民众更容易接受自己的话。然后，以政府名义做出承诺，让民众放心，并期望获得支持。

五是及时发声：联系国内外权威媒体说明真相，进行辟谣。自媒体时代，很多负面消息短时间内就会传遍网络，如果政府不能够及时、权威地发声，以讹传讹的谣言和小道消息就会满天飞。这时政府需要联系权威媒体进行发声，为大众提供真相。

六是召开新闻发布会：澄清事实，以正视听。对于严重的突发事件，政府或是品牌方仅靠权威媒体发声是不够的，一场和媒体、公众"面对面"的交流必不可少。

从接到处理紧急事件电话开始，到召开新闻发布会，充分展现了李达康处理突发情况的应变能力和公共关系能力。在看过李达康处理危机事件后，先给自己学生打电话的高育良书记也在学生面前坦诚：李达康做得对！

（资料来源：http://www.simaipr.com/newsview.aspx? tid=18&id=135）

第五节 危机事件修复

★ 案 例

卡尔丹顿的"假洋鬼子"事件

一个据称产自意大利，叫作"卡尔丹顿"的服饰品牌，据说是欧陆顶级男装品牌，设计以意大利风格为主。由于其是高端品牌，因此价格比一般品牌要高出不少。卡尔丹顿从1993年被引入中国，至今已有18年，目前在全国已有数百家分店，仅机场店就有30余家。2011年3月16日，央视节目曝光了国内著名的所谓意大利品牌"卡尔丹顿"，其实是纯正国产品牌，打着洋品牌的幌子，要价动辄几千块甚至上万元，坑害了中国广大消费者的合法权益。据报道，在国内众多机场、高档商场里设立专柜的"欧洲顶级男装品牌"卡尔丹顿，其实只是在意大利注册了商标。卡尔丹顿仅仅只有一个个人注册的空壳的意大利商标，在海外注册历史最长也不过13年。其在国外并没有设店，意大利只是品牌注册地。

然而，从2011年3月18日起，在互联网上可以发现与卡尔丹顿有关的多篇正面报道。从这些报道中，我们可以读到的是卡尔丹顿品牌的高端品位和优良品质。

公共关系活动得法，化危机于无形，公共关系活动不当或临危机而不动，则有可能让多年积累起来的企业毁于一旦。卡尔丹顿的"假洋鬼子"事件又是一次由于负面消息而引发的社会关于热门话题的讨论，而我们看到的是在危机发生后，卡尔丹顿另辟蹊径，选择的是坚持品牌的品位和内涵，继续强化作为"民族自主创新自强"品牌的形象。其在各大网络媒体上投放大量品牌形象的报道，制造了有利于卡尔丹顿品牌形象塑造的正面舆论。

（资料来源：http://www.wendangxiazai.com/b-e27db487d4d8d15abe234e83-6.html）

当今，我国社会处于危机高发期。危机不仅对组织的经营管理产生了影响，还会在一定程度上损坏组织形象。组织形象受损后，其影响在短时间内难以迅速消失，所以组织在遭遇危机之后，形象修复显得尤为重要。

一、开展活动挽回形象

形象危机修复即促使危机事件向有利的、好的方向发展，这是危机重建期公共关系管理的主要目标。

（一）利益修补

危机处理之后，企业应该把危机管理工作重心转移到利益修补上来。对内要尽快恢复常态秩序，创造更多效益；对外要对利益相关者进行补偿，以恢复利益契约。

（二）信任重建

要知晓哪里错了、哪里病了，对症下药。如果产品质量问题陷入危机，那么恢复管理阶段应当做出整改，提高产品质量，并将之通过公共关系活动、广告、营销方式传播出去。

（三）意义输出

一个品牌在危机结束之后，应构建并输出人们普遍认同的公共信念，譬如真诚、关爱、美好、平等、人与自然的亲善等。要把组织的自我角色纳入社会公共关系系统运行当中，找到个体角色和公共关系角色之间的价值纽带，发现价值、践行价值、传播价值，筑基意义的世界。

二、危机工作评价与总结

危机处理后，通常还要对危机应对工作进行评价和总结，一方面挖掘危机成因及隐患，降低危机再次出现的概率；另一方面就本次危机处理进行总结分析，在实战中吸取危机管理经验，检验危机管理体系，为日后危机管理工作做好准备。

（一）调查分析危机发生的原因

组织在处理危机时都会找到一些可以解释的原因，但事后如果再分析这些原因，可能还会找到更深层次的问题。所以企业在处理完危机后，还要深入思考，找到危机的根源，包括内部原因和外部原因。即使是外部不可控的原因，组织也不可推卸责任，应当深入分析，把问题弄清楚，以消除隐患。

（二）全面评价危机管理工作

组织对预防危机、处理危机的工作应该进行总结，以便改进危机管理工作。每次危机过后，都是一次评价危机管理的好时机。危机发生的形式多种多样，每经历一种危机都可积累相应的管理经验，避免类似情况重演。同时，企业还要实事求是地撰写总结报告，为日后处理类似危机提供借鉴、依据。

（三）改进完善危机管理体系

组织通过调查、评价、分析，可发现许多问题。这些问题主要分为两类：一类是与直接发生危机相关的管理工作，另一类是与危机管理相关的问题。对危机管理中的问题要高度重视，并据此改进、完善危机管理体系。

章后案例

刘翔退赛引发的代言人危机

2008年8月18日，在北京奥运会男子110米栏的预赛中，刘翔由于脚踝受伤，遗憾地退出了比赛。在刘翔退赛事件中，利益相关者是关心、支持刘翔的中国社会大众，对广告赞助商来说主要是消费者。因为企业的广告主要是面对消费者的，所以广告代言人形象的受损主要会导致消费者和企业之间价值链条断裂。不同赞助商应对危机的方式也不尽相同。

一、联想——迅速撤离，见机行事

在刘翔退赛当晚，联想便迅速撤下了刘翔代言的一款笔记本电脑广告。

二、伊利——摇摆不定，船大难掉头

伊利是奥运会赞助商，广告代言人选择了郭晶晶、易建联、刘翔等众多的体育明星，制作了一个以"有我中国强"为广告语的电视广告。为了避免单个运动员的发挥不稳定，伊利选择了多个运动员。但是，伊利忽视了多个运动员中也会有表现不好的，而如果有人表现不好，则与广告语"有我中国强"产生直接的冲突。并且，众多运动员造成危机预案的任务更为繁重，多个运动员意味着风险的增加，工作量的增加。从营销计划上来说，在前期伊利已经为危机埋下了伏笔。

在刘翔退赛后，伊利的态度一直不明确。首先它更换了电视广告，广告主角变成了易建联和郭晶晶，但是仍然有刘翔的画面，并且广告创意也没有变。其次，在门户网站的显要位置轮番播映伊利"有梦想，就有下一次的飞翔"的主题广告。伊利的表态并不明确，一方面"等待刘翔再次飞翔"，另一方面还在"有我中国强"。刘翔只是伊利的广告代言人之一，伊利无法为了一个代言人改变整个广告计划，因而出现了多重信息干扰，使人们无法得知伊利的真正态度。

三、耐克——有备而来，因势利导

耐克的主要竞争对手阿迪达斯是奥运会的全球合作伙伴，刘翔是耐克在奥运会影响上与阿迪达斯相抗衡的法宝。因此他们的营销计划制订得非常周密，考虑到了各种情况。在刘翔退赛后，耐克在较短的时间内就通过媒体发表声明："耐克为能与刘翔紧密合作而感到自豪。在此时，我们理解他的感受，并期待他伤愈复出。"

在表明自己支持刘翔的态度之后，耐克对刘翔的广告做了调整，停播以"Just do it"为广告语的电视广告，并在8月19日的《南方都市报》等报纸媒体上刊登了以刘翔正面特写为主题的平面广告，将刘翔退赛完美诠释为运动带来的正常伤害。广告文案是："爱比赛，爱拼上所有的尊严，爱把它再赢回来，爱付出一切，爱荣耀，爱挫折。爱运动，即使它伤了你的心。"人们可能惊讶耐克怎么会在这么短的时间内就制作出如此高质量的广告，但实际上这是耐克在之前为刘翔夺冠失败准备的广告。但是其用在刘翔退赛后，一样是合适的。这则广告跳过"退赛"的不好影响，而提出"爱运动"这一普世价值，引导人们走出阴影，向着更阳光的方向前进。这则广告的公共关系活动价值大过了营销价值，广告被大量的媒体报道，更多的人通过媒体的报道接触到这则广告，而广告的内容很好地起到了安抚并引导消费者的作用。

四、VISA——冷处理不作为

作为奥运会全球合作伙伴，VISA在刘翔退赛事件上却显得相当低调。它只是在事件发生后表示"刘翔永远是VISA的朋友，有关商业广告还将继续按计划执行"，然后悄悄地撤掉了刘翔的广告。之后，VISA便从这一事件中离场了。

VISA采取的做法是明确表态，冷静对待。在这一热度极高的事件中离场，是VISA深思熟虑的结果，而不是真的什么都不管。因为及时进行了表态，人们对VISA的不作为并没有表现出反感。刘翔退赛这一事件过热，过热的事件必然包含着不理智，不理智的时候事件可能会非正常发展,难以控制。因而不作为,不去煽风点火,让它自己慢慢热度降下来,未尝不是一种好方法。在众多广告赞助商焦躁不安时,VISA 的冷处理让它得以保全。

五、凯迪拉克——继续留用,重塑形象

在刘翔退赛的第二天,在其官网出现了广告语"选择拼搏,就得面对伤痛;选择荣耀,就得面临挑战",将以往人们没有关注到的刘翔的另一面展现了出来。

以上五家的危机公共关系策略可分为三类:第一类是换上新的代言人;第二类是暂时撤掉有该名人形象的广告,等形势稳定后再见机行事;第三类是继续留用该形象代言人,并从该名人身上挖掘新形象要素,以配合企业形象和产品宣传。

(资料来源:http://blog.sina.com.cn/s/blog_ 4915e13f0100ahj0.html)

案例分析题:

1. 如果你作为赞助商,将怎样组织处理此次公共关系危机?
2. 危机事件形象修复有何重要意义?

思考题

1. 什么是危机公共关系?危机公共关系与公共关系危机的区别与联系有哪些?
2. 公共关系危机有哪些特征?
3. 危机管理者应该具备哪些素质?
4. 危机处理有哪些基本原则?
5. 危机修复有哪些主要工作?

第八章

公共关系专题活动

★学习目标

　　知识目标：掌握公共关系专题活动的特点、适用范围、策划和组织方法。
　　技能目标：能举办简单的庆典活动、赞助活动、记者招待会等专题公共关系活动。
　　素养目标：提高公共关系意识及团队意识；提高文字撰写能力；培养与人合作、交流的能力。

★建议课时

　　8课时。

★案例导入

那"一亿"，让国人记住了一个"王老吉"

　　2008年5月18日晚，央视一号演播大厅举办的"爱的奉献——2008抗震救灾募捐晚会"总共筹资逾15亿元。其中，中国饮料业巨子罐装王老吉以1亿元人民币的国内单笔最高捐款，诠释了这个时代最值得树立的民族企业精神。祖国内地单笔捐款首现一亿元，凤凰涅槃般的高尚民族情结感动着今时今日的每一个中国人。

　　"王老吉，你够狠！捐一个亿！为了整治这个嚣张的企业，买光超市的王老吉！上一罐买一罐！"这段话来自一篇题为《让王老吉从中国的货架上消失！封杀它！》的帖子。虽然只有短短40多个字，但其中的巨大"杀伤力"，可抵十万雄兵。

　　这就是王老吉。在不同人眼中，王老吉有很多面，有人说王老吉粗俗得可以，把中国人民当白痴，雇用网络营销团队到处注册新址，自编、自导、自演了一出"独角戏"。无论是发帖还是跟帖，据说80%都来自一家号称月收费38万元的网络推广公司。也有人说，王老吉有爱心，大灾当前充当了一个大爱的角色，是中国人身上那股子向上的力量；还有人说，虽然王老吉炒作痕迹明显,但1个亿是不折不扣的真金白银,瑕不掩瑜,就算有炒作的成分,但作为中国食品业界的"第一捐",王老吉仍然值得敬重。

尽管在汶川地震中,捐赠超过1个亿,或者和王老吉一样多的企业为数不少,譬如央视赈灾晚会当天,王老吉旁边的"日照钢铁"也捐了1个亿,但是很明显,几天之后几乎没几个人记住这家日照钢铁公司,但王老吉却成了中国人民特别是中国网民心目中的"品牌英雄"。出现如此天壤之别情景,背后的故事令人深思。

(资料来源:http://www.100ec.cn/detail--5385666.html)

案例分析:

公益营销背后确实隐藏了很多的机会。但这么多的机会里有大有小,有难有易,投身公益营销回报大不大,不在于出的钱多不多,而在于是不是能够抓住最关键的核心机会。只有抓住这个机会,才能催化公益营销的效应,产生"四两拨千斤"的效果。

王老吉能大获成功,准确地说并不在于它出的钱多,而在于它出的钱"准"。王老吉本次捐赠的"准"主要体现在两个方面:一方面,5月18日前后,通过3~5天的救灾及信息披露,几乎全球都完整地接收了汶川地震的信息,汶川成为全球关注、关怀的对象。与此同时,因为信息传递的不对称,互联网上风行一个"国际铁公鸡排行榜",陈述了一个错误的事实,指出国际品牌在汶川地震中表现呆板,没有体现出足够的人道主义和企业责任。这个时候,正是群情激扬的时刻,王老吉出手就是1个亿,比之可口可乐、百事可乐、达能等大多数国际食品公司加起来的捐赠还要多得多,这一巨大的反差强烈地刺激了中国人民的神经,国际品牌在这一刻成了"品牌的矮子",而王老吉则瞬间超越了那些国际食品企业,成为"品牌的巨人"。另一方面,由于灾区本身的特殊情况,更多的人无法亲涉灾区,只能通过收看电视来表达关注之情。

中央电视台作为中国的传媒老大,其影响力和号召力非同一般。央视5月18日举办的那场赈灾晚会,共有数亿人观看,其收视率甚至不亚于春节联欢晚会,王老吉选择在央视赈灾直播晚会现场捐赠,又是天量的1个亿,几分钟之内,这一信息就可以传递给13亿中国人民和海外华人,效果可以在几个小时内发酵,不可谓不"准"。

第一节 公共关系专题活动概述

公共关系专题活动,简称公关专题活动,也称社会型公共关系活动、主题型公共关系活动,是指组织在运行过程中,围绕特定主题事件,采用特定方式,有组织、有计划、有针对性地举行的具有较强社会影响性的公共关系活动。

一、公共关系专题活动的主要特征、目的和主题

(一)公共关系专题活动的主要特征

公共关系专题活动是公众参与性最强、最能有效传达组织信息的活动。活动的形式有赞助活动、庆典活动、展销会、记者招待会等。

一般来说，公共关系专题活动以公众聚集起来一同活动为基本形式，借助特定的主题和内容，并运用丰富多彩的活动方式，使参与者有一种新鲜的情绪体验，使组织与公众进行一种良好的思想情感交流。因此，公共关系专题活动具有下列明显的特征：

(1) 针对性。公共关系专题活动是组织在运行过程的某一阶段根据实际情况和实际需要，考虑到特定公众的实际情况、利益需要甚至情趣爱好，有目的、有针对性地开展的公共活动。

(2) 主题性。目的较为单一、明确，为某一主题而发起，并围绕这一主题而有意识地展开。

(3) 计划性。活动开展的每个环节，如确立主题、重点、对象和范围，都必须事先反复斟酌，认真细致地论证和修改，制订出周密而详尽的实施计划。

(4) 时效性。公共关系专题活动举办时间短，要求信息量、覆盖面及知晓公众尽可能广而多，必须借助公众关心的主题设计策划，"借力打力"。

(5) 多样性。成功的公共关系专题活动创意新、形式新、内容新、方法新，推陈出新，层出不穷。

通过主办各种专题型活动，可以为组织创造与目标公众直接沟通的环境和气氛，促进组织与目标公众形成良好融洽的关系，提高组织声誉，扩大组织影响，树立组织形象，具有诱人的吸引力、强烈的震撼力、广泛的辐射力。

(二) 公共关系专题活动的目的

公共关系专题活动的目的是指导和实施专题活动的依据，也是评估专题活动效果的标准。专题活动的目的必须与组织公共关系的总目标相一致，遵循组织公共关系的基本原则与规范，即通过各种专门的社会活动，树立组织形象，提高组织的社会知名度和美誉度，建立公司与公众的密切联系，扩大社会影响，为组织创造一个和谐的社会环境，并通过社会来传播组织的信息。

(三) 公共关系专题活动的主题

每一次专题活动都要有一个与目的相一致、与组织公共关系总目标密切相关的明确的主题。设计公共关系专题活动的主题时应考虑下列因素。

(1) 要能充分体现专题活动的目的，以实现目的为宗旨，切不可顾此失彼。有悖于目的实现的主题、缺乏针对性的专题活动，设计得再精彩也是败笔，只能导致专题活动的失败。

(2) 要在分析公众的基础上加以设计，了解公众的需求和兴趣，充分适应公众的心理需要，增强公众对组织的亲近感，从而使其易于接受公共关系内容。

(3) 要能突出专题活动的特色，形象生动，既富有激情，又贴切朴素，同时要具有鲜明的个性，切忌空泛和雷同。个性是事物的特殊本质，设计主题应强调创新和独特性。主题的设计要简明扼要、容易记忆，用通俗易懂的简要文字表达内涵丰富、鲜明生动的主题，否则不仅不易宣传，还会使人厌烦或产生理解上的歧义。

(4) 设计主题还应考虑本次专题活动与前后活动的连续性，给人以连贯、整体的感觉和印象，以便收到事半功倍的效果。

二、公共关系专题活动筹划

公共关系专题活动筹划主要包括如下内容。

（一）确立目的，设计主题

确立专题活动所要达到的具体目的，并据此设计专题活动的主题，是搞好专题活动的前提。关于这一点，已在本章前面内容中进行了阐述，这里不再重复。

（二）确定采用的形式及规模，选择媒介

专题活动所采用的形式及规模，要视具体目的、所要达到的效果以及针对不同的公众对象加以确定。例如，展销会是创造良好的消费环境，向公众推广新的消费观念或新产品最有效的形式之一，其规模除考虑市场需求、产品性质等因素外，还应考虑所需的人力、物力、财力。专题活动的传播媒介主要选择大众传播媒介与群体传播媒介，应根据专题活动的形式、不同的公众对象及所要传播的内容加以考虑并予以综合利用。如举办一个博览会，既可以制作电视节目、POP广告，也可采用电话解说、散发印刷品等形式。

（三）确定日期及日程安排，选定场所

确定专题活动的日期时，应注意利用或避开重大节日、纪念日。一般来说，凡是与重大节日、纪念日有直接或间接联系的专题活动，可以考虑利用节日来烘托气氛，以期扩大专题活动的影响；凡是与重大节日、纪念日没有任何联系的专题活动则应尽量避开重大节日、纪念日，以免被重大节日、纪念日冲淡气氛。此外，还应避免与其他活动发生冲突。有一些专题活动还要注意季节的选择。一般不宜在较短的时间里开展两项重大专题活动，以免影响或抵消应有的效果。行程安排应尽量紧凑，避免空当，但也要留有余地。日程表一旦确定就应严格执行，尽量不被特殊情况所干扰，要做到有条不紊。要选择适合专题活动规模的场所，如援助灾区的专题活动在过于豪华的场所举办显然是不恰当的。

（四）确定主要参加者

专题活动的主要参加者包括主持人、有关领导、重要来宾等，其中主持人可以说是关键人物，直接影响专题活动的水平甚至成败。主持人的修养、素质、文化水平、风度仪表等在一定程度上体现着组织的整体面貌，公众往往通过这一关键性人物来确认组织的形象或产品的质量。主要参加者确定后，应提前印发请柬，以保证出席。

（五）制订宣传报道方案

首先要确定本次专题活动主要宣传什么。一般一次专题活动只能围绕一个主题进行宣传，即抓住一个重点。如果同时出现两个以上的重点，会使人抓不住最重要的东西，因为它们可能恰好相互抵消。专题活动举办前要尽早通知新闻单位，并提供素材，帮助记者事先了解该项专题活动可能产生的社会效益与经济效益等，争取得到新闻界的支持。新闻稿、解说词等也应提前准备好，以便随时给记者提供参考。

（六）组织精干的筹备人员队伍

专题活动在策划与实施中，需要各个环节的相互照应、密切配合，这样才能保证工作质量，使其经得起实践的考验。同时，通过周密的组织工作，可以使公众感受到组织的实力与

魅力，从而增强对组织的信任感。

（七）筹备各种设施、实物、礼品

要根据专题活动的需要提早筹备现场的各种设施。这是一项烦琐、复杂而又必须仔细对待的工作，如现场电源、灯光、音响、投影机、摄像机等的准备和调试。现场实物，如组织微缩景观、组织标志、组织产品或产品模型等，也应提前准备好。小礼品应尽量体现组织独特的风格，既要有纪念意义，又要考虑实用价值，还要能产生广告效果，同时成本低廉。现场的装饰与布置应别致新颖，独具匠心，不落俗套，服从于专题活动主题的需要，其中主席台与记者席应重点考虑。

（八）预算费用开支

专题活动的各种开支都要事先估计到，以便做到量入为出，并留有余地。任何一个组织在举办专题活动前都要考虑成本问题，并详细做好各项预算。因为这不仅体现了设计者、组织者的科学工作态度，而且有助于强化活动设计的科学性。

（九）现场组织

现场组织工作主要包括向导、登记、接待、发放宣传品和纪念品、解决临时发生的有关问题等。组织者既要当好指挥员，使所有参加者有所适从，又要当好服务员，使每一位参加者都感到舒畅、满意；既要照顾全局，又要做好每件细微的事，保证整个活动的顺畅。

（十）方案调整与进程控制

专题活动的方案确定后，仍应根据各种反馈信息不断调整、修正方案，以提高专题活动的质量。在专题活动实施过程中，则应尽力把握进程，除非发生特殊情况，否则应严格执行原方案，以便对整个过程加以控制，收到预期效果。

第二节 庆典活动

庆典活动是社会组织为了向社会公众展示自身，体现自身的领导和组织能力、社交水平及文化素养，并以此扩大组织知名度，最终获得更大经济效益和社会效益，围绕重要的节日或自身重大值得纪念的事件而举行的庆祝活动。它是一种典型的公共关系专题活动。

企业在内部发生值得庆祝的重要事件时，或在人们共同庆祝的重大节日里举行隆重的公共关系专题活动，包括各种节日庆典、开工（开业）庆典、竣工典礼、企业周年或若干周年庆典等，都称为庆典活动。庆典活动与企业的日常活动相比更有特殊性和隆重性，是一种展示企业形象，提高企业社会知名度的公共关系活动。这些活动都是公共关系工作中的重要沟通方式，公共关系人员是这类活动的策划者和组织者，应当研究和掌握企业这类活动的规律，为企业创造良好的公共关系环境。

一、庆典活动的作用

任何庆典活动，都是企业向社会公众"亮相"的宝贵时机，有助于增进公众对企业的了解,并塑造良好的企业形象。其作用具体表现在三方面。

(一) 引力效应

在企业的日常活动中,即使工作做得相当出色,也不一定为大部分外界公众所注意,适时举办庆典活动,可以为企业广造声势,将外界公众的注意力吸引到企业上来,使企业在公众中打出名声。

(二) 实力效应

企业举办庆典活动,是以雄厚的经济实力为基础的。通过举行大型庆典活动,企业无形中向外界证明了自身的强大实力,可以使外界公众产生和增强对企业的信任感,愿意和企业打交道。

(三) 合力效应

对于企业内部公众即股东和员工而言,开展庆典活动,有助于增加内部公众的自豪感,增强企业的凝聚力和向心力,使企业内部公众更热爱本组织。这就为企业进一步壮大奠定了坚实的基础,有利于形成企业发展的强大合力。

二、庆典活动的类型

庆典活动总的要求是有喜庆的氛围、隆重的场面、高昂的情绪、灵活的形式,同时还应该有较高的规范性和礼仪要求。常见的庆典仪式主要有:法定节日庆典,如五一国际劳动节庆祝活动;某一组织的节日庆典活动,如复旦大学百年校庆;企业为了扩大组织形象宣传,利用奠基、开业、周年等时机举行的庆典仪式;签字仪式、颁奖仪式、授勋仪式等。这里重点介绍以下几种类型的庆典活动。

(一) **节庆型庆典活动**

节庆型庆典活动是因盛大节日而展开的公共关系策划活动。各国、各地区的节庆节日繁多,大致可以分为官方节日和民间传统节日两大类。

1. 官方节日

官方节日有世界性节日和国家性节日之分,如元旦、国庆节、劳动节、青年节、教师节、护士节、建军节、电影节、旅游节、艺术节等。

2. 民间传统节日

民间传统节日有中、外节日之分。外国节日有欧美的圣诞节、情人节、感恩节、复活节、母亲节、狂欢节等,中国的民间节日则有春节、元宵节、清明节、端午节、重阳节等。不论是哪种节日,其实都是社会组织值得把握的良好公共关系时机。

此外,还有许多地方根据自己的地理文化环境、风俗、民间传说、土特产,以及民族的特点举办具有浓厚地方特色的特殊节庆活动,如上海的龙华庙会、山东潍坊的风筝节、浙江余姚的杨梅节等。这些活动本身就具有公共关系活动的性质,企业和组织完全可以利用此机会,不露声色地开展公共关系活动。

(二) **纪念型庆典活动**

纪念型庆典活动就是社会组织利用社会上或本组织在其发展过程中的各种纪念日而开展

的公共关系活动，其主要有以下几种。

（1）属于社会性质的纪念活动。如领袖人物、社会名流、科学家、发明家、作家等的诞辰或逝世纪念日，重大发明纪念日，重大历史事件纪念日，等等。

（2）属于本行业、本组织的纪念活动。如公司周年纪念、重要的建筑物竣工纪念等。这类活动每个组织都可以开展，它对于组织树立良好的组织形象，从而扩大知名度有着重要的意义。

（三）典礼型仪式活动

典礼型仪式活动主要是指组织主办的各种庆贺典礼型专题活动。一般有开幕（开业）庆典、周年庆典、乔迁庆典、重大成果庆典、受到特殊嘉奖庆典、重要项目签字仪式、颁奖仪式、捐赠仪式、就职仪式、授勋仪式等。

1. 开业庆典

开业庆典是指组织开业、博览会、交易会、重要工程奠基或竣工等大型活动的第一天举行的庆贺仪式。这种仪式如果安排得好，不仅可以树立良好的组织形象，给社会公众留下深刻的印象和美好的记忆，还可以体现组织领导者的能力、气质与风度，展示组织的风貌与员工的素质，往往会成为日后社会公众取舍和亲疏的标准。

2. 周年庆典

周年庆典指开业1周年、10周年、50周年等纪念活动。周年庆典有利于加深组织在社会公众心目中的印象，是组织发展过程中的重要"加油站"。

3. 乔迁庆典

社会组织有时会因各种原因迁往新址，组织可以利用这一时机举行声势浩大的庆祝活动。这样做不仅可以将搬迁的信息及时传递给社会公众，以减少因搬迁给组织带来的不利影响，而且可以借此来扩大组织的知名度，如日本最大的广告公司——电通，其66周年纪念日的搬迁活动就是一个成功的典范。

4. 重大成果庆典

社会组织在发展过程中，往往都会有各种各样的重大成果或重大发明，因此，组织可以抓住这一时机举办形形色色的庆祝活动。一方面把组织信息迅速传播给社会公众，另一方面借此扩大组织知名度和提高组织美誉度，增强社会公众对组织的认同和信任。

三、庆典活动的程序

庆典活动具有较浓重的表演色彩，虽然举办形式灵活多样、不拘一格，但无论哪种形式的庆典活动，要想达到预期的效果，都必须精心策划、周密准备、认真实施，才能获得成功。

（一）庆典活动的筹备工作

庆典活动的筹备工作比较琐碎，需要细心准备，以免遗漏重要工作，影响整个庆典活动的效果。庆典活动的具体筹备工作如下。

1. 做好前期调查和宣传工作

社会组织在策划和安排庆典活动之前，要针对组织自身的性质、特点和对象的情况，在其所处地区进行广泛的调查研究,充分了解社会公众对本组织的认同程度,同时向社会公众传播本组织的性质、特点以及对公众的益处。另外,还应调查社会公众对本组织的兴趣所在,以便在策划庆典活动时,最大限度地适应公众的心理需求。

2. 精心选择庆典活动的时间

在调查分析基础上,选择举行庆典活动的时间是庆典活动成功进行的重要环节。选择最佳时间举办庆典活动容易产生广泛的社会效益。经营妇女儿童用品的商场,开业典礼时间通常应选择在"三八"妇女节、"六一"儿童节;经营学生用品的商场,开业典礼宜选择在新学期将至之时;以名人姓名命名的基金会,庆典活动应选择在名人的诞辰纪念日等。

3. 确定庆典活动的主题

庆典活动不是单纯的庆典,庆典活动应该纳入组织的整体规划,成为组织重要工作的一部分,使其符合提高组织整体效益的总目标。为此,庆典活动的主题必须符合组织的整体目标,并且围绕主题进行精心策划,提炼宣传口号,适当地进行宣传铺垫,制作并发放海报、宣传品、广告等。

庆典活动,特别是大型的庆典活动,涉及方方面面的工作,组织好这样的庆典活动,既是对组织风采的展示,也是对组织活动能力的检验。为此,进行周密的安排,并且认真地实施,是非常必要的。

(二)**编排庆典活动程序**

庆典活动的程序安排工作非常重要,如果事先不做准备,就会使整个活动混乱无序。庆典活动的程序一般是:签到—宣布庆典开始—介绍重要来宾—领导或来宾致贺词—主办者致答谢词—剪彩等。其间可适当安排一些助兴节目,以渲染气氛、提高兴致。同时,要及时散发宣传资料和赠送纪念品。

(三)**庆典活动的后续工作**

庆典活动之后仍有大量工作要做。后续工作主要有:敦促新闻界客观、迅速地报道本组织的情况,搜集传播媒体及公众舆论的有关反映,做好新闻报道剪报资料的存档工作,制作庆典活动的音像资料;写好庆典活动的总结报告,为将来的活动积累经验。

一般的庆典活动并不复杂,时间也不长,但要办得热烈隆重、丰富多彩,给人留下深刻的印象并不是一件容易的事。举办庆典活动,除了公共关系人员要做好充分的准备,热情接待、头脑冷静、善于鼓动、有序指挥外,社会组织的主要领导人也应该关心庆典工作的筹备工作,对庆典活动进行通盘考虑;组织的公共关系专业人士要协调与各职能部门的关系,不可把庆典活动单纯看作公共关系部门的工作内容,切忌"脚踩西瓜皮,滑到哪里算哪里"。另外,还要注意开动脑筋、群策群力,在创新上下功夫,才能保证庆典活动的顺利进行。

四、举办庆典活动的注意事项

举办庆典活动时要注意以下事项:

(1)明确举办庆典活动的目的,围绕此目的制订周密的计划。公共关系人员必须牢记:每一场成功的庆典活动都应有明确的主题和周密的计划安排,而不论以什么方式,借助何种内容来举办庆典活动,都应和公共关系目标——树立组织的良好形象、建立组织与公众的协调关系紧紧联系在一起。

（2）确定一个醒目的标题或一个令人耳目一新的口号，使庆典活动能在社会公众心目中留下深刻的印象。这主要是针对大型、系列化庆典活动而言的。如北京1987年隆重接待第100万位外国游客活动和1988年北京国际旅游节，其主要标题就是五个字："请到北京来！"

（3）一般的庆典活动应根据场地、交通、气象、设备等条件，确定活动的时间、地点、规模等，注意不要与社会上重大的节假日或社会活动相冲突，否则将大大降低庆典活动的传播效果。

（4）组织一个精干的筹备班子，策划庆典活动，其内部既分工明确又能密切合作。筹备组成员应该能独具匠心，在策划和实施庆典活动中显示出组织的实力、魅力和潜力。

（5）确定庆典活动的经费预算，在办好庆典活动的前提下，既注意节约，杜绝铺张浪费，又要留有余地，以备不时之需。

（6）制订详细的报道计划。可以事先同新闻界联系，组织接待记者采访，撰写新闻稿，也可以自己组织人员发布新闻，报道庆典活动，之后登报向社会各界致谢，以再次提高组织的知名度。

第三节　展销会

展销会是一种综合运用各种媒介推广产品、宣传组织形象和建立良好公共关系的大型公共关系专题活动。它通过实物、文字、图表来展示成果，图文并茂，给公众以极强的心理刺激，从而加深印象，提高组织和产品在公众心目中的可信度。

一、展销会的作用

展销会作为一种传播活动方式，在各方面都会产生较好的效益与影响。具体来说，展览活动的作用体现在以下几个方面。

（一）促进公众对企业的了解

展销会具有真实性、知识性和趣味性的特点。生动的图片、形象的文字说明、声情并茂的讲解以及直观的实物展示都直接地介绍了企业的特色和成就，能吸引广大公众注意，从而增进公众对企业的了解，提高企业的知名度。

（二）促进产品或服务的销售

一个成功的展销会也是一次成功的广告宣传，企业可以通过举办或参加各种贸易展销会来促进企业产品或服务的销售，并巩固发展与各行业的关系。

（三）促进信息的交流

展销会的举办，能让参展的企业了解不同公众需求的最新消息，同时把企业自身的产品行情、推销手法等信息及时传达给公众，达到与公众多方交流、密切沟通的目的。

二、展销会的特点

不同内容或类型的展销会,往往具有不同的特点。但是,一般来说,展销会具有以下共同特点。

(一)传播媒介的复合性

展销会采用的传播媒介不是单一的,而是复合的。它往往需要利用实物、图片、文字、表演、示范、演说、销售和服务等多种传播手段,突出主题、渲染气氛、传播信息,形成综合性的传播能力。这是其他传播方式无法比拟的。

(二)传播方式的直观性

展销会往往利用实物、模型或图片等直观的方式进行传播与沟通。因此,展销会是一种十分直观、形象、生动的传播方式。尤其是展销会上的实物展示,使公众看得见、摸得着,加上专门的现场讲解,可以加深公众的印象。

(三)传播沟通的双向性

展销会可以给社会组织提供与公众直接双向沟通的机会。公众与组织的讲解人员往往可以一问一答地进行直接交流。一方面,社会组织通过介绍产品、宣传自己,增进了组织与公众之间的相互了解;另一方面,公众通过洽谈、讨论、咨询,甚至对产品提出意见等方式反馈信息,有利于社会组织和公众的沟通、交流,从而收到较好的效果。

(四)传播效果的关注性

一般情况下,展销会上会有许多组织和产品参展,所以这是一种高度集中的高效率的沟通方式;同时,展销会又是一种综合性的大型活动,往往成为新闻界的对象和新闻报道的题材。因此,展销会对公众的影响效果很大。

三、展销会的类型

根据展销会的主题需要及客观条件来选择合适的展览类型,是展销会策划的重要内容之一。展销会的类型大致可以分为以下几种。

(一)按照展览的性质划分

按照展览的性质划分,展销会可分为贸易展销会和宣传展销会。

1. 贸易展销会

贸易展销会就是会展部门通过某种形式把各个厂商或公司汇集在其提供的场所,由他们向来参观的公众演示、介绍自己的实物产品,其目的是做实物广告,促进产品的销售,如上海每年春节前举办的农副产品展销会等。

2. 宣传展销会

宣传展销会是企业或组织为了宣传某一成果、思想或知识,或者让人们了解某一段史实而举办的展览活动。这种展销会通常展出图片、图表和有关的实物来达到宣传效果。

(二)按照举办地点划分

按照举办地点划分,展销会可分为室内展销会和露天展销会。

1. 室内展销会

室内展销会是较常见的一种展览方式，较为正式、隆重。这种展销会的布置一般都经过精心设计，较为复杂，所需费用较高。其优点是不受天气影响，举办时间也较为灵活，比较适合长时间的物品、文字、图片展览。

2. 露天展销会

露天展销会的最大特点就是会场布置比较简单，场地较为宽敞，可以展出大量展品，所需费用也相对较低，接待观众方便，可容纳较多参观者，比较适合短时间的物品、文字、图片展览。其缺点是容易受天气影响，不适合展出较为精致、价值高的小物品。露天展销会主要有大型机械展销会、农副产品展销会、花卉展销会等。

（三）按照展出的商品种类划分

按照展出的商品种类划分，展销会可分为单一商品展销会和混合型商品展销会。

1. 单一商品展销会

单一商品展销会也称为纵向展销会，是指展出的商品品种单一，具有连续性和发展性，例如，针对同一产品，展出不同牌号、不同年代的样品，展示不同的功能和质量；也可以展出来自不同厂家的同一产品，如汽车展销会，其型号和品牌常常是琳琅满目，竞争十分激烈。

2. 混合型商品展销会

混合型商品展销会也叫横向展销会，展出的物品或商品种类繁多，使人们便于比较，广州商品交易会就属于这一类型。

（四）按照规模划分

按照规模划分，展销会可分为大型综合展销会、小型展销会和微型展销会。

1. 大型综合展销会

大型综合展销会一般由专门的单位主办，需要较高的技术，要由有经验的人统一筹划、统一指挥，还需要各方面的具体工作人员做很多细致的工作，参展企业或组织通过报名加入。这种展销会一般规模大，参展单位多，参展项目也多。

2. 小型展销会

小型展销会参展项目少、规模小，一般由企业或组织的公共关系人员自己策划组织和举办，向公众介绍自己组织的产品或服务。

3. 微型展销会

微型展销会规模极小，有的只需要一个展台或一个橱窗。在这种情况下，为了引人注目，要注意考虑展览品的艺术设计。这类展览看似简单，但技巧性要求较高。

四、展销会的组织实施

展销会成效的高低直接受展览组织者水平的影响，因此，设计和组织好展览工作十分重要。举办展销会是一项系统工程，涉及方方面面。

展览活动是一种综合性的活动，要耗费大量的人力、物力和财力。因此，举办展览活动需要公共关系人员用自己的聪明才智进行策划和实施。为保证展览活动的成功举办，企业公共关系人员须做好以下工作：

（一）**必要性和可行性分析**

由于展览活动是大型的综合性公共关系活动，耗费较大，需投入较多的人力、物力、财力，如不对其必要性和可行性进行科学的分析论证，就有可能造成不良后果。因此，在举办或参加展览活动之前，企业公共关系人员一定要对举办或参加展览活动的必要性和可行性进行研究，核算展览活动的投入与产出细账，防止费用开支过大，得不偿失，或因准备不足而起不到应有的作用。只有经过分析论证，认为有必要举办并且举办方案也切实可行，才能决定举办展销会。

（二）**明确展览活动的目的和主题**

每次展览活动都应有明确的目的和鲜明的主题。展览活动的目的就是通过展览，解决企业组织的问题，达到一个目标，如是以促销为目的，还是以宣传组织形象为目的等。展览活动的主题应是展览目的的概括体现，是展览活动的精神核心和宗旨，它通常用两句高度概括凝练的话表现出来，并呈现在展销会醒目的位置上，给参观者留下深刻的印象。

（三）**确定参展单位和项目**

根据展览活动的目的和主题，可以进一步确定参展单位和项目。如举办大型综合展销会，通常可采用广告和发邀请的形式体现展销会的宗旨、项目类型、要求及费用预算等，为潜在参展组织提供决策所需的资料。

（四）**选择展览时间和场地**

有些专题展览活动要考虑到时间性、季节性，如花卉展览、农副产品展览等。选择展览场地，首先要考虑方便参观者，如交通便利、容易前往参观等；其次要考虑场地的大小、质量、设备等；再次要考虑场地周围的环境是否与展销会主题相协调；最后要考虑辅助设施是否容易配备和安置。最好租用交通方便、设施齐全的展览馆，这样既方便展品运输，也方便参观者。此外，还应考虑展品的安全和保卫工作等因素。

（五）**分析参观活动的目标公众**

展览活动的对象是谁，范围有多大，参观者的层次、要求、数量等状况如何，都关系到展览场所的布置、各种辅助工具和辅助宣传材料的准备、讲解员的选择等。因此，分析参观活动的目标公众，是企业公共关系人员在展览活动前应分析研究的问题。这样在接洽、解说和材料上才能根据不同层次的参观者来准备，从而保证展览活动的顺利开展。

（六）**准备各种宣传资料**

展览活动需要的材料很多，如设计展览活动的徽标、纪念册、纪念品、展览场所的平面导游图、展览活动的宣传招牌、图片、展品、广告、气球等。这些都应在展览活动前做好充分准备。

（七）**培训展览活动的工作人员**

展览活动的工作人员素质和工作技能对整个展览的效果影响很大，特别是一些专业性较强的展览，如果没有一定的专业知识，展览的组织、洽谈、解说、咨询等工作就会受到影响。此外，工作人员的公共关系素质，接待、礼仪、讲解的技巧，都对展览活动有影响。因此，应对所有工作人员进行必要的专业知识和公共关系技能培训，培训内容包括以下几类：一是展览项目的专业知识；二是各自的职责及对各种可能发生的突发事件的处理程序和准则等；三是公共关系方面的知识、接待礼仪方面的训练。

（八）完善参展辅助设施和相关的服务项目

企业公共关系人员筹办展览活动应准备好电源、电话、照明、音响、影像等辅助设施以及邮政、检验、保险、银行、交通、住宿等相关的服务项目，以保证展览活动集中、高效率地进行。

（九）成立专门的新闻发布机构，做好与新闻界的联络工作

展览活动要利用一切可以调动的传播媒介进行公共关系活动，使公众通过视、听等多种渠道了解有关企业组织的信息。展览活动举办前应组建一个专门的新闻机构，负责制订新闻发布计划，邀请新闻界采访、报道、撰写新闻稿并及时向社会传播有关展销会的各种信息，扩大参展单位及整个展销会的影响。

（十）策划展览活动的开幕式

展览活动的开幕式要隆重而热烈，可邀请政府部门负责人、各界名人出席，请政府部门的负责人为开幕式剪彩，还可以邀请大型管弦乐队来助兴，以造声势，烘托气氛，并请参观者、来宾签名留念。开幕式是展览活动的前奏，一定要搞得有声有色，富有吸引力，给参观者留下良好印象。

（十一）编制展览费用预算

经费预算是指把展览活动所投资的总金额落实到展览活动的每一个具体项目中，使每一个项目的经费得以落实，如场地租金、设计装修费、广告费、电费、运输费、接待费、资料费、劳务费等。企业公共关系人员应有计划地分配展览所需的各项资金，防止超支和浪费。

（十二）评估展览活动效果

展览活动结束后应做好评估，总结经验、吸取教训，以利于以后的展览办得更好。可通过展览活动带来的直接经济效益，评估展览活动的效果，这是最主要的衡量标准。此外，还可通过参观人数、新闻传播媒介的报道量、咨询台、留言簿、问卷调查、有奖测验、新闻分析等，来了解、评估展览活动的效果。

★ 案 例

会展业为"一带一路"提供重要切入点

第十三届中国会展经济国际合作论坛于2017年1月12日至14日在澳门举行。澳门贸易投资促进局主席张祖荣出席并演讲。

在全球经济新常态下，世界会展业的版图正逐步转移到亚洲国家等新兴市场，并逐步成为世界会展业发展的新动力。特别是在"一带一路"的倡议下，加强沿线国家的互联互通，推动国际和区域层面的经济合作，更需要国际化的会展平台，为金融、商贸、基建、文化、旅游业等领域创造更多的机遇。

张祖荣以澳门为例称，目前澳门正积极建设世界旅游休闲中心和中国与葡语国家商贸

合作服务平台，并依托中西历史文化交融、与海外华侨紧密联系，以及优越的营商优势，发挥澳门在海上丝绸之路的结点作用，推动会展业的创新和协同发展，全面地促进产业多元化。

张祖荣称，"随着会展业软硬件优化，澳门有条件举办更多具规模的国际性会展活动，可以为'一带一路'沿线国家、地区和企业寻找商机，同时推动自身的发展路线。例如2017年澳门将举办多项大型活动，除了今天的CEFCO 2017，包括第十届计算物理国际会议、旅游交际会等，为澳门发展奠定了方向，打开了一个突破口，以举办高规格论坛和展览为抓手，围绕建设一个平台、一个中心，发挥澳门独特优势的同时，也努力促进经济适度多元发展，推动会展业、文化产业、特色金融等新兴产业的成长。"

张祖荣表示，会展业可以为"一带一路"提供重要切入点，可以借助会议从战略层面驱动新兴产业发展，并以专业展览、展销会将产业市场化。张祖荣还表示，把握"一带一路"的机遇，除了业界、政府的努力，也离不开国际合作，我们真诚希望今后能继续深化中国内地与葡语国家及其他国家地区的合作协同发展，共同把握"一带一路"的机遇，充分推动会展业成为新经济的增长点，促进环球经济持续健康发展。

（资料来源：http://www.cnena.com/news/bencandy-htm-fid-13-id-74850.html）

第四节　新闻发布会

公共关系人员用来广泛宣传某一信息的最好工具莫过于举行新闻发布会。新闻发布会的最大优点是所公布的信息真实、可信度高，容易使组织和新闻界之间达到相互理解和沟通的良好效果。

一、新闻发布会的含义和来源

新闻发布会又称记者招待会，是指以某一社会组织的名义邀请新闻机构的有关记者参加，由专人宣布有关重要信息，并接受记者采访的具有传播性质的一种特殊会议。通过新闻发布会，组织可以将有关信息迅速传播扩散到公众中。在新闻发布会上，不仅可以公布本组织的一些重大新闻，如方针、政策、措施等方面的新举措，加强公众对组织的认可，而且可以利用新闻发布会的影响力，妥善解决一些棘手的问题，以达到澄清事实、说明原委、减少误会、求得谅解等效果。新闻发布会是一种二级传播：首先通过记者招待会，以人际沟通和公众传播的方式，将信息告知记者，然后由记者以大众传播的方式进一步将消息告知社会公众。在这种形式下，实现了社会组织和新闻媒介的沟通，并通过这种沟通，实现了社会组织和广大公众之间的沟通。

二、新闻发布会的特点

召开新闻发布会能有效地向媒体发布组织的重要进展和信息，但同时必须事先进行周密的计划。记者们通常都希望进行独家报道，但如果有要事相告，那么新闻发布会是最好的选择。

（一）权威性强

社会组织以新闻发布会的形式发布组织信息，所公布的信息真实、可信度高，容易使社会组织和新闻界之间达到相互理解和沟通的良好效果。其形式比较正规、隆重，而且规格比较高，有极强的权威性。

（二）针对性强

新闻发布会上，社会组织与记者之间的答问是活动的主要形式。在活动中，记者可以就自己感兴趣的方面和角度进行提问，问题针对性较强。同时，在提问中，记者们还可以相互启发，能更深入地挖掘信息。

（三）较高的价值性

任何一个社会组织在其发展过程中，都会遇到各种各样的问题，比如，组织拟定的重大发展规划或新决策即将付诸实施之时，新发明、新产品试制成功之日，突发事件。尤其是遇到消费公众的投诉或误解，甚至受到媒介的公开批评，组织形象受到影响时，为挽回影响，并且争取舆论的支持等，都会召开新闻发布会。因此，新闻发布会具有较高的新闻价值。

（四）难度大，要求高

召开新闻发布会需要大笔的支出，不仅成本高，而且占用组织者和与会记者的时间较长，对组织发言人和主持人的要求也较高，因此新闻发布会与其他专题活动相比，举办难度较大。所以，在讲求经济效益的今天，如果没有重大新闻，新闻发布会最好一年召开一次。

（五）利于情感交流

在新闻发布会上，主持人与记者面对面地交流，可以就一些问题达成共识，既便于组织与新闻记者的相互沟通，也有利于情感的交流。

三、新闻发布会的组织实施

新闻发布会要想召开好，必须认真地按照新闻发布会的程序进行精心准备，以给记者们留下美好的印象，使其对组织产生好感，甚至倾心。这就需要公共关系专业人员在会前进行精心策划和周密安排，做充分的准备。新闻发布会的具体操作程序有以下几方面。

（一）新闻发布会的筹备

1. 精心策划会议主题

在召开新闻发布会前，先问自己这样一个问题：这一信息如果直接用新闻稿来发布是不是也可以？如果回答是肯定的，那么就应该取消新闻发布会。如果确属需要召开的新闻发布会，则要精心策划会议主题。新闻发布会的主题一般有以下几类。

（1）组织的重大决策、新技术和新产品问世、庆典等重大活动。
（2）组织面向社会的文化活动、经济交流、社会公益事业活动。
（3）市场行情、消费趋势、价格波动等社会公众广泛关注的问题。

2. 选择和把握好会议时间及地点

新闻发布会的时间选择合适，会收到事半功倍的效果；反之，则会影响会议效果。时间的选择一定要适合记者，以免记者不能参加。要尽量避开节假日和有重大活动的日子（特殊情况除外，如国庆新闻发布会）。一般情况下，周末举行新闻发布会是不太适宜的，就具体时间而言，一天之内最好安排在上午 10 点和下午 3 点左右，会议时间控制在 1 小时左右为宜。

会议地点的选择，首先要考虑交通方便。其次，新闻发布会地点的选择还应考虑能否给记者创造各种方便采访的条件，如录像、拍摄的辅助灯光，照明设备、视听设备、幻灯或电影的播放设备，适合记者使用的桌椅、电话机、传真机等。最后，会议环境要优雅，大小适中，各项服务水准较高。总之，要符合交通便利、设施齐全、环境良好等原则。

3. 确定邀请的媒体对象

一个成功的社会组织应该有自己鲜明的个性和特色，一个成功的新闻发布会也应该有自己特有的可供选择的媒体对象和邀请范围。在选择媒体对象和与会记者时，要考虑以下因素。

（1）新闻发布会的规模。
（2）会议预算的费用。
（3）新闻发布会将要影响的范围区域。
（4）对信息传播内容和速度的具体要求等。

4. 人员安排

新闻发布会对会议工作人员、主持人、主要发言人均有较高的要求。新闻发布会能否成功举行，能否达到预期的效果，在很大程度上要取决于会议主持人和主要发言人。新闻发布会的主要发言人原则上应安排社会组织的主要负责人，因为只有他们才能准确地、全面地回答有关本组织的方针、政策、经营、生产等重大问题。

如果新闻发布会的目的是公布某项新成果、新技术、新产品，或是公布面临的重大突发事件，那么主要发言人除了主要负责人之外，还可安排分管这方面工作的部门负责人。

5. 资料准备

由于新闻发布会时间短，因此，要求社会组织事先准备好提供给记者的各种材料，如企业背景、会议要点、主要发言及报道提纲，有关证明材料的复印件，产品说明书及有关单位或公众的反映信件，以及能说明问题的数据、术语和有关的照片、图片、录音带、录像带等。

6. 会务及其他准备工作

举办新闻发布会的日期和地址选定后，要提前几天把请柬送到应邀者手中，以便记者妥善安排时间，会议召开前一两天应询问落实记者出席的情况；安排足够的工作人员和招待人员，避免出现冷落与会记者的不愉快事情；准备好音响及辅助设备，给记者提供方便；安排好会议记录者、摄影者、录像者，做好会议记录工作，以备宣传、纪念之用；适当准备一些小纪念品、小礼品以加深友谊，必要时安排一些小型酒会、便餐或茶会，以加深彼此关系。

（二）新闻发布会的过程

新闻发布会的时间不一定很长，但具体的操作过程却非常重要，不可漫不经心，因此，精心准备是开好新闻发布会的重要环节。一般来说，新闻发布会的过程分为以下几个步骤。

1. 接待签到

在接待站设签到处，最好安排组织的一位主要人物出面迎宾，一方面表示出主人的礼貌和会议的郑重，另一方面也可以通过问候沟通感情。

2. 分发资料

在会议正式开始前，要将准备好的资料有礼貌地分发下去，以便记者对会议有一个大概的了解，同时使其在主持人发布信息时，对会议主题有进一步的认识和理解。

3. 会议开始

由主持人简要说明召开会议的目的、所要发布的消息和有关情况的介绍、说明；发言人就信息的内容作详细、生动的讲述。

4. 答记者问

发言人答记者提问。当发布会接近尾声时，主持人应提醒记者"下一个问题是最后一个问题了"。

5. 会议结束

会议结束时，组织的工作人员应站在门口，以笑脸相送，感谢对方的光临，为以后更好的合作打下良好的基础。

（三）新闻发布会的后续工作

1. 总结归档工作

总结内容一般包括会议的组织人、主持人、发言人和记者的反映，接待服务工作的情况。要尽快整理出会议记录，并及时整理归档。

2. 搜集记者发表的稿件

收集稿件之后，对照签到簿，统计各新闻单位关于会议的发稿情况，综合评价会议是否达到了预期目标，并作为今后邀请记者的依据。对已经发稿的记者，要电话致谢。

3. 密切注意公众的反映和评价

注意搜集社会公众对新闻发布会的反映和评价。

4. 正确对待负面报道

对待不准确的或歪曲事实的报道，应及时采取措施或要求更正，必要时可采取法律行动。

四、新闻发布会的注意事项

新闻发布会要坚持诚实、守信、直率和公正的原则，还应该注意以下几方面。

（一）充分做好会前准备工作

一场成功的新闻发布会需要做充分的会前准备工作，没有做精心的会前准备，新闻发布会是不会有好的效果的。为此，熟悉新闻发布会的会前准备工作是必要的。

新闻发布会会前准备工作的运作步骤如下。

1. 以信函方式提前通知媒体

正常情况下，在给媒体发出邀请函时，应该简明扼要地说明新闻发布会的主旨、涉及的事项，举办日期、时间和地点。邀请函最好在新闻发布会召开前7~10天送达新闻编辑。邀请函的制作要精美，最好不要油印，以体现对对方的重视以及会议的重要性。邀请函发出后，不要随便改变会议地点或时间，以免产生不郑重之感。

2. 要提早或持续追踪记者出席与否

为防止新闻记者们答应了出席新闻发布会又食言，要与他们经常联系，或在会议召开的前两天，打电话给没有回复的邀请人，并编制好与会者名单，以便获得较为准确的出席人数。

3. 做好会议签到接待的准备工作

新闻发布会开始之前，每位来宾均应有专人引导，在来宾簿上签到；设计安排好宾客的座次，分清主次，避免来宾人数众多而出现混乱和不愉快事件，保证会场秩序井然。给记者发的资料上，应写上其姓名和传播机构的名称。

（二）做好会务工作

会务工作琐碎而又重要，它的工作质量如何，直接影响到新闻发布会的成功与否。

会务工作的注意事项有以下几方面。

（1）与会工作（服务）人员应仪表端庄，精神饱满，统一工作制服。做好会场的服务工作，如卫生工作、休息室的安排、饮用水的供应和紧急情况的处置等。

（2）意外情况的处置。新闻发布会上最糟糕的事，就是在会议召开前10分钟，全场30个座位上，只坐着一位记者。当这种情况发生时，应赶快给公共关系部门打电话，召集公司里所有可能到场的人员，不管男士、女士。让他们人人拿着笔记本，来会场充数，以挽救尴尬的局面。

（3）主持人应把握好会场气氛。主持人言谈既要庄重，又要有幽默感，注意活跃整个会议的气氛，引导记者踊跃提问，且要切实把握会议主题。当会议出现紧张气氛时，应及时缓和气氛，维持发布会的秩序，使发布会及时顺利地进行。同时，要掌握好会议时间，避免重复提问。

（4）发言人的演讲应简明扼要。对记者的提问，发言人应简明扼要地回答，不能答非所问、离题太远。所发布的消息应准确无误。

（三）正确对待记者

对于组织来说，以何种态度对待记者，往往会影响到组织与媒体的关系。

对待记者要注意以下几方面。

（1）坦诚对待记者。主持人和发言人都应该坦诚对待记者，对不宜发表或透露的信息，要委婉地介绍，或采用技术性手段转移话题，巧妙地予以回避，不要含含糊糊、吞吞吐吐，以免引起记者误解，不要轻率地说"无可奉告"，更不能反唇相讥、嘲弄对方。

（2）面对个别记者带有偏见性或挑衅性的提问，既不要随意打断，也不要以各种肢体语言表示自己的不满，而要保持冷静的态度，以理服人。即使对方提出一些尖刻的问题，也不能激动发怒，应表现出良好的涵养。对记者的提问要一视同仁，不能厚此薄彼。遇到发言人解释不清或不能确定的问题，可请专门人员回答或临时召集有关人员磋商。

（3）发言人和主持人一定要谨言慎行，千万不要自我吹嘘、掩盖不利事实。

（四）合理安排会场

新闻发布会所用的会场的大小主要取决于与会的摄影记者数量。电视摄影记者比报刊摄影记者所占的空间要大。如果电视摄影机在会场后排，那么发言人应在会场前排就座；如只有报刊记者与会，发言人就可以坐在记者当中，当有人提问时就可以走到前排。越随便，离记者的空间距离越近，就越容易营造出一种友好气氛。

第五节 赞 助

赞助，也称捐赠或资助，是社会组织无偿提供人力、物力、财力资助某一项事业或活动，以取得一定的形象传播效果的社会活动。赞助在扩大企业与品牌的知名度和美誉度，提高顾客的忠诚度以及市场占有率等方面的威力不可小觑。在商品极大丰富、市场大都处于饱和状态的今天，感情投资在企业沟通中的作用越来越重要。对绝大多数消费者而言，在琳琅满目的同类商品中，在质量、价格、款式、包装、信誉、售后服务等商品要素大体相同的情况下，感情这一心理因素将起决定性作用。

开展赞助活动是社会组织对社会做出贡献的一种表现，而赞助活动本身也是综合运用多种传播手段树立本组织良好形象的公共关系活动。现在，越来越多的社会组织、企业家认识到自身的发展离不开社会的支持，作为社会的一员，自己也应对社会的发展承担一定的责任和义务，为社会贡献一分力量。因此，现在越来越多的社会组织（尤其是企业）愿意拿出一部分的资金对社会福利事业等进行赞助。从数量上看，现代社会开展赞助活动的主要是企业，不少企业赞助活动出现了策略型的趋势，将其纳入企业公共关系计划之中，其作用越来越重要。

一、赞助的作用

（一）展现实力

在赞助活动中，社会组织往往需要花费大量财力、物力、人力，参与这样的赞助活动可以显示出社会组织的雄厚力量，这种实力形象会给公众留下较好的印象，其可信度会随之骤增。如1998年3月，可口可乐公司董事长道格拉斯·艾华士访华，宣布向希望工程捐款人民币500万元。之后，可口可乐公司又为希望工程捐资近1 500万元人民币，在全国各地兴建了50所希望小学，为贫困地区的100所农村小学各捐赠了一套希望书库，展现了可口可乐公司的雄厚经济实力。

（二）扩大知名度

组织可以围绕赞助活动进行一系列的公共关系宣传活动，同时还可以与所赞助的活动一起出现在公众的面前，活动举办到哪里，组织的形象也随之宣传到哪里，起到广而告之、扩大组织知名度的作用。如丰田公司赞助的每年12月举行的"世俱杯"足球赛（原"丰田杯"世界足球赛），每年都有100多个国家的数亿观众通过各种渠道观看，在比赛过程中，摄像机镜头不时转向赛场边停放的准备奖励给最佳球员的漂亮、豪华的丰田汽车，再配以解说员的介绍，使丰田汽车与丰田公司给人们留下了深刻印象。

（三）展现社会责任感

通过赞助活动，组织可以向公众展示其对社会公益事业的关心、承担社会责任的行动、努力为社会做贡献的态度，由此可以给公众留下良好的印象，进而使公众对组织及其产品、服务产生信任感,对组织的长远发展充满希望和信心。

(四) 提高美誉度

社会组织所举办的赞助活动,一般都是公众关心的热点、焦点,因而赞助活动能有效地培养与公众的感情,增进彼此间的友谊,加强双方的联系。赞助一项社会公众所关心和喜闻乐见的事情,可以从根本上获取人们的好感、同情、理解、亲近和尊重,美化和巩固企业形象,提高组织的美誉度。这也是开创名牌、扩大产品销量的"法宝"。

二、赞助活动的类型

(一) 赞助体育运动

随着人们生活水平的提高,人们对健康越来越关注,体育运动成了人们强身健体的有效方式,参加与关注体育运动也成了一种时尚健康的生活方式。此外,各种体育运动与赛事本身就是媒介的报道对象,体育运动广泛吸引着公众的注意力。由此,体育运动作为一种赞助对象越来越受到各种社会组织的重视。而对体育运动的赞助也确实可以给组织带来巨大的回报。例如,上海航星集团1997年赞助辽宁足球队后,当年的销售总额即从2.4亿元猛增到4亿元,年增长幅度高达67%。该集团总经理不无感慨地说,要想在全国范围内产生如此影响,通过普通广告至少要5 000万元,而最终效果还很难说。而赞助辽宁足球队,一年只要花上四五百万元就足够了。

(二) 赞助文化生活

文化生活是公众社会生活的主要内容之一,组织对文化生活的赞助满足了公众的需求,同时在赞助文化生活的过程中还可以加强组织与公众的交流,并展示组织的文化品位。赞助文化生活对于促进文化事业的发展和提升企业形象,均具有十分重要的作用。对文化生活的赞助形式有影视节目赞助、大型文艺活动赞助、艺术节赞助等。例如,2004年,雅姿独家冠名赞助的世界顶级音乐剧《剧院魅影》首次在华公演。美的使者和音乐殿堂的瑰宝荟萃中华,展开盛大的梦幻之旅,光芒璀璨绽放,共同缔造美丽的经典神话。如果说企业通过广告推销是一种"硬销售",那么赞助文化活动则是一种深入人心的"软销售",其效果不可同日而语,且二者的投入也相差悬殊,越来越多的企业也认识到了这一点。

(三) 赞助科教事业

对科教事业的赞助主要有捐资建造教育设施、资助贫困生、设立专项奖学金、为学生提供出国进修的资助等。现在已有许多企业在高校设立了各种专项奖学金,帮助莘莘学子顺利完成学业,这可以扩大组织在社会和高等学府中的知名度与美誉度,也为大学生了解企业提供了一个渠道,展现了企业对祖国未来建设者的关怀,具有良好的长远社会效益。另外,还可以通过赞助某类专业协会、学会等社团组织的活动,一方面扶植其发展,另一方面增加对该专业领域的影响。此外,还有一些特殊领域和专业奖项的赞助,特殊领域的赞助有对古迹、遗产、国宝的捐资、赞助,专业奖项的赞助有设立新闻奖、创作奖、设计奖、发明奖、最佳影视奖等。

(四) 赞助社会慈善和福利事业

赞助社会慈善和福利事业是使组织与社区、政府搞好关系的重要途径,也是组织向社表明其承担社会义务和责任的重要方式,同时也可以向社会公众展现组织的爱心、对弱者的同情,赢得公众的好感与支持。这种赞助包括对希望工程的捐助、对受灾地区的物资捐献、对环保的投入、对残疾者及孤老的资助、为下岗人员提供就业机会等。中国惠普有限公司在纪念在华10周年庆典活动中,特举办了一项意义重大的社会公益活动——无偿献血。这项活动充分印证了惠普的管理观念:不愿为社会公益事业奉献的人,不会成为公司的合格员工。惠普这种真诚回报社会的行为给广大公众留下了深刻的影响、永恒的记忆。

(五)赞助节日庆典

社会组织资助大型的节日庆典活动,能增加节日的气氛,让公众在欢乐的节日气氛中接受组织的宣传,以愉悦的心情接受组织的形象。像自贡的灯节、洛阳的牡丹节、潍坊的风筝节、广东的龙舟节、哈尔滨的冰灯节,都可成为各类组织进行赞助和宣传的契机。

三、赞助的形式

赞助的形式主要有三种:一是资金赞助。这类赞助形式最为常见,如一些大公司对希望工程的赞助等。二是物品赞助。这类赞助是向活动提供本组织的产品,也可以提供受助者所需的物品,如药物、食物、衣物等。三是人力赞助。这是指社会组织免费为赞助对象提供工作、服务人员等。如为保护环境,参加植树活动;为美化、清洁环境,组织义务劳动等。对组织而言,可以采取资金赞助、物品赞助和人力赞助有机结合的方式,以求收到满意的效果。

四、赞助应注意的问题

赞助应注意的问题有以下几个方面。

(1)要考量组织自身的综合情况,量力而行进行赞助。

(2)要注意留存一部分机动款项,作为遇到临时、重大活动时的备用款。

(3)对各种明显不能满足其需要的征募者,应坦率而诚恳地解释组织的有关政策,绝不能为威胁利诱所屈服,必要时可诉诸社会舆论和法律,以保障组织的合法权益。

章后案例

万科"捐款门"事件

2008年5月12日14时28分,中国四川省发生里氏8级强烈地震,全国大部分地区有明显震感,震中位于阿坝州汶川县,地震造成了严重的人员伤亡和财产损失。灾难发生后,社会各界纷纷捐款捐物,支援灾区人民。在地震当日,中国著名的房地产公司——万科集团宣布捐款200万元,这本是件好事,但在全国企业界动辄上千万的捐款面前,这笔捐款的数额以及万科董事长王石对捐款数额的解释给万科带来的不是鲜花与掌声,而是全国范围的口诛笔伐。这就是万科"捐款门"事件。下面我们将详细地回顾一下万科公司捐款门事件。

万科在捐出款项的同时,就引发了网友对捐款数额过低的质疑。有网友认为,万科2007年销售额排名内地房地产企业第一,超过523亿元,净利超过48亿元,此次捐赠的善款不足其净利润的万分之四,万科没有承担起与其能力相应的社会责任。

5月15日,地震发生三天后,王石在其个人博客中写下一篇名为《毕竟,生命是第一位的(答网友56)》的文章,作为对网友质疑的回复。王石在文章中称:"200万元是个适当的数额。中国是个灾害频发的国家,赈灾慈善活动是个常态,企业的捐赠活动应该可持续,而不应成为负担。万科对集团内部慈善的募捐活动中,有条提示:每次募捐,普通员工的捐款以10元为限。"其意就是不要让慈善成为负担。

王石的文章,无疑是对公众指责的火上浇油,立即在社会上引起了一场不亚于汶川大地震的风波,引来了对万科和王石本人的更为猛烈的"炮轰"。

5月21日,王石接受凤凰卫视《金石财经》主持人曾静漪独家采访时对网友表达歉意:"我现在认为在当时那种情况下,我所说的那句话还是值得反思。"

(资料来源:http://www.yiper.cn/baidudata/k-%E6%8D%90%E6%AC%BE%E9%97%A8)

案例分析题:

分析万科"捐款门"事件对万科企业形象的影响。

思考题

1. 如何开展赞助活动?请简述开展赞助活动的步骤。
2. 要办好一次庆典活动,应做好哪些工作?
3. 新闻发布会的准备工作应从哪些方面考虑?
4. 如何做好展销会的组织工作?
5. 为使一次会议成功地举行,对会议主持者应有哪些要求?

第九章

互联网公共关系

★学习目标

知识目标：了解互联网及互联网的时代特征；理解互联网信息传播特点；掌握互联网公共关系的内涵、特点；掌握互联网公共关系的新契机与挑战。

技能目标：掌握互联网公共关系的原则、方式；掌握新媒体背景下的公共关系手段；掌握互联网公共关系的技巧。

素养目标：建立互联网思维模式；培养应变能力。

★建议课时

6课时。

★案例导入

创维麦霸促销员惊现卖场

2009 年，网络上疯传一系列"最雷酷开麦霸促销员"的视频，视频的主角是一位颇有创意的创维酷开电视促销员。为了提高销售量和自己柜台的人流量，这位促销员每天扮演不同的歌坛名人，更换不同的装束，使用让人眼花缭乱的 K 歌方式，包括模仿"小沈阳"挑战苏珊大妈，模仿网络红人"印度 F4"，还创作了超级玛丽中文主题歌。创维酷开电视，其最大的卖点就是具有卡拉 OK 功能，具有称之为 Mr. 麦克的智能评分系统，用户用该电视 K 歌后，电视会自动给用户唱的歌打分。酷开电视的卡拉 OK 功能还可以使用网络 MP3 歌曲，K 歌背景用户可以用自己的图片和视频替换。"最雷酷开麦霸促销员"完美地结合了创维酷开电视的自身特点，将产品进行了有效传播，这种营销手段成为家电行业试水互联网公共关系的佳作。

案例分析：

在"最雷酷开麦霸促销员"这个案例中，借助了完全娱乐化的营销手段，制造网络热点事件,抓住网民的眼球,借此提高网民对创维电视的关注,"做好一个品类中的宣传和推广"。正如家电行业营销资深专家于清教所分析的那样,在对"麦霸促销员"自主创新营销完成工作目标肯定的同时,我们必须重述萧条期产品销售的意义和价值,从生产线到经销商库存不是销售,只有完成产品从生产线到消费者的过程才是公司价值所在。或许这才是值得我们关注的互联网公共关系。

随着互联网的普及以及社会公众对互联网越来越频繁的使用,互联网对社会的舆论导向,对公共事件的评价都有巨大的影响力。互联网已经成为消费者对某一品牌或商品影响、评价的第一来源,而且网络上信息传播迅速,短时间内就能产生巨大的影响力,网络日益成为企业日常公共关系活动、扩大对外宣传、塑造企业形象的主阵地。

第一节 互联网公共关系概述

一、互联网及其时代特征、互联网思维、互联网传播特点

(一) 互联网

互联网,英文名为 Internet,音译为因特网或英特网,是网络与网络之间互相连接而成的庞大体系,是人类迄今为止最重要的发明之一,也是人类正在经历的科技革命和社会生态变革。中国互联网目前是全球第一大网,网民人数最多,联网区域最广。截至 2016 年 12 月,我国网民规模达 7.31 亿,全年共计新增网民 4 299 万人,互联网普及率达到 53.2%。

如今,互联网已渗透到社会生活、经济生活、文化生活乃至日常生活的方方面面。互联网成为万事万物的"标签",芸芸众生的"标配"。它既是生产工具,又是生活方式;既像水、电、煤气之类的"刚需",又像文凭、外语之类的入门台阶。

(二) 互联网的时代特征

1. 在线化

4G 时代到来,Wi-Fi 遍地开花,绝大多数手机用户长期在线,移动互联将成为未来十年,甚至更长一段时间的主旋律。消费者得到各种信息的速度更快,时效性更强,信息量更大。不同观点的分析和碰撞为整个国家的民主进程奠定了基础。而在互联网时代之前,由于各种的原因,普通百姓获取信息的通道相对较少,及时性也不够,更不敢奢望有不同观点的碰撞。

2. 小众化

随着人们消费水平的不断提高,大一统的市场格局开始分化,小众化消费的阶段来临,互联网在这个过程中起到了离散作用,不管需求多么特殊,不管想要什么样的产品,在网上几乎都能得到满足。互联网的普及给中小企业带来了机会,靠规模经济取胜的大而全模式,被灵活多变的小而专模式所替代。只要中小企业懂得聚焦,懂得走差异化道路,就能做出比大企业更好的小众化产品,得到某个特定群体的偏爱。

小众化思维是现代市场营销的前提，不理解小众化的概念，就谈不上市场营销。

3. 透明化

互联网的存在，使得买卖双方的信息变得对称，一旦某个客户发出声音，就会迅速传播到全国各地，形成社会压力。而在过去，因为有广告合作关系，传统媒体与大企业之间往往都有默契，不会互相拆台，媒体在曝光企业问题之前会跟大企业打招呼，名义上讲是核对一下，实际上是给企业一个开展公共关系活动的机会，这样一来很多问题都被压下去了，大企业慢慢地形成了一整套危机公共关系体系，就算产品出了大问题也没有什么可担心的。

但是到了互联网时代，一切都变了，买卖关系趋于正常，消费者开始有了话语权，企业对客户不得不有敬畏之心。随着各种差评系统的问世，商业环境日趋公平公正，正在回归到市场经济的本质，那就是给消费者选择权和话语权。

4. 故事化

这是一个信息过剩的时代，过度竞争导致注意力分散，如何吸引消费者的眼球就成为互联网时代的主要挑战。企业或个人一定要有生动的故事，才能激发大家的热情和好奇心。

在中国市场上，很受人们欢迎的成功学大师们正是利用了消费者的这种心理去激发大家的奋斗热情，各种励志的故事、各种致富的奇迹、各种成功的案例都在不断挑动着人们内心深处急于翻身的欲望，使一无所有的人仿佛看到了成功的一线曙光。其实这一切只不过是一个个精心编造的故事，而受益者只有那些成功学的大师和编造故事的人。

5. 娱乐化

随着中国社会全面进入小康，上亿的消费者进入中产阶层，互联网时代的年轻人主要是"80后"和"90后"。对于他们来说，不管是工作还是生活，都要既有意义又有意思。他们不想活得太累，他们需要放松，所以不管做什么事都要追求娱乐化。因此，无论哪个行业的企业，要想赢得年轻一代的认同，就要在娱乐上做文章，在各种产品的销售、使用、服务过程中加入娱乐的成分。

6. 平民化

互联网时代的到来，给那些有本事而没有关系的草根一族带来了翻身的机遇，只要懂得如何去挖掘目标客户未被满足的需求，并根据这些需求做出好的创意，再把这些创意变成令消费者愉悦的好产品，就有机会成功。

7. 数字化

互联网开启了数字化的时代，令过去很多天方夜谭式的创意变成现实，这个世界离智慧地球、智慧城市、智慧生活越来越近，各种远程诊断、远程操控、远程监控成为现实，稀缺资源得以充分利用和优化。

未来各种穿戴式设备会逐渐进入人们的生活，大数据也会像云计算一样，不再是少数人的专用术语。各类公司可以通过穿戴式设备收集用户的各种资料，通过技术处理将这些资料变成非常有价值的信息。

8. 直通化

互联网时代，受冲击最大的企业莫过于各类中介机构、中间环节、代理机构，互联网的直通化促使这些企业演变成平台型企业，形成双边市场，对买卖双方形成明显的平台价值，不管是在经济方面还是在服务方面，不管是在体验方面还是在风险方面。

互联网时代，厂家与最终客户之间可以直通，或者称为短路，企业可以直接与最终客户打交道，听取客户的声音，得到客户的反馈，让客户参与进来，对中间环节形成压力。虽然厂家不可能百分之百通过电子商务去卖所有的产品，在销售环节可能还会使用中介机构，但是厂家的市场控制力明显提高。

9. 廉洁化

互联网在各行各业的广泛运用，迫使很多权力部门改变工作方式，去掉很多不必要的人为干预，将来人们与各类机构打交道时，都可以通过互联网进行预约，很多事情都可以在网上办理，如网上申请、网上交费、网上审核等，这样就大大减少了靠权力寻租的机会，使整个社会的廉洁水平不断提高。通过互联网，人们可以摆脱很多人对传统媒体的控制，方便地举报一些不法分子的行为，令很多握有权力的人害怕。因此，互联网必将加速中国社会的转型，对规范市场秩序有很大的帮助。

（三）互联网思维

互联网思维是指在（移动）互联网、大数据、云计算等科技不断发展的背景下，对市场、用户、产品、企业价值链乃至整个商业生态进行重新审视的思考方式。

互联网时代的思考方式，不局限在互联网产品、互联网企业。这里所说的互联网，不仅指桌面互联网或者移动互联网，还包括泛互联网，因为未来的网络形态一定是跨越各种终端设备的，如台式机、笔记本、平板、手机、手表、眼镜等。互联网思维应该是降低维度，让互联网产业以低姿态主动去融合实体产业。

1. 用户思维

用户思维是指在价值链各个环节中都要"以用户为中心"去考虑问题。作为组织，必须从整个价值链的各个环节，建立起以用户为中心的企业文化，只有深度理解用户才能生存。

（1）得用户者得天下。成功的互联网产品大多抓住了用户的需求。如果企业的产品不能让用户成为产品的一部分，不能和他们连接在一起，那么这样的产品必然是失败的。QQ、百度、淘宝、微信、YY、小米，无一不是携用户以成霸业。

（2）兜售参与感。兜售参与感主要有两种情况：一种情况是按需定制，厂商提供满足用户个性化需求的产品即可，如海尔的定制化冰箱；另一种情况是在用户的参与中去优化产品，如淘品牌"七格格"，每次新品上市前，都会把设计的款式放到其管理的粉丝群组里，让粉丝投票，这些粉丝决定了最终的潮流趋势，自然也会为这些产品买单。

（3）体验至上。好的用户体验应该从细节开始，并贯穿于每一个细节，能够让用户有所感知，并且这种感知要超出用户预期，给用户带来惊喜，贯穿品牌与消费者沟通的整个链条。

2. 简约思维

互联网时代是信息爆炸的时代，用户的耐心越来越少，所以，必须在短时间内抓住用户。

（1）专注即精。苹果公司就是典型的例子。1997年苹果公司接近破产，乔布斯回归苹果公司后，砍掉了70%产品线，重点开发4款产品，使得苹果扭亏为盈，起死回生。大道至简，越简单的东西越容易传播，越难做。专注才有力量，才能做到极致。尤其在创业时期，做不到专注，就没有可能生存下去。

(2) 简约即美。在产品设计方面要做减法。外观要简洁，内在的操作流程要简化。

3. 极致思维

极致思维就是要把产品、服务和用户体验做到极致，超越用户预期。

(1) 打造让用户尖叫的产品。要用极限思维打造极致的产品，其方法主要有三个：第一，需求要抓得准；第二，做到自己能力的极限；第三，管理要盯得紧。在这个社会化媒体时代，好产品自然会形成口碑传播，这就意味着必须把产品做到极致。极致，就是超越用户想象。

(2) 服务即营销。阿芙精油是知名的淘宝品牌，其对服务体验有着极致追求，这主要表现在：①客服 24 小时轮流上班，使用 Think Pad 小红帽笔记本工作，因为使用这种电脑切换窗口更加便捷，可以减少消费者等待的时间；②设有"CSO"，即首席惊喜官，每天在用户留言中寻找潜在的推销员或专家，找到之后会给对方寄出包裹，为这个可能的"意见领袖"制造惊喜。

4. 迭代思维

"敏捷开发"是互联网产品开发的典型方法论，是一种以人为核心，迭代、循序渐进的开发方法，允许有所不足，不断试错，在持续迭代中完善产品。

(1) 小处着眼，微创新。要从细微的用户需求入手，贴近用户心理，在用户参与和反馈中逐步改进。"可能你觉得是一个不起眼的点，但是用户可能觉得很重要。"例如，360 安全卫士当年只是一个安全防护产品，后来发展成了新兴的互联网巨头。

(2) 精益创业，快速迭代。只有快速地对消费者需求做出反应，产品才更容易贴近消费者。如 Zynga 游戏公司每周对游戏进行数次更新，小米 MIUI 系统坚持每周迭代。

对传统企业而言，迭代思维更侧重迭代的意识，意味着企业必须及时乃至实时关注消费者需求，把握消费者需求的变化。

5. 流量思维

流量意味着体量，体量意味着分量。"目光聚集之处，金钱必将追随"，流量即金钱，流量即入口，流量的价值不必多言。

(1) 免费是为了更好地收费。互联网产品大多用免费策略极力争取用户、锁定用户。如当年的 360 安全卫士，用免费杀毒入侵杀毒市场，一时间搅得天翻地覆，现在回头再看，使用卡巴斯基、瑞星等杀毒软件的用户已经非常少了。"免费是最昂贵的"，不是所有的企业都适合选择免费策略，要因产品、资源、时机而定。

(2) 坚持到质变的"临界点"。任何一个互联网产品，只要用户活跃数量达到一定程度，就会产生质变，从而带来商机或价值。腾讯 QQ 若没有当年的坚持，也不可能有今天的企鹅帝国。在现在这个时代，企业只有先把流量做上去，才有机会思考后面的问题，否则连生存的机会都没有。

6. 社会化思维

社会化商业的核心是网，公司面对的客户以网的形式存在，这将改变企业生产、销售、营销等整个形态。

(1) 利用好社会化媒体。有一个智能手表的品牌，通过 10 条微信、近 100 个微信群讨论、3 000 多人转发，11 小时预订售出 18 698 只 T－Watch 智能手表，订单金额有 900 多万元。这就是微信朋友圈社会化公共关系的魅力。需要注意的是，口碑营销不是自说自话，一定要站在用户的角度，以用户的方式和用户沟通。

（2）众包协作。众包是以"蜂群思维"和层级架构为核心的互联网协作模式，维基百科就是典型的众包产品。传统企业要思考如何利用外脑，不用招募，便可"天下贤才入吾彀中"。小米手机在研发中让用户深度参与，实际上也是一种众包模式。

7. 大数据思维

大数据思维是指对大数据的认识，对企业资产、关键竞争要素的理解。

（1）小企业也要有大数据。用户在网络上一般会产生信息、行为、关系三个层面的数据，这些数据的沉淀，有助于企业进行预测和决策。一切皆可被数据化，企业必须构建自己的大数据平台，小企业也要有大数据。

（2）你的用户是每个人。在互联网和大数据时代，企业应该针对个性化用户做精准营销。如银泰网上线后，打通了线下实体店和线上的会员账号，在百货和购物中心铺设免费Wi-Fi。当一位已注册账号的客人进入实体店，他的手机就会连接上Wi-Fi，他与银泰的所有互动记录会一一在后台呈现，银泰就能据此判别消费者的购物喜好。这样做的最终目的是实现商品和库存的可视化，并达到与用户之间的沟通。

8. 平台思维

互联网的平台思维就是开放、共享、共赢的思维。平台模式最有可能成就产业巨头。全球最大的100家企业里，有60家企业的主要收入来自平台商业模式。

（1）打造多方共赢的生态圈。平台模式的精髓，在于打造一个多主体共赢互利的生态圈。将来的平台之争，一定是生态圈之间的竞争。如百度、阿里、腾讯三大互联网巨头围绕搜索、电商、社交各自构筑了强大的产业生态，因而后来者如360其实是很难撼动这一局面的。

（2）善用现有平台。当企业或个人不具备构建生态型平台的实力时，就要思考怎样利用现有的平台。

（3）让企业成为员工的平台。互联网巨头的组织变革，都是围绕着如何打造内部"平台型组织"进行的。如阿里巴巴25个事业部的分拆、腾讯6大事业群的调整，都旨在发挥内部组织的平台化作用；海尔将8万多人分为2 000个自主经营体，让员工成为真正的"创业者"，让每个人成为自己的CEO。内部平台化就是要变成自组织而不是他组织。他组织永远听命于别人，自组织是自己来创新的。

9. 跨界思维

随着互联网和新科技的发展，很多产业的边界变得模糊，互联网企业的触角已无孔不入。

（1）携"用户"以令诸侯。有些互联网企业，之所以能够参与乃至赢得跨界竞争，是因为其一方面掌握着用户数据，另一方面又具备用户思维，因此，其自然能够携"用户"以令诸侯。阿里巴巴、腾讯相继申办银行，小米做手机、做电视，都是这样的道理。未来十年，是中国商业领域大清洗的时代，一旦用户的生活方式发生根本性变化，来不及变革的企业必定遭遇困境或被淘汰。

（2）用互联网思维进行颠覆式创新。一个真正的互联网公共关系人一定是一个跨界的人，能够同时在科技和人文的交汇点上找到自己的坐标。一个真正厉害的组织，一定是手握用户和数据资源,敢于跨界创新的组织。李彦宏说:"互联网产业最大的机会在于发挥自身的网络优势、技术优势、管理优势等,去提升、改造线下的传统产业,改变原有的产业发展节奏,建立起新的游戏规则。"

(四) 互联网传播特点

互联网传播方式与报纸、广播、电视等传统媒介传播相比,具有以下显著特点。

1. 范围广泛,超越时空

网络无边界,不受地域的限制,网络信息可以传递到世界各地,互联网是现代信息传播媒介中覆盖面最广的一种媒体。同时,网络可以超越时空限制,全天24小时向各国、各民族、各年龄层次的公众开放,不分昼夜地提供所需要的信息。

2. 实时高速

一旦组织需要向公众传达新信息,可即刻发布,不用在信息传递上花费时间成本。这使得组织不需要借助外力,从而在一定程度上克服了传统公共关系活动传播方式较慢、影响因素较多、企业对其缺乏控制等特点。

3. 效率高,成本低

不同于传统公共关系宣传方式,网络信息的发布不用在篇幅与印刷、传递成本上斤斤计较。企业可以在网络上储存大量信息,以便人们查找,完全不受篇幅的限制,同时费用低廉。这是互联网作为公共关系媒介的强大优势。

4. 个性化,互动性

互联网使得企业和公众在公共关系活动中具有双向互动性。网络上各种论坛为组织及其目标公众、首要公众提供了直接交流的虚拟场所,便于实现公共关系的信息收集和监测。同时,电子邮件、即时通信工具更是提供了与客户"一对一"的交流机会,方便组织与其保持良好关系。在网络上,公众还可以自己定制个性化的信息,组织以定期发送邮件方式为他们提供信息,帮助人们从众多信息中提取需要的部分。

5. 多形式,多媒体

组织可以利用互联网为公众提供多种形式的信息,比如电子刊物、网络广播、网络电视节目等。组织网站上也可以利用多媒体技术来宣传组织及其产品和服务,视觉与听觉相结合,公众将获得更加丰富、生动、令人印象深刻的信息。

二、互联网公共关系内涵

公共关系是传播行业,互联网又是当下也是未来最重要的传播手段之一,因此公共关系与"互联网+"的重要性不言而喻。传统企业面临转型创新,公共关系更是如此,因为公共关系自诞生以来,一直依托的就是传统媒体,现在媒体形态发生了革命性变化,公共关系如果不转型创新,就跟不上形势的变化,而且随时可能因失位而被淘汰。

互联网公共关系又叫线上公共关系或e公共关系,它利用互联网的高科技表达手段营造企业形象,为现代公共关系提供了新的思维方式、策划思路和传播媒介。

(一) 网络时代公共关系的变化

1. 公共关系对象的变化

在互联网的影响下,公共关系对象实现了从群体向个体的转变。传统意义上的公共关系对象广泛存在于社会上,是由不同个体组成的公众群体。而在网络时代,公共关系对象具有个体性特征,借助互联网,公共关系组织可以将未知的、模糊的个体转变为已知的、明确的公共关系对象。这使得公共关系对象的范围扩大,由原来只针对公共关系群体演变为公众和个体并重,增加了面对个体公众的体验。所以,网络时代的公共关系组织需要研究这些新增的对象,研究他们的兴趣、爱好和特点,并对公共关系方式做相应的调整,以赢得他们的支持和喜爱。

2. 公共关系部门的变化

在传统的公共关系活动中,公共关系部门是企业对外联系的核心和中枢,承担着联系客户、美化企业的重要任务。互联网的运用,一方面使得公共关系部门与公众的信息交流处于不对称的状态,这不利于公共关系的发展;另一方面,互联网的运用也为公共关系部门及时掌握公众的信息提供了便利,使得公共关系部门与公众在交流上处于平等地位,有利于公共关系部门收集、分析和发布信息,这为公共关系部门的发展提供了广阔的天地。

3. 公共关系运作方式的变化

互联网为公共关系的具体运作带来了变化,如企业可以运用互联网召开新闻发布会,进行广告策划、网上展览、专题活动等,这要求企业熟练运用高科技的电子传播手段,掌握电子商务技术。

(二) 网络对组织公共关系活动的影响

(1) 组织可充分利用网络传播突破时间限制的优势,用极少的成本增强公共关系活动的时效性、推动公共关系实践的全球化。

网络可以使信息实现无限量"实时传播",具有传统媒介无可比拟的快速及时性,为公共关系活动实现及时、有效奠定了基础。对于公共关系来说,速度不仅是指尽快地获得信息,还意味着迅速地向社会公众扩散组织的信息,与他们一起进行更为有效的互动沟通。传统公共关系媒介受到时间的约束,使得公共关系难以实现沟通的快速有效,而网络传播具有无可比拟的快速与及时性优势,为公共关系实现真正及时有效的沟通提供了可能。

网络突破了许多传统媒介地域性传播的局限性,用极小的成本极大地推动了公共关系实践的全球化。公共关系实践的全球化是以公共关系研究的全球化和公共关系工作开展的全球化为主要标志的。而要实现这两者,除了要求公共关系从业人员具备全球性的战略思维和开发新的战略、战术外,还要求物质方面有所保障。同时,网络的经济廉价,使得沟通成本大大降低。

(2) 网络重新定义了社会组织与媒介的关系,使公共关系人员在传播活动中处于前所未有的有利地位。

传统公共关系活动必须借助广播、电视等大众传播媒介来实施,大众传播媒介掌握稀缺资源、享有支配信息资源的行业特权,这使得它们具有特殊的身份和地位,拥有一种媒介权力——一种对个人或社会进行影响、操纵、支配的力量,具有事件得以发生和影响事件怎样发生,界定问题以及对问题提供解释与论述的能力,因此具有形成或塑造公共意见的各种能力。

从理论上说,网络给所有人提供了一个可以自由向大众发表言论的渠道,打破了传统媒体对信息的垄断,并为公共关系人员提供了一个新的、强有力的可控媒介,从而使公共关人员在传播活动中处于前所未有的有利地位，可以在不违背法律和职业道德的前提下，按照自己的意愿向包括媒体在内的各类公众发布信息，并与他们进行有效的互动，而不必经过第三方的"解释"和"过滤"。这样，组织就能掌握公共关系的主动权，对公众（客体）产生直接的影响并与各种媒介建立良好的关系。

（3）网络"多对多"的沟通保证了传播的双向互动。这使组织实现公共关系实践的双向对称型模式成为可能，有利于公共关系的主—客体即组织与公众建立长久关系。网络的出现实现了"多对多"的传播，从本质上保证了传播的双向性和对称性。这种互动特性使得公众真正参与整个公共关系过程成为可能，公众不仅参与的主动性增强，而且选择的主动性也得到加强，使组织能够为不同需求的公众提供个人化的信息服务。

（4）网络使公共关系面临前所未有的不确定性与复杂性，大大增加了公共关系业务的难度和风险及环境监测的难度。

网络社会的信息过量和无序给公共关系人员识别有价值的信息带来了极大的障碍。互联网使组织与公众在信息的交流沟通上处于平等的地位，公共关系部门失去了独有的信息来源，这对公共关系部门的影响是，它必须重新确定自己在组织运营中的位置，由传统的信息发布者角色向信息管理者角色转变。在这个信息过量和无序的网络社会，如何区分有用信息和无用信息，如何确定信息的流向、流量和流程就成为至关重要的问题。

网络安全的先天不足和脆弱性使组织开展公共活动的风险增加，给组织带来许多安全隐患。网络具有高度开放性、虚拟性和交互性等特征，人的真实行为和真实身份不再具有明显的对应关系，这种模糊性加大了网络公共关系的难度，使网络的信息安全出现先天不足和脆弱性。病毒的入侵尤其是网络黑客的攻击会极大地损害组织尤其是营利性组织的利益。同时，不利信息传播迅速，危机形成和蔓延的速度大大加快。

（5）网络时代对公共关系人员提出了更高的技术要求，同时也加剧了当前公共关系行业人才短缺的问题。

在网络时代，新闻发布、广告策划、专题活动等公共关系活动融入了越来越多新的通信和传播手段，使传统公共关系模式中的一套业务体系，向网络时代的网络工具的操作系统发展。这种转变要求公共关系人员不仅要有高度的公共关系意识，超常的敬业精神，还必须更加深入地了解网络及网络时代高技术传播手段，熟悉电子商务，包括ERP、CRM的基本运作手段和运行规律，最大限度地发挥其优势，从而使公共关系工作更加有效。

（三）互联网公共关系的内容

互联网公共关系是组织借助联机网络、计算机通信和数字交互式媒体，在网络环境下实现组织内部与外部双向信息沟通，协调组织与网上公众的关系，有效树立良好组织形象的经营管理活动。其主要包括以下内容。

（1）利用组织网页树立组织形象。

（2）利用网络新闻公告拓展公共关系业务。

（3）通过网络舆论创造良好的社会舆论氛围。借助网络为舆论的传播提供便利的途径，使得组织与公众各方面的意见及时、广泛、深入地进行交换。

（4）进行电子商务，追求公共关系整合效益。在电子商务条件下，公共关系职能与销售管理职能紧密结合，寻求与ERP、CRM的相互联结，力求取得最佳的公共关系效果。

三、互联网公共关系的特点

（一）公共关系的互动性

网络作为一种新型的公共关系领域，面向所有网民开放，无论什么人，只要能上网，在任何时间都可以通过网络了解政府信息，与政府进行沟通，表达自己对相关政务的意见与建议。

互联网的信息量是巨大的，在网络时代，公共关系部门和公共关系对象可以通过互联网进行互动和交换信息。公共关系对象不再仅仅是被动的信息接收者，他们拥有更大的选择余地，公共关系对象可以对网上信息进行编辑、加工，与公共关系部门共同参与到公共关系部门的各项活动中，提高互动性和参与度。

（二）公共关系的自主性

在互联网上，公共关系部门为了进行各种宣传活动，需要使用文字、版面、照片等，他们拥有自主决定权，只要他们的行为在法律允许的范围内即可，且不受编辑、记者的限制，也不再受到版面、字数等的限制。

（三）公共关系的多样性

在互联网环境下，公共关系的信息传播方式是多种多样的，既有个人传播，如使用电子邮件等，也有集体传播，如建立网上论坛等，各种方式都有自己的优点，使得公共关系具有多样性特点。

（四）公共关系的迅速性

报纸、杂志、电视、广播等传统传播媒介传播信息所需要的时间比较长，而互联网上信息的传播是非常迅速的，其他传播方式都无法比拟。

（五）公共关系的可靠性

传统的公共关系从信息发送到信息送达可能会存在错误和纰漏，不一定可靠。网络时代的公共关系借助互联网这一平台，可以将信息发布在网上，并能够根据情况及时进行修改、增减和调整，可以时刻对效果进行跟踪和检验，具有相当的可靠性。

（六）公共关系的廉价性

传统公共关系花费的成本是巨大的，而互联网公共关系具有其他方式无可比拟的成本优势，比如通过发送电子邮件、建立网上论坛等就可以开展公共关系活动。

（七）公共关系客体的隐蔽性与无边界性

在网络上，网民的身份只是一个数字代码，可以是一个人也可以是一个组织，可以是专家也可以是普通民众。在网络的虚拟世界里网民可以自由地通过符号化信息表达自己的意见，没有地域界限，没有等级约束，甚至不存在一个固定的"意见领袖"。

四、互联网公共关系的发展历程

公共关系业的发展与媒介技术的发展密切相关，它随着媒介技术的发展而不断发展。互联网公共关系发端于电信网络的使用，具体的媒介有电报、电话、广播及电视等。

（一）电报、电话用于公共关系业

电报是1845年由莫尔斯发明的，后来用于商业领域通信，礼仪电报、鲜花电报等是电报用于公共关系用途的新形式。由于通信事业的进步和发展，现在对电报的使用总体上来说已越来越少。1876年贝尔发明了电话，1946年商务流通电话问世。目前，电话沟通已成为公共关系的必经程序，并已出现要求普通话标准，沟通能力、语言表达能力强的电话公共关系职业。

（二）广播、电视用于公共关系业

据美兰德媒体公司调研数据显示，广播受众具有年龄低、文化程度高的特征。这些人群是各类产品追逐的目标，具有较高的价值。而电视观众群规模大，其构成基本与全体人口的构成一致，白领比例明显小于广播。调查显示，我国广播车载听众比例在不断上升。电视是视听合一的媒介，具有现场感强、形象真实、可信度高等传播优势，给观众一种面对面交流的亲切感，而且能够直观展示产品、产品的使用过程和使用效果，具有很强的说服力和感染力。

（三）互联网用于公共关系业

互联网公共关系是公共关系发展史上的一个重大转折点，也是公共关系发展史上的一座里程碑。2001年，我国创办了"中国公共关系网"，而企业自身的公共关系网络更是如雨后春笋般成长起来，中国公共关系业和企业有了自己的门户网站和宣传平台，可以以最快捷的速度与国内外企业交流信息。处理好公共关系对于国家、企业、个人等都具有重要的作用。国内互联网公共关系经历多年的发展涌现了一批比较著名的网络公共关系公司，如易神州网络公关公司、奥美公共关系国际集团、伟达公共关系顾问公司等。

★案 例

哈尔滨"天价鱼"事件

2016年2月12日，江苏游客陈某发布微博称，春节期间在哈尔滨市松北区"北岸野生渔村"吃饭时被宰，单价389元/斤的10.4斤鳇鱼，结账时成了14.4斤，两桌饭花了1万多元。游客陈某"被宰万元"的事件引发网民热议。后经当地政府部门确认，哈尔滨"天价鱼"是一起严重侵害消费者权益的恶劣事件，存在把人工养殖鳇鱼当野生鳇鱼售卖、《餐饮服务许可证》到期未按时申请延续、民警出警不规范等行为。这件事在网上的热议使哈尔滨的良好城市形象和哈尔滨人民"热情好客"的形象受到极大的损毁。

五、网络时代公共关系应该注意的问题

（一）综合运用网络媒介和传统媒介

网络媒介虽然具有巨大的优越性，但也存在着局限性，传统媒介的作用和影响力也不容忽视。因此，在公共关系工作中要综合运用网络媒介和传统媒介，使媒介的运用多样化，充分发挥各种媒介的优势，共同为公共关系服务。

（二）坚持诚实信用原则

坚持诚实信用原则是指组织应把诚信作为工作的重中之重，树立组织良好的信誉和形

象。政府部门通过网络平台，直接、具体地与公众交流，便于迅速有效地解疑释惑，摸清民意，提供优质服务，准确施政，从而塑造良好的政府形象。网络问政是好事，政府的问政创新是为了提高工作效率。然而，有一些民意调查，在开放言路的同时设置路障，最终歪曲和要挟民意，达到政府职能部门高满意度的测评成绩。是了解民意，提高行政效率，还是做出政绩，迎合上级机关的要求，这是对政府公共关系价值观的考验。

（三）选择恰当的方法

建立长期有效的公共关系需要使用恰当的方法，比如建立 QQ 群、建立网上论坛、邀请知名专家与网友聊天等，这样既可以为扩展交往搭建平台，也可以提高人们的参与度，增进彼此的交流与了解。

（四）关注网络安全问题

由于互联网公共关系会受到黑客、竞争对手、顾客等的攻击，因而，关注网络安全问题十分必要。一方面，要加强自身管理，采用技术手段，提高安全水平；另一方面，政府需要加强法制建设和监督管理工作，保障互联网公共关系在良好的环境中运行。

（五）合理利用政府微博

党政机构的微博营造了官民平等互动的信息交流平台；官员的实名微博突显了官员的个性、感染力及对网民、对现实问题的关注，微博确实是一条塑造领导人形象从而形成良好政府形象的重要途径。然而，现在的官方微博还存在许多困境，微博的功能开发不全，运用范围小，信息交流途径不畅，地域性强，并没有完全实现网络新媒体"跨地域、无疆界"的特点。

（六）谨慎使用政府网络营销

"企业家政府"是政府改革中甚为流行的理念，对效率与效益的追求使得许多企业管理手段和方式被直接引用或嫁接到政府管理活动中，政府公共关系活动也运用了很多企业公共关系活动的方式。网络营销成为政府公共关系活动的新形式也势在必行。但作为"公权力"管理的执掌者，政府是否因为竞价过程不菲的推广费而导致了背后公共资产的流失，是否因竞价提供了某些机构和人员牟利的空间，商业模式的互联网推广是否在无形中降低了政府的公信力，政府网站对流量的追求是否偏离了为人民服务的初衷等，都遭到了网民的质疑。

第二节　互联网公共关系的方式

互联网的广泛应用，对以品牌形象塑造与传播为核心的公共关系行业产生了较大影响，主要表现在三个方面：一是公共关系传播环境网络化程度提高，信息源驳杂，信息控制与信息处理难度加大，对公众沟通尤其对公共关系危机管理提出了更高的要求；二是公共关系活动策划的创新精神与创新能力更加重要，因为互联网时代信息的过载以及信息选择自由度的不断提高，所以人们对信息质量越来越挑剔，只有具备高度的创新精神与创新能力，才能保证良好的传播效果；三是互联网传播形式日新月异，公共关系人员亟须充分掌握互联网技术和自媒体运用，紧随潮流，积极采用新方式、新途径创新公共关系管理。

一、传统互联网公共关系的方式

（一）网络媒体新闻、网上新闻发布会

企业有重大事件发布或者是举行线下新闻发布会，可邀相关媒体，或与媒体合作，同期举办网上新闻发布会或设立新闻专题，向更广泛的受众全面传达企业信息。由于网络信息容量大，不受篇幅限制，可兼有音、视频等效果，并可即时与网民互动，因此，网上的新闻发布会可达到更佳的公共关系效果。

这种互联网公共关系采用的平台一般有以下几种类型。

（1）综合性门户网站。

（2）行业性门户网站或媒体。

（3）新闻媒体的网络版。

（4）网络出版物。

（二）BBS论坛或社区网站

一些比较专业的行业在网上形成社区圈子的情况比较多，人们也比较喜欢通过这种社区化的交流共享专业信息与经验，或者组织团购等。而且由于这些社区的信息出自网民或业界领袖，往往对网民的影响比较大，因此，企业应该关注网上有关社区的信息或活动对企业的影响，及时采取相应的对策。

这种互联网公共关系采用的平台一般有以下几种类型。

（1）门户网站或行业门户的专业BBS论坛。

（2）专业社区网站。

（3）网络媒体开设的论坛。

（三）网上公共关系活动

重要媒体或门户网站由于担当着重要的网络信息传播途径，人气比较集中，相对而言，在其平台上组织的各种活动比较容易引起网友的参与和互动。因此，大多数企业会选择这些网站开展公共关系活动或者为线下的活动作宣传。另外，网络媒体也可以通过这种途径，丰富其平台的内容，吸引更多的网络受众。与线下的公共关系活动相对应，网上的公共关系活动主要是指企业在网络上开展或组织的企业公共关系活动。举办网上公共关系活动的主要平台有重要媒体网站、门户网站、SNS社区、论坛网站等。

二、新媒体时代公共关系的方式

（一）自媒体矩阵

1. 微信

微信是当下最流行、用户量最多、用户体验最好的社交媒体，它集即时通信、传播媒介、社交工具、交易平台和支付手段于一体，正在繁衍出一个与普通大众息息相关的生态系统。公众号与朋友圈很好地实现了群体传播、组织传播、大众传播和人际传播的融

合，人们交往的间隔越来越小。可以每周推送一次消息的服务号和每天推送一次消息的订阅号，较好地增加了接触频度；正在兴起的微店很有可能是电子商务的下一个超级平台。

2. 微博

微博是一种通过关注机制分享简短实时信息的广播式社交平台，其关注机制分为单项和双向两种，注重时效性和随意性，可以表达每时每刻的思想和最新动态。

3. 微视频

微视频短则几十秒，长不超过数十分钟，内容广泛，形态多样，涵盖微电影、纪录短片、DV短片、视频剪辑等。微视频可通过PC、手机、摄像头、DV等多种视频终端摄录或播放。其内容大部分是原生态的生活片段，也有专题式、栏目化的专业制作，通常发布于社交媒体，如视频分享网站、社区论坛和手机平台。

4. 博客

博客又称为网络日志，通常是一种由个人管理、不定期更新的网页。一个典型的博客结合了文字、图像、其他博客或网站的链接，能够让读者在线留下意见。

5. APP

APP是Application的缩写，是一种应用程序，特指智能手机的第三方应用程序，可在专门手机软件应用商店购买下载。APP实质就是手机上的自媒体。相对于其他自媒体，其功能更全、更强大，不受平台商诸多限制，但难以推广。

6. 百度百科

百度百科是百度公司推出的网络百科全书平台，任何组织或个人都可以尝试在"百度百科"上建立或修改条目。

（二）社会化营销

社会化营销也称"社会化媒体整合营销"或"大众弱关系营销"，通常利用社会化媒体、网络和平台进行推广。社会化营销的主要参与者是用户，而且这些用户是自发、自愿参与的，他们与营销组织者不存在直接的雇佣或利害关系。

1. 口碑营销

口碑营销指企业在品牌建立过程中，通过客户间的相互交流将自己的产品或者品牌信息传播开来。传统的口碑营销是指企业通过亲友相互交流将自己的产品或品牌信息传播出去。互联网时代的口碑营销，主要通过社交媒体实现。

口碑营销大多发生在朋友、亲戚、同事、同学、网友等关系较为密切的群体之间，在口碑传播过程之前，他们之间已经建立了一种相对稳定甚至长期互信的关系。相对于纯粹的广告、促销、商家推荐等，基于熟人圈、朋友圈的口碑营销可信度更高。

2. 病毒式营销

病毒式营销又称"基因行销"或"核爆式行销"，指借助用户的社会人际网络，使信息像病毒一样传播和扩散，通过快速复制的方式传向广大人群。

病毒式传播的社交媒体工具有论坛、短信、邮箱、软件等。病毒式营销已成为网络营销最强有力的武器，也是最可怕的谣言传播手段。越来越多的组织与商家凭借它进行营销推广。

病毒式传播比一般口碑传播更突出的特点是传播速度超快,传染性超强,监控、免疫与阻断非常困难,一旦流行便呈几何级增长扩散。病毒式营销的关键是研发能够快速传染目标受众的"病毒式"事件或话题。"毒性"强弱直接影响营销传播的效果。

三、互联网公共关系效果评估

(一)定性评估

1. 影响力分析

影响力分析包括有无名人博客/微博自发撰文讨论或引用;有无博客频道显著位置推荐;有无其他非合作媒体进行话题跟进及二次传播放大。

2. 网络舆论分析

网络舆论分析包括分析网络舆论的评论情况,包括网络舆论正面、负面和中性的评论比率;统计被搜索引擎抓取的比例、页面排列的页次与位置;网民关注点等。

(二)定量分析

1. 曝光次数

曝光次数指总体发布量、浏览量、点击量、转载量、回复量等。

2. 广告当量

广告当量指相关宣传内容折合成对应网站的广告刊例价。

3. 单人点击成本

单人点击成本指每次活动的平均CPC(每次点击付费广告值),将其与行业常用平均值进行对比。

4. 转化率

对比活动前后用户的使用、关注、参与的数据,例如线上活动的注册人数、参与人数、网站PV/UV值和销售量等,即可得出转化率。

5. 第三方数据

在一次活动实施前后,对比百度搜索指数等数据,或者委托第三方调研公司,调查品牌或者产品的知名度及美誉度变化情况。

★ 案 例

大众汽车的网上推广策略

2007年,大众汽车为了推广2 000辆最新款式甲壳虫系列——亮黄和水蓝,决定在网上发布销售信息。公司花了数百万美元通过电视和印刷媒体大做广告,推广活动的广告语为"只有2 000,只有在线"。推广活动从5月4日到6月30日,根据大众公司商业部经理Aragones的介绍,网站采用Flash技术来推广两款车型,建立虚拟的网上试用驾车,将动作和声音融入活动中,让用户觉得他们实际上是整个广告的一部分。网上试用驾车使得网站浏览量迅速上升。网站的每月平均流量达100万次。在推广的第一天,就有超过8万的访问量。在活动期间,每天独立用户平均为47 000位,每个用户花费时间较原来翻倍,达到19分钟,每页平均浏览1.25分钟。

网上试用驾车得到了更多的注册用户，用户能够在网上建立名为"我的大众"的个人网页。在推广期间，超过9 500人建立了自己的网页。他们能够更多地了解自己需要的汽车性能，通过大众的销售系统检查汽车的库存情况，选择一个经销商，建立自己的买车计划，安排产品配送时间。推广活动产生了2 500份在线订单。

（资料来源：http：//3 y. uu456. com/bp_2i9ej1cz066d7jm4l1xg_2. html）

第三节　互联网公共关系技巧

随着网络技术的高速发展，大多数企业开始注重网络推广，但由于缺乏专业的网络营销技巧，许多企业的网络营销在投放很多资金后，效果不明显，企业因此抱怨网络推广没有成效。其原因是企业缺乏对网络营销的认识，想要做好网络推广，要懂得互联网公共关系技巧。

一、"三讲"

（一）讲真话

艾维·李被称为"现代公共关系之父"。艾维·李早年从事新闻工作，后与朋友合办世界首家专门的公共关系顾问公司，成为现代所有公共关系公司实质意义上的鼻祖。艾维·李的公司成立后，当时许多美国著名的大企业如电话电报公司、洛克菲勒财团等，甚至纽约市长都成了他们的常客。

对于当时备受鄙夷却非常盛行的"公众本应受愚弄"式的宣传活动，艾维·李提出了"说真话"的工作原则，并通过报界对外发表了著名的《原则宣言》。艾维·李在《原则宣言》中提出了"公众必须迅速被告知"、对公众"讲真话"等公共关系意识，他的公共关系思想的核心"说真话""讲实情"成为后世公共关系行业不朽的信条。

在互联网时代，人们的每一句真话都有可能被传到网上，讲真话是企业诚信的表现，将会获得更多客户的认可，也是互联网公共关系技巧之一。

（二）讲人话

互联网时代，以人为本，臻于极致。

企业在传递信息时，要留给受众说话的空间。这跟以前的公共关系工作大不一样。以前相当于企业在舞台上讲话、表演，观众只需要提供掌声、喝彩声就行了，大不了走人；而现在的企业相当于走下台来给观众表演。

比受众参与空间更重要的是信息的调性。不同的语境，说话的调性不一样。同一个人，演讲时说话的调性跟谈恋爱时就不一样，酒桌上说话的调性跟商务谈判时也不一样。

在互联网的语境中，传统的堂堂正正、铿锵有力的信息风格，就像一个人平时上街买烧饼、买西瓜时，用播音腔跟人对话一样，显得"不说人话"。

讲人话，会使人如沐春风，说话办事都很舒服，让客户感觉跟组织合作是一件顺理成章的事情，最终真正实现双赢。

（三）讲笑话

讲笑话，其实就是指讲话要有幽默感。讲笑话会让人们消除戒备心理。在危机时讲个笑话可以缓和紧张气氛。在公共关系世界里，大多数公共关系人员都会遇到棘手的情况。当出现紧张的局面时，幽默可以帮助人们放松，能让人们更清晰地思考，做出更好的决定。

在诸多公共关系案例中不难发现幽默是人际沟通的最佳桥梁之一；幽默是公共关系策划的最佳源泉之一；幽默是媒介传播的最佳利器之一；幽默是谈判协商的最佳媒介之一；幽默是面对危机的最佳盾牌之一。

幽默是公共关系场合最好的润滑剂，即使遇到十分棘手的难题，或遇到意外的讽刺和嘲笑，甚至不怀好意的侮辱或挑衅，不失时机地说几句幽默的话也能帮助自己摆脱窘境，使尴尬或难堪的局面消失在笑声中。

二、"三有"

（一）有趣

有趣是指某事或物对你而言很有兴趣，多用于评价具体局势，有"有味""生动""富于变化"等含义。

2017年5月，中央电视台《出彩中国人》第三季，有一个节目为"创意脚掌舞演绎中国传说，另辟蹊径追寻舞蹈梦想"。"脚掌舞"演绎者名叫潘栎飞，来自贵州，作为一名舞蹈老师，他外表帅气，身姿挺拔，刚登台就夸下海口，要"表演一个新奇的舞蹈"。评委们早已见惯了五花八门的大场面，敢在他们面前叫板，证明他底气十足。潘栎飞献上了一段神奇的"脚掌舞"，他一人分饰两角，完美演绎了《白蛇传》的故事。新奇的道具，精巧的编排，整场表演处处有意外，时时有惊喜，令场上洋溢着开怀的笑声，这就是有趣。

对于企业来说，有趣除了吸引别人看、烙下品牌记忆外，还要利于信息传播。客户已经知道的信息是废话，客户不关心的信息是噪声，客户没听过并且感兴趣的信息才是有价值的信息。

互联网在不断地发展，互联网用户也在不断变化，作为网络公共关系的从业者，不能故步自封，而要与时俱进，保持积极的进取心和对互联网最大的兴趣，而且要时刻想着做出最有趣的东西出来，让更多人的接受，这是互联网公共关系群体最需要关注的。

（二）有用

有用是指有功用、有用处、有利用价值的东西。人们常常把对自己物质上有帮助或者能带来实际利益的物体、人、事件、行为等称为有用。

随着网络的普及以及社会公众对网络的使用越来越频繁，网络对社会的舆论导向，对公共事件的评价都有着巨大的影响力。网络已经成为消费者对某一品牌或商品印象、评价的第一来源，而且网络上信息传播迅速，短时间内就能产生巨大的影响力，网络日益成为企业日常公共关系活动的主阵地。

在做网络公共关系工作前，要清楚地说出以下信息：你的产品，为谁，带来了什么好处。这是做营销工作的前提。当通过网络推广或者口碑营销吸引目标用户到达自己的网站或APP后，用户第一次接触网页时，只会停留10秒甚至更短的时间。因此，产品要做得足够清晰、简明，让用户在10秒内知道这个产品对自己有什么益处，解决了什么问题，然后产生兴趣并继续探索这个产品。这一切意味着在网络推广工作中能清晰地描述自己的产品，推广的内容达到用户的痛点，这就是要做对客户有用的工作。

（三）有料

有料就是有内涵，有内涵就是有高度、有深度、有宽度、有厚度。

1. 要腹中"有料"

"巧妇难为无米之炊"，只有腹中有料，才能妙语连珠。料不足，倒来倒去就那点儿东西。料足，将取之不尽、用之不竭。"欲求木之长者，必固其根本；欲流之远者，必浚其泉源。"

2. 要有技巧地"倒料"

如果茶壶里煮饺子——有料倒不出，资源就会白白浪费，烂在肚子里成为死料。有料只是前提条件，有技巧地把料倒出来，也是说话有料不可或缺的必要条件。这就需要公共关系人员对日常说话的习惯进行分析，对众多精彩的讲话进行研究，发现其中的规律，并将这些规律进行总结和概括，提炼出说话的模型和技巧，这就叫"倒料"。

3. 要有倒料的"艺术"

料倒得出来不算本事，还要把料倒得巧、倒得妙。有艺术地倒料是说话有料的上乘境界。要把料倒得上档次，需要艺术手法，这叫"加料"，也是有料的艺术。

★ 案 例

《领导人是怎样炼成的》视频走红网络

2013年10月，一个名为《领导人是怎样炼成的》的短视频走红网络，从14日12时6分上传，至次日便已播放100多万次。

这段视频以当总统为全世界很多孩子的梦想，但各国圆梦之路大相径庭为切入口，逐一介绍美、英、中三国领导人产生机制，并进行对比。

在这个时长5分钟的视频中，习近平以卡通形象出现，以他的晋升之路为例介绍了中国领导人的选拔过程，并与英美等国的领导人产生机制进行对比。这既是中国的干部选拔制度首次通过讲故事的形式加以介绍，也是中国的国家领导人首次以动漫卡通人物的形象出现在公众面前。另外，中共中央政治局常委和毛泽东、邓小平、江泽民、胡锦涛等党和国家领导人也在视频中先后以卡通形象出现。视频的画面语调轻松，不失幽默。

视频最后称："条条大路通总统，各国各有奇妙招，只要民众满意、国家发展、社会进步，这条路就算走对了，难道不是吗？"

两天时间内（截至2013年10月15日中午），该视频点击量超过了100万次，在此类政治视频短片中绝对遥遥领先，属于破纪录水平。

网友赞它是"跟得上时代的宣传片"，原因是其"有料"：摒弃了干巴巴的说教，以事例、数据和动漫形象体现主题，形式活泼，理据扎实。

三、"三招"

(一) 标题控

网络稿件标题与稿件正文内容往往处于不同的页面,标题是用户第一眼看到的东西,必须想方设法吸引用户,引导他们尽快进入主体部分。

稿件内容再好,如果标题不能吸引网民的眼球和注意,那么,网络稿件内容几乎是不可能为网民所获知的。标题好不好,对网民是否有吸引力,这是网民能否有兴趣进一步阅读网络稿件正文的关键。网络稿件标题的作用有以下几点。

1. 传播信息

除了重大事件和个人关注的兴趣点外,一般情况下,网民只需"知其然",未必要"知其所以然"。网络编辑要把最重要、最有价值的稿件信息进行概括和浓缩,用标题这一特殊形式来呈现。这时标题既有依托固有的内容信息而存在的从属性,同时也有独立传播信息的作用。网民无须阅读正文,只要阅读网络标题就可以大致知道基本信息内容。例如,2007年1月,人民网有一条新闻的标题为《武则天墓考古挖掘获进展,下宫遗址布局展露"真容"》,读罢这则新闻标题,就大概了解到了考古工作者对唐乾陵考古取得了重大进展这一重要的信息。

2. 吸引网民

吸引网民点击标题和阅读正文,是网络标题的基本功能之一。吸引网民注意力的因素是多种多样的,如重要的、新鲜的、有趣的内容,正确的、中肯的评价,优美的、生动的表现形式等。表现同样的信息内容,文字简洁、通俗易懂的标题要比复杂、艰涩的吸引力强;具体形象的要比抽象概括的好;有广泛趣味的要比专业枯燥的吸引力强。

3. 评价引导

网络标题的评价引导主要是指标题在概括网络稿件内容的基础上,通过揭示稿件内容的本质,引导网民理解稿件内容的意义,或直接表明态度和立场,给网民以启迪,引起网民共鸣,以达到舆论引导的作用。从内容意义角度来看,网络标题的评价引导主要分为两种,一种是显性的,另一种是隐性的。显性的评价引导是指在标题中直接发表议论,表明立场,或直接得出一个态度鲜明的结论。隐性的评价引导是指标题不直接表明编辑的立场,而是通过对稿件内容信息的选择或在标题中用一些带有倾向的词语体现网站的态度。

4. 向导索引

在没有正文出现的情况下,标题成了网民选择所需信息的向导,网民通过标题可选择阅读相关信息的全文,从而实现以最快的速度获得最多的有用信息。网络标题能够作用于网民的因素有以下两点。

(1) 网民对标题所提供信息的需要程度。

(2) 标题对网民的吸引程度。在同一级别的网络标题中,只有具有创造性、新颖性的标题,才能吸引网民的注意力。

5. 页面美化

网站的主页面以及网站的各个栏目的主页面大部分是通过标题得到展示的,网民上网首先看到的是网站的主页面,其次是各个栏目的主页面。因此,利用好网络稿件标题,对于网站页面的美化将起到非常重要的作用。标题的页面美化主要体现在以下两个方面:

(1)使页面条理清晰,层次分明。网页上的标题通常为一行,字数相近,排列有序,会使网民上网阅览时一目了然,赏心悦目。与此同时,网站的各个栏目通常是把性质相同的一组稿件组成一个个板块,并冠之以一个大标题或专栏,各个标题依序排列,使得网站页面整齐而不凌乱,美观而不花哨。

(2)通过标题的字符、色彩等的变化使网络页面变得丰富多彩。在页面设计中,标题的排列应遵循在对比、平衡、统一、节奏等方面符合人的视觉习惯的原则,使页面尽可能以此来显示出符合绝大多数网民审美要求的页面美,吸引网民接受页面内容,点击标题并阅读有关信息内容。

6. 展示风格

网站要赢得受众的青睐,必须具有自己独特的风格。而网站风格个性的形成依赖于多种因素,其中网络标题是形成网站风格、体现编辑思想的重要手段。

(1)从内容上来看,网民登录网站首先看到的是网站主页面的各式各样的标题,各网站筛选稿件的价值标准首先也体现在网站主页面的标题上,尤其是体现在那些头条稿件的选择上。比如对待同一则新闻稿件,不同网站因风格不同会做出不一样的标题,或严肃庄重,或诙谐幽默,或意境深远等。

(2)从形式上来看,不同网站风格不同,编辑会运用不同的编排手法和方式对稿件标题做一些个性化处理,或点缀别具一格的题花、线条;或运用独特的字符、色彩;或用图片做衬底等。网站长期对标题采取独特的编排、美化方式,会形成自己的风格,这样容易让网民熟悉,久而久之,网民一看网站主页面就知道是哪一个网站。

总之,网络标题既受网站个性的制约,也能够积极地展示网站的风格,同时,网络标题的制作特点也是形成网站独特风格的重要因素。

(二)避风港原则

"避风港原则"是处理网络服务商与版权人纠纷的核心原则,"避风港原则"的概念最早由美国提出。中国于2006年7月1日正式实施的《信息网络传播权保护条例》规定,网络用户利用网络服务实施侵权行为的,被侵权人有权通知网络服务提供者采取删除、屏蔽、断开链接等必要措施,网络服务提供者接到通知后,未及时采取必要措施的,对损害扩大部分与该用户承担连带责任。

"避风港原则"是美国1998年制定的《数字千年版权法案》提出的一个概念。这个法案旨在解决互联网络时代著作权保护的法律问题。按照立法者的原意,互联网络服务提供者很难对互联网络信息进行及时有效的审查,因此,在确定创作即享有版权原则的基础上,应当对互联网络服务提供者网开一面,建立所谓的"避风港"。如果互联网络服务提供者使用信息定位工具,包括目录、索引、超文本链接、在线存储、网站,涉嫌侵犯他人的著作权,在互联网络服务提供者能够证明不存在恶意,并且及时删除侵权信息或者断开有关信息链接的情况下,互联网络服务提供者不承担赔偿责任。这一原则为互联网络信息传播提供了极大的便利,但也对著作权人的利益构成了潜在的危害。当互联网络服务提供者使用"避风港原则",容许他人将著作权人的作品刊登在互联网站,或者采用搜索链接的方式,为互联网络使用者提供信息服务时,著作权人的合法利益实际上就处于"悬空状态"。在著作权人提出有关著作权声明之前,互联网络服务提供者很可能借助于互联网络平台,为许多人提供了"共享"服务,按照现行的著作权法,那些不以营利为目的而使用作品的消费者不需要承担任何法律责任。在网络公共关系工作中,网络秩序的维系需要有国家的法律、法规来加以规范。

(三)自黑式

在微营销纵横的时代,自黑已成为一种独特的营销手段。越是负面的新闻,话题**传播得越快**,而越是传统的、正经的话题却应者寥寥。自黑其实是一种营销境界,自黑不仅可以提高知名度,还可以更好地提升自己亲切、幽默、接地气的形象。它传达的其实是一种态度:敢于自黑就不怕他人的恶意抹黑。当然,自黑也得把握好度,过犹不及就可能一黑到底,再难洗白了。

自黑作为一种公共关系手段在突发危机中起到的作用也不可小觑。当企业身陷舆论的旋涡时,可以运用自黑手段来化解公众激烈的情绪,从而达到转移视线的效果。有营销传播机构认为,随着微博、微信等媒介影响力的进一步提升,自黑作为一种公共关系营销手段已经在社交媒体上蔚然成风,越来越多的企业和个人在面临公众舆论时采用"自黑式"公共关系手段转危为安,在舆论的风口浪尖得以幸免。

★案例

天猫"双十一"自黑式公关

互联网一手炮制的"双十一"全民狂欢节,让天猫名利双收,"双十一"成了天猫自豪的数据刷新日。2013年的"双十一"活动中,天猫微博中刷出一条1.5米的大内裤,一时间万众瞩目。天猫微博中有这么一条:卖出了200万条内裤,加起来有3 000千米长。之后这组数据被微博上一个非常活跃且"吐槽"级数极高的地方公安局官微@江宁公安在线抓住了把柄:两个数据相除发现一条内裤有近1.5米长。@江宁公安的这条微博当日转发近8万次,马云及其旗下的天猫便成为当日微博上最大的笑柄。为了重树形象,天猫首先在微博上做出道歉,并承认错误。在@江宁公安微博发出半小时之内,阿里巴巴集团副总裁陶然便在微博上说是计量单位弄错了,是200万件而不是条。阿里巴巴的这条解释性的微博并没有得到公众的谅解,反而被视为"狡辩"。半个小时后,天猫改换公关思路,走卖萌路线。"伦家就是鸡冻得昏了头好吗……来尽尽尽情地取笑我吧!数学老师对不起了!"从公众的评论来看,天猫的这种"自黑+卖萌"的公关路线走对了方向。但是从天猫的微博上可以看出,天猫的野心不仅在于解决公共关系危机,更希望通过"自黑+卖萌"的公关策略实现一石二鸟,既解决公共关系危机又进行一次推广。于是天猫在第二天又卖了一条:"昨天数学不好,险些被K尿崩……半夜吭哧吭哧地翻出小学课本满血恶补!此刻我明白了:350亿人民币摞起来的厚度相当于4个珠穆朗玛峰的高度,能铺满585个足球场,得7节火车皮才能拉走……不知道这个对嘛?求高人!求拯救!在线跪等!"天猫故意引导网络继续数字游戏,再次激发了网民抠其数据的热情,达到了公众对天猫保持持续关注的目的。但是如此的卖萌却走向了另一个极端，再一次回到了副总裁陶然引领的错误方向上。再后来就是那条把马云黑得很到位的经典微博，这条微博被称为"自黑式公关典范"的微博，被转发了18 000多次，参与转发的既有媒体大号，如@新闻周刊、@创业家，也有网络公知如@任志强等，甚至还有营销账号如@互联网那点事等。

阿里巴巴自黑式公共关系对于挽救数字之错起到了良好的作用，这种自黑式公关能发挥作用，与阿里巴巴对新媒介社会属性的良好把握有密切的关系，同时也跟阿里巴巴的企业文化以及马云的个人风格不无相关。

(资料来源：冯雪. 新媒介时代公共关系策略——以天猫"双十一"自黑式公关为例[J]. 管理工程师，2014（2）：26，27，30.）

第四节 互联网公共关系的发展与转型

互联网时代给企业的公共关系带来了全新的挑战，不能与时俱进，不懂创新求变就只能在时代的浪潮中被淘汰。这是一个充满机会的时代，传统媒体、网络媒体和社交媒体之间的竞争、合作与融合正在形成新的传播形态，并提供了新的媒体环境、媒介技术和传播方式。新媒介的普及让企业与公众建立了多元立体的互动联系，拉近了与其利益相关方的距离，营造了良好的发展环境。大数据应用的发展则要求企业通过数据的挖掘与整合合理制定公共关系策略，并及时调整创意和传播内容。当然，数据来源的可靠性和用户隐私的安全性在数据搜集、鉴别、整合的过程中必须高度重视。

一、互联网时代公共关系发展趋势

（一）渠道——新兴媒体的应用

渠道的选择直接关系到公众对企业公共关系活动的接收范围和接受程度。在新的媒介生态下，企业的当务之急就是了解各种媒体的特性，尤其是不断涌现的新兴媒体，然后结合自身需求选择合适的媒介作为渠道，将企业的信息、意见和态度传达给公众。在"互联网+"时代，企业公共关系工作对新媒体、新技术的投入和应用比例持续扩大，更加重视移动端的即时传播以及与公众的多元互动，主要表现出两大新特点。

1. *互联网移动化，由PC端转向移动端*

随着智能手机和平板电脑的普及，公众更倾向于使用移动客户端接触媒体。有数据显示，同样一篇稿件，在移动客户端上的点击量是网页点击量的十倍以上。这一趋势影响了企业公共关系渠道的选择。以2014年领跑公共关系业务的汽车行业为例，汽车行业的公共关系渠道本就丰富，既有新浪、网易汽车等门户网站，也有汽车之家、易车等垂直网站。但这些媒体在当前都在向移动端发展，已经出现了"完全基于移动端的新的汽车垂直移动媒体"，还涌现出了大量的自媒体大号，有很多传统媒体人直接转型，运营以微信阅读号为载体的自媒体。

2. 全面多层次的互动性，从单向传播到多向传播

借助微博、微信、H5 等社交媒体，公众可以对企业的各种公共关系稿件、音视频资料等及时发表评论，展开讨论，进行反馈。这种方便即时的参与式交流互动，连接了企业与内部员工、股东、客户、供应商、政府、媒体和普通公众。通过多元互动，企业既能对沟通内容进行控制、调整，也保证了其信息、意见和态度的准确、及时传达，还拉近了与其利益相关方的距离，有助于塑造和推广企业形象，扩大企业的影响力和美誉度。

（二）数据整合——以受众需求为中心

要进行有效的公共关系传播，企业应以受众为中心，尤其是要定位目标受众，了解他们的身份，把握他们的情感、需求和生活方式。这一点在传统媒体时代不仅耗费大量人力、物力、财力，而且难以实现，但在"互联网+"时代，个人、企业或其他组织机构都或多或少地与互联网有着联系，一举一动都会在网上留下"足迹"。公众在各种终端上的触网行为都能生成描述其习惯行为的精准的数据特征。所有的网页一经点击就会留下记录，PC 端也会随之得出点击量。而通过手机上网时，后台不仅能知道点击量和点击来源，甚至能解析手机用户的"身份"。

"互联网+"时代是大数据的时代，网络已经把数据的传播、挖掘、整合机制上升到了一个非常大的空间。企业通过数据的挖掘和整合，因地因时制宜，能量身定做具有针对性的公共关系策略，实现分众传播，甚至点对点的传播，不仅使人力、物力、财力得到优化利用，还能为其各个阶段的运作提供参考。但是人的时间和注意力是有限的，如何抽取、整合庞大的后台数据并针对公众的碎片化时间进行有效的公共关系传播，是当前企业公共关系工作的一大难题。大数据的应用尚未发展成熟，但其广大的市场前景不容否认，企业要做好公共关系传播就应当抓住这一机遇。

（三）创新求变——创意让传播更有效

在"互联网+"时代，信息裂变式地涌现，墨守成规、毫无特色的企业公共关系传播活动容易让企业湮没在信息的洪流中，继而消失在公众的视线里。因此，企业借助"互联网+"时代的环境、政策和技术，能够增强产品和服务的科技含量和核心竞争力。所以，企业在寻找新的商机、拓宽业务内容的同时，还应提高其传播能力。创意能让传播更有效。通俗地讲，创意指发现人们习以为常的事物中的新含义，创意的过程就是创造。乔布斯有一句名言："不用知道消费者需要什么，我们创造消费者需求。"

目前，企业主要通过营销渠道、品牌传播渠道上的创新变革，以及线上线下的共同着力来提升公众对品牌的好感度，进而培养目标受众的忠诚度和普通公众的关注度。2015 年 8 月，一汽丰田首次在官方网站在线与超过 100 万的网民互动，并完成其旗下全新皇冠 2.0T+ 的发布。这场"云端发布"是创新公共关系传播方式的一次突破，新老媒体联动、线上线下发力，让多维度的传播相互影响和提升。

在"互联网+"时代，企业的公共关系传播不仅要服务企业的现在，更要着眼于市场环境的变化以及未来发展的趋势。前瞻性的眼光、前沿的技术以及创新的方式是企业公共关系传播活动成功的关键。无论何时，企业公共关系传播的本质依旧是为企业创造良好的内外部发展环境。而利用有效的传播方式为企业创立形象、塑造品牌、化解危机、提供决策依据,仍是公共关系传播的基本任务。

二、互联网时代公共关系的新契机与挑战

(一)互联网时代公共关系的新契机

1. 利用互联网可提升公共关系传播的内容到达率

内容到达率是所有公共关系主体在进行公共关系传播时非常看重的指标,它意味着有效传播。互联网在传播模式上由传统的"点对面"变为"点对点",这给公共关系主体进行差异化公共关系传播提供了可能,即按照公共关系目标将全体受众根据其特征划分成不同的群体,并向他们有针对性、有区别地传递不同公共关系信息。这样做一方面可以让目标受众看到合适的公共关系信息,并通过反复传播使内容效果得以强化;另一方面可以避免遭受无关信息的侵扰,降低影响公共关系效果达成的负面信息量。

2. 利用互联网可使公共关系传播更具个性化

互联网交互式传播的特点使受众真正参与整个公共关系过程成为可能。受众不仅参与的主动性增强,选择的主动性也得到加强。同时,互联网信息的异常丰富使受众的选择余地非常大。随着互联网技术向智能化、个人化方向发展,受众可以在更广阔的领域实现声、图、文一体化的多维信息共享和人机交互功能,自由地传递信息,自由地选择信息。互联网把"公共关系到群体"推向"公共关系到个人",使公共关系传播更具个性化。

3. 利用互联网可使公共关系传播更具亲和力

在互联网时代,公共关系主体对内、对外的沟通可以显得更具亲和力。对内,公共关系主体可以及时发布各方面的运作情况,并广泛征求员工意见和建议,及时反馈给领导决策层,从而大大增强员工的主人翁意识和组织的凝聚力。对外,公共关系主体可以建立自己的网站,在商业网站上建立自己的活动专区等,积极与外部公众沟通,通过建立服务信息库的方式,对目标公众进行一对一的服务和沟通,减少中间环节。采用"面对面"的方式,亲和力更强,传播效果更好。

4. 利用互联网可使公共关系传播更便于危机处理

危机处理的关键是危机发生后能够迅速地反应和采取正确的公共关系策略,这些都依赖于信息的反馈速度和准确性。互联网交互式"点对点"的传播模式可以使公共关系主体在事件开始时就能搜集到各方面信息,据此可以在危机前期做出正确的应对策略;利用互联网传播速度快、传播范围广的特点积极开展公共关系沟通工作,防止事态进一步恶化;积极搜集信息反馈并进行分析,不断修正公共关系策略,将负面影响控制到最小;针对不同群体的差异进行"点对点"的沟通,寻求公众的理解与支持。

(二)互联网时代公共关系的新挑战

1. 传播渠道的融合

新媒体文字、图像、声音等多媒体化成为一种趋势,不再是原有的报纸以传递文字信息为主,广播以传递声音信息为主,电视以传播图像信息为主的严格区分,内容是否丰富、新颖、独到、有趣已成为新媒体竞争的焦点。首先,电子报纸、手机媒体、网络电视、移动电视、博客、播客等新媒体形式都有自己的内容要求,与传统媒体相比有很大差异,公共关系

主体必须针对不同新媒体特点制作适合这些媒体传播的公共关系内容,以吸引公共关系目标受众;其次,对目标受众进行细分,与他们进行接触和互动,了解他们的兴趣和爱好,为不同的目标受众群制作出满足他们不同需要的传播内容,并在内容贴切、形式创新、渠道多样上更好地加以把握。

2. 公共关系传播带来的不可控性

在利用传统媒体进行传播时,媒体的数量及信息发布模式较为固定,便于公共关系主体进行公共关系信息发布内容及渠道的控制。但在自媒体时代,每个人都可以成为信息的发布者,特别是以微博、微信为代表的自媒体,以互联网为平台,吸引了一大批以观点发布、舆论跟进、是非评价、进展关注为目的的网民积极参与和互动,其口碑影响力日渐扩大。当其传播的信息对公共关系主体有利时,自然具有宣传费用低、可信度高、针对性强等优点,但其中常常充满偏见、情绪化的言论,对公共关系主体不利,并且这种不利还会因其口碑影响力而被不断扩大,对公共关系主体产生极其严重的负面影响。而这些自媒体信息对于公共关系主体而言属计划外信息,本身具有很强的不可控性。

3. 信息发布的全时全球化使负面信息传播速度更快

首先,互联网的快速发展及融合使得媒体之间的竞争日趋激烈,为了博取"眼球",媒体记者对爆炸性新闻"孜孜以求"。这使得埋藏在社会组织内部的危机隐患被触发的概率大大增加。其次,信息的自由发布也是负面信息快速传播的重要原因。新媒体的中心控制系统往往只能对由传统媒体发布的信息进行控制,但对普通受众在互联网上自行发布的信息却缺乏"守门员",特别是微博、微信等自媒体形式,由于其信息发布渠道的特殊性及强大的影响力,往往更容易产生负面信息,并形成"蝴蝶效应"使其快速传播,产生严重的负面影响。

三、互联网背景下的公共关系行业转型

公共关系行业如何转型,如何创新,如何应对"互联网+"时代,确实值得思考。

(1) 不能只注重形式,而忽略了互联网的精神。目前有些企业、行业由于对互联网技术了解不深,往往把企业或者行业生拉硬拽、简单地往互联网上靠,其经营模式往往脱离自身特点,这样的创新,不但不能让企业或行业成功转型,反而会带给自身很大的风险。"平等、开放、协作、分享"既是互联网精神,也是传统企业互联网化的思想基础,甚至是衡量一个企业能否开始互联网化的重要指标。企业或行业真正要做的是在自身的行业属性中寻找、发现、探索适合自我的"互联网+"模式,而不是脱离现有的方向另辟蹊径,忽视行业的出发点和落脚点。

(2) 要时刻谨记公共关系行业的本质。公共关系业是服务行业,它是为企业或机构服务的,为它们树立形象,打造品牌。尽管"互联网+"是互联网发展的新形态、新业态,是互联网形态的演进,但对公共关系行业来说,它依然只是一种手段,我们可以把它作为更好的工具,为企业或机构提供更好的服务。

(3) 基于以上认识,公共关系从业人员要在充分认识行业本质的基础上,挖掘自身优势,充分利用互联网沟通便捷的特点,建立方便、高效的交流平台,不断创新服务模式和服务手段,提升服务品质。

只有把公共关系的本质特性与互联网这种新型传播手段完美地结合在一起，才能发展行业，壮大自己，这也是公共关系业的未来。

在互联网时代背景下，公共关系人员一是要坚持职业操守，因为公共关系职业道德是公共关系人员的事业基石，诚信、透明、准确、公正等职业道德要素指导公共关系人员的公共关系实践；二是要有孜孜以求的精神，在变革的时代中，要把握重新定义和强化公共关系专业角色的机遇，从而拓展公共关系影响力，这不仅有利于公共关系业的发展，还可以促进多文化间和谐关系的建立。

章后案例

K11购物艺术中心社会化媒体用户互动推广

中国内地首个K11购物艺术中心——上海K11购物艺术中心坐落于上海市淮海路的黄金地带。K11 FASHION SATR是一场从线上到线下无数网民与网络潮人参加，充分展示自我艺术与潮流个性的互动代言活动。

线上与线下同时展开了K11 FASHION STAR艺潮领袖的征集，目的是让消费者及网民在活动的参与中体验K11不同的艺术欣赏与人文体验。

线上，通过网络红人的拉动与推荐，号召并征集各式艺潮领袖，数百位网络潮人将照片上传到MINISITE，引起潮人圈、潮人粉丝以及网民的关注与参与。

线下则是通过专业摄影师时尚街拍的方式，在现场征集潮人照片的同时，进行良好的K11品牌宣传。

通过此次的传播，新浪微博K11关键词的搜索量暴增至432 687次，粉丝增加至53 665人，引发网友转发评论共35 135条次。MINISITE活动共508位潮人参加，影响参与者的粉丝达103 673人，引发532 041次投票，活动的评论与转发数达37 942条，街拍及艺潮领袖墙则在网络和现实中都引起了网友以及周围市民的极大关注，也引发了众多摄影爱好者拍摄分享。微博上也同时引发热议，该活动成为淮海路最热门的吸睛点和话题讨论点。

案例分析题：

1. 请思考互联网时代公共关系的新契机。
2. 请结合K11购物艺术中心社会化媒体用户互动推广事件，谈谈未来互联网时代公共关系的发展趋势。

思考题

1. 什么是互联网公共关系？
2. 互联网传播有哪些特征？
3. 新媒体如何影响公共关系活动？
4. 互联网时代公共关系的趋势是什么？

第十章

公共关系礼仪

★ 学习目标

　　知识目标：了解公共关系礼仪的含义及公共关系礼仪的重要性；掌握形象礼仪、见面礼仪、语言礼仪、通信礼仪、商务礼仪。
　　技能目标：熟练运用公共关系人员应具备的礼仪技能。
　　素养目标：具备公共关系人员的礼仪素质。

★ 建议课时

　　6 课时。

★ 案例导入

不卑不亢的中国外交部长

　　20 世纪 50 年代，美国对中国实行禁运、封锁，两国关系紧张，双方唯一保持对话和接触的渠道就是在华沙举行的中美大使级会谈。起初会谈的气氛很紧张，每次双方一见面，便问："今天谁先发言？"于是双方先后依据各自的讲稿阐述一番自己的立场。讲完后便问："下次会谈什么时间？"然后各走各路。后来，王炳南大使回国，与外交部部长陈毅谈到会谈的气氛和局面，陈毅就说道："不一定老是那么紧张嘛！""我们不乞求谈判，也不排斥谈判。不卑不亢，有理有节，此乃泱泱大国之风也。"

　　1963 年 12 月，陈毅应邀参加肯尼亚的独立大典。在一次肯尼亚举行的国家舞会上，中国代表团和美国代表团的位置刚好排在一起。在中美关系长期僵持时期，这无疑是个极其微妙的场面。陈毅既没主动凑过去套近乎，也没有生气地掉头而去，而是坐下慢慢喝起咖啡来。

　　美国代表团有 3 个人坐在旁边：部长夫妇和美国劳联副主席。那位部长夫人首先搭话：

"你们是中国代表团吗?""是的。""我是否可以与你们谈谈天气呢?""可以谈。怎么不能谈?"双方就开始聊了起来。

那位部长一看夫人已开了头,便也过来,要与陈毅部长干杯,但又故作姿态地说:"过去米高扬访问美国,到我家做客,与我夫人谈了天气。我为此受到了腊斯克的责备,希望我们这次干杯不要引起麻烦。"

听了此话,陈毅不是破口大骂、猛烈抨击,而是不软不硬地回了句:"你怕麻烦,可以不要跟我干杯,就不会有什么麻烦了。"那位部长又匆匆地说:"我提议,为中美两国有一天能够改善关系干杯!"

陈毅此时不是赌气不干杯,而是端起酒杯彬彬有礼地说:"我希望,我相信,中美两国的关系总有一天能够前进一步的,但条件是美国国务院要取消对中国的敌视侵略政策,只有这样才可能!"

(资料来源:金正昆.交际礼仪[M].北京:中国人民大学出版社,2015.)

案例分析:

交往活动越个性化,其交往态度越情感化。在"个人—个人"的人际交往中,交往者的交往态度主要取决于他本人对对方的认识与情感。而在"组织—组织"的公共关系活动中,公共关系人员的交往态度主要取决于他所代表的组织与对方组织之间的友好关系和利益关系。在公共关系活动中,公共关系人员一定要使自己的服装发饰、言行举止符合公共关系礼仪要求,因为公共关系人员不仅代表个人,更是代表他所在的组织。在这场外交活动中,陈毅以"不卑不亢、有理有节"的言行举止,树立了中国外长的良好形象,更重要的是维护了国家形象。

任何社会的交际活动都离不开礼仪。礼仪作为人类历史发展中逐步形成并积淀下来的一种文化,始终以某种精神的约束力支配着每个人的行为。中国自古尚礼,以"文明古国、礼仪之邦"著称于世。在中国历史上,礼仪既是"立国经常之大法",又是"揖让周旋之节文"。颜元说过:"国尚礼则国昌,家尚礼则家大,身有礼则身修,心有礼则心泰。"到了今天,礼仪成为现代人的处事根基,是人际交往的前提条件,也是社会生活中不可缺少的内容。在公共关系活动中,礼仪是实现人际沟通和公共交往的桥梁和纽带,也是公共关系人员最基本的公共关系手段。公共关系人员学习礼仪、提高礼仪文化修养,遵循礼仪、树立良好社会形象,是公共关系活动成功的一个重要条件。

第一节 公共关系礼仪概述

一、公共关系礼仪的含义

礼仪是人类文明的产物,是人们进行社会交往的行为规范与准则。对个人来说,礼仪是思想道德、文化修养、交际能力的外在表现;对社会来说,礼仪是社会文明程度、道德风尚和生活习俗的反映。礼仪具体表现为礼貌、礼节、仪表、仪式等。

礼貌是指人们在相互交往过程中表示敬重、友好的行为规范。如尊老爱幼、热情待客等。东汉经学家赵歧解释说:"礼者,接之以礼也;貌者,颜色和顺,有乐贤之容。"北宋司马光进一步要求:"凡待人无贵贱贤愚,礼貌当一。"即无论交往对象是什么人,都应当讲究礼貌。

礼节是指人们在交际活动中待人接物的形式,如问候、拜会、回访等。礼节是礼貌在语言、行为、仪态等方面的外在体现。对于组织来说,礼节是形象风貌的具体化;对于个人来说,礼节则是心灵美的外化。

仪表是指人的外表,如容貌、表情、姿态、服饰等。仪表是个人精神面貌、内在素质的外在体现,注重仪表是讲究礼貌、礼节的表现。

仪式是指在一定场合举行的具有专门程序的活动,如颁奖典礼、开业典礼、签约仪式等。

公共关系礼仪是礼仪在公共关系领域的具体化,是指产生于一定文化道德基础之上的用以调节组织与公众关系,促成相互均衡和谐发展的行为规范和准则,是人们在现代社会交往中各种符合公共关系精神、准则、规范的交往方式、行为方式、社会活动、典礼程序以及与之相适应的标志、服饰等的总称。

二、公共关系礼仪的重要性

公共关系礼仪是公共关系的重要组成部分。首先,公共关系礼仪通过直接塑造公共关系人员的良好个人形象,间接地塑造了组织形象,展现组织的文化和精神风范,是塑造组织形象不可或缺的手段。其次,公共关系礼仪具有沟通和协调的功能,在公共关系活动中可使双方感情融洽,形成有利的交流氛围,易于为对方所接受,赢得理解和支持,从而促进公共关系活动顺利开展。当组织与公众之间发生矛盾与误解时,公共关系礼仪的润滑剂功能可以帮助公共关系人员调解冲突、化解矛盾,增加理解,使情况朝着有利于自己组织的方向发展。

★案 例

"一口痰"的代价

这是一场艰难的谈判。一天下来,美国约瑟先生对于对手——中国××医疗机械厂的范厂长,既恼火,又钦佩。

这个范厂长对引进"大输液管"生产线行情熟悉,考察缜密。不仅对设备的技术指标要求高,而且价格压得很低。在中国,约瑟似乎还没有遇到过这样难缠而有实力的谈判对手。他断定,今后和务实的范厂长合作,事业是能顺利的。于是,他信服地接受了范厂长那个偏低的报价。

"OK!"双方约定第2天正式签订协议。天色尚早,范厂长邀请约瑟到车间看一看。

车间井然有序,约瑟边看边赞许地点头。走着走着,突然,范厂长觉得嗓子里有上百条小虫在爬,不由地咳了一声,便急急地向车间一角奔去。

约瑟诧异地盯着范厂长,只见他在墙角吐了一口痰,然后用鞋底连忙擦去,油漆的地面上留下一片痰渍。

约瑟快步走出车间,不顾范厂长的再三挽留,坚决要回宾馆。第二天一早,翻译敲开范厂长家的门，递给他一封约瑟写的信："尊敬的范先生，我十分钦佩您的才智和精明。但车间里您吐痰的一幕使我一夜难眠。恕我直言，一个厂长的卫生习惯可以反映一个工厂的管理素质。况且，我们今后生产的是用来治病的输液管。贵国有句谚语：人命关天！请原谅我的不辞而别，否则，上帝会惩罚我的……"

范厂长觉得头轰的一声，像要炸了。

（资料来源：陶稀. 公共关系礼仪［M］. 北京：华东师范大学出版社，2014.）

第二节　形象礼仪

公共关系人员应该是充满魅力的人。魅力是一种能够吸引人的力量，它是一个人内在美和外在美的统一。其中，人的仪容和服饰是魅力的一个组成部分，它不仅反映其主体的审美能力，也反映其文化、道德、礼仪水平，因此，仪容和服饰既具有自然属性，也具有社会属性。公共关系人员与各种人打交道，在各种场合露面，应重视自己的仪容仪态。

形象礼仪指一个人在容貌、举止方面保持美好的礼节规范和要求，主要包括卫生礼仪、举止礼仪和服饰礼仪等。

一、卫生礼仪

要经常洗澡、洗头，保持身体各部位干净。保持口腔清洁，早、中、晚都应刷牙漱口；每隔三个月，最长半年，洗一次牙，若衣冠楚楚，一开口，满嘴黑牙、黄牙，很不雅观；如有牙病、口臭，应及时治疗，带着异味与人交谈很不礼貌；吃了辛辣食物后，应及时漱口。

衣服保持干净整洁。内衣内裤应勤洗勤换，一般1~2天应换一次；衬衫领口、袖口应保持干净，1~2天换一次，不要等非常脏了再换；皮鞋应无灰土、应锃亮。

参加社交活动之前，应简单修饰一下自己。除了身体各部位要干净之外，还要注意修面、剪鼻毛、剪指甲。男士应剃胡子、梳理好头发，女士也应整理发型。

参加社交活动，还应注意饮食卫生。首先，患有传染病的人不应和别人一同进餐，以防传染给别人；其次，在公共场合，不要与别人同喝一杯茶，同饮一杯酒，或共用餐具等；最后，不要用自己的筷子给别人夹菜，不要在菜盘里搅来搅去。

二、举止礼仪

举止礼仪是指人们在社交活动中各种表情与姿态行为的规范，包括人的站姿、走姿、坐姿、面部表情等。

（一）站姿

中国人素有"站如松、坐如钟、卧如弓、行如风"之说，优美而典雅的站姿，是发展人的不同质感动态美的起点和基础。良好的站姿应该是直立，头端，肩平，挺胸，收腹，梗颈。在具体要求上，男女略有不同。

1. 男士站姿

男士站立时，应将身体的重心放在两只脚上，头要正，颈要直，抬头平视，挺胸收腹不斜肩，两臂自然下垂，从头到脚呈一条线。双脚可微微分开，但最多与肩同宽。站累时可向后挪半步，但上体仍须保持正直。这种站姿从外观上看有如挺拔的青松，显得刚毅端庄、精神饱满。男士站立时须注意以下方面：

首先，一般在任何场合都不宜斜靠在门边或靠墙站立。两腿交叉站立也是十分不雅的，这是一种轻浮的举动，极不严肃；同时，交叉腿的动作，也是一种防卫性信号。

其次，站立时，手不宜插在腰间，这是一种含进犯性意识的姿势。

最后，不可双手插于衣裤袋中，实在有必要时，可左手或右手插于左或右前裤袋，但时间不宜过长。

此外，与人站立谈话时，浑身扭动，东张西望，斜肩叉腰均属轻薄浮滑举动，应注意避免。

2. 女士站姿

女士要想使自己具有优雅迷人的站姿，关键要让自己的双脚、双膝、双手、胸部和下颌等都处于最佳的位置。女士站立时须注意以下方面：

首先，双脚的脚跟应靠拢在一起，两只脚尖应相距10厘米左右，其张角为45°，呈"V"字形。两只脚最好一前一后，前一只脚的脚跟轻轻地靠近后一只脚的脚弓，将重心集中于后一只脚上，切勿两脚分开，甚至呈平行状，也不要将重心均匀地分配在两条腿上。

其次，在正式场合双膝应挺直，而在非正式场合，伸在前面的那一条腿的膝部可以略微弯曲，以便为了"稍息"。但是不论处于哪一种场合，双膝都应当有意识地靠拢。

再次，在站立时双手若非拎包、持物，则最好是将右手搭在左手上，然后贴在腹部，同时应当注意放松双肩，使双肩自然下垂。不要耸肩、斜肩，或是弯臂、端肩。在非正式场合双手自然下垂贴放在身体两侧未尝不可，但在正式场合这样做，就毫无美感可言了。不要把手插在口袋或袖子里，也不要双手相握，背在身后——前一种做法显得自由散漫，后一种做法则看起来老态龙钟。

此外，在站立时胸部应略向前方挺出，同时要注意收紧腹肌，并挺直后背，使整个身体的重心集中于双腿中间，不偏不斜。这样不仅能使自己看起来精神振奋，线条优美，而且也不会出现凹胸、挺腹、弓背等难看的姿势。同时，下颌要微内收，脖颈要挺直，双目要平视前方，以便使自己显得自然放松。

总之，女士在正式场合最优雅动人的站姿应当是：全身直立，双腿并拢，双脚微分，双手搭放在腹前，抬头、挺胸、收腹、目视前方。

(二) 走姿

走姿即人们行走时的姿态，它是以优雅、端庄的站姿为基础的。一般来说，行走时步履应自然、轻盈、敏捷、稳健。走姿主要有以下几个要点。

(1) 最基本的走姿是使自己的脊背和腰部伸展放松，并使脚跟首先着地。行走时移动的中心是腰部，而不是脚部，所以行走应被首先视为腰动，而不是脚动。应当上体前驱，借以带动脚动。

(2) 行走时腿不伸直的话是无法走出漂亮的姿势来的，因此在走动时务必使膝盖向后方伸直。如果膝盖伸直了，腿也就自然而然地随之伸直了。

（3）行走时要有一定的节奏。行走时双肩要放松，双臂要伸直，手指要自然并拢并略微弯曲，还应当使两只手臂一前一后地摆动。双臂摆动时应以肩关节为轴，手臂与上身之间的夹角不要超过30°，双臂各自摆动的幅度不应大于40厘米。在一般情况下，女士往往穿高跟鞋，故步伐小一些，一步走30厘米左右，才会显得高雅迷人。同时，行走的速度也应当不紧不慢，保持节奏感。同样，对于男士，从其步伐也能判断出他们的气质、性格。若想给人以严肃、威严的印象，则要挺起腰板，摆平脑袋，步伐大而稳健；若想给人以儒雅、谦和的印象，则可以放慢、放轻脚步；若希望让人觉得你年轻，富有活力，则尽可能地增加步履节奏感。无论怎样，都不要拖沓萎靡。

（4）行走时应使脚尖略微展平，脚跟首先触地，通过后跟身体的重心移送至前脚，促使身体前移。需要注意的是，行走时的注意力应集中于后脚，而不是集中于向前跨出的那只脚上。

（5）行走时应上身挺直，目视正前方。在腰际以上，不允许摆摆晃晃。同时，成一直线前进，不左右摇摆。

（三）坐姿

坐姿是指人们就座时和坐定之后的一系列动作和姿势。一般来讲，坐姿应当高贵，文雅，舒适自然。坐姿的基本要求是：腰背挺直，手臂放松，双腿并拢，目视于人。

1. 入座

公共关系人员在入座时一定要做到不紧不慢，不慌不忙，大大方方地从座椅的左后侧接近并不声不响地轻轻坐下。不要大大咧咧地一把拉过椅子，扑通一声把自己"扔"进座椅里。落座时响声大作，是没有教养的表现。所以，落座时切忌用力过猛。尤其是走向他人对面的座椅落座，可采用后退步接近属于自己的座椅，尽量不要背对自己将要与之交谈的人。女士若坐下之后所要面对的是异性，则通常应当在入座前用手将裙子拢一下，显得娴雅。

2. 坐姿要求

要以优雅的坐姿来体现自己的良好修养，要注意男士和女士不同的坐姿基本要求。

通常男士入座后，人体重心要垂直向下，腰部挺起，上身垂直，不要给人以"瘫倒在椅子上"的感觉。坐时，大腿与小腿基本上成直角，双膝应并拢，或微微分开，两脚平放地面，两脚间距与肩同宽，手自然放在双膝上或椅子扶手上，头平稳，目平视。需要侧坐时，上体与腿应同时转向一侧，头部向着前方。如有需要，可交叠双腿，但一般是右腿架在左腿上。注意在社交场合，绝不要首先使用此姿势，因为它会给人显示自己地位和优势的不平衡感觉。

女士的坐姿是否优美，是影响印象的重要因素。通常女士可采用的坐姿有如下几种，除了在双腿必须完全并拢，尤其是膝部以上必须完全并拢这一点相同之外，它们之间的区别主要在于坐定之后的腿位与脚位有所不同。

（1）双腿垂直式。具体做法是：双腿垂直于地面，双脚的脚跟、膝盖直至大腿都需要并拢在一起，双手自然放在双腿上。这是正式场合的最基本坐姿，可给人以诚恳、认真的印象。

（2）双腿叠放式。这种坐姿要求上下交叠的膝盖不可分开，两腿交叠呈一直线，才会造成纤细的感觉。双脚置放的方法可视座椅的高矮而定,既可以垂直,也可与地面呈45°斜放。脚尖不应翘起,更不应直指他人,采用这种坐姿时,切勿双手抱膝,且不能两膝分开,穿超短裙时应慎用。

(3) 双腿斜放式。坐在较低的椅子上时,如果双脚垂直放置,膝盖可能会高过腰,较不雅观。这时最好采用双腿斜放式,即双腿并拢之后,双脚同时向右侧或左侧斜放,并且与地面形成45°优美的"S"形。当坐沙发时,这种姿势最实用。须注意两膝不宜分开,小腿间也不要有距离。

(4) 双脚交叉式。具体做法是:双腿并拢,双脚在踝部交叉之后略向左侧或右侧斜放,坐在主席台上、办公桌后面或公共汽车上时,比较适合采用这种坐姿,感觉比较自然。应当注意的是,采用这种坐姿时,膝部不宜打开,也不宜将交叉的双脚大幅度地分开,或是向前方直伸出去,否则可能会影响到从前面通过的人。

(5) 双脚内收式。具体做法是:两条小腿向后侧屈回,双脚脚掌着地,膝盖以上并拢,两脚稍微张开,这也是变化的坐姿之一,尤其在自己并不受注目的场合,这种坐姿显得轻松自然。

(6) 脚踝盘住收起式。椅子较低时,除了可斜坐之外,还可以将脚踝盘起,往椅子下面靠,但像沙发这样下面没有空间的坐具,就不可采取这种姿势,若是柜台或酒吧内的高脚椅,就可以采取这种坐姿。

(四) 面部表情

表情是指眼、眉、嘴、鼻等部位和面部肌肉的情感体验的反应。公共关系人员在与公众打交道时,面部表情的基本要求就是热情、友好、诚实、稳重、和蔼。

1. 眼神

面部表情中起主导作用的是眼睛,眼睛对内心情感的传达主要靠眼神。为此,公共关系人员要学会正确地运用眼神。

(1) 要学会看人。公共关系人员在与人交际、谈话时,应注视对方的眼睛,以获知对方真正的感受,并将自己的心情坦露给对方,以达到心灵的交流。根据商务礼仪的惯例,在交谈时要正视对方。

用眼睛表情达意时须注意两个礼仪方面的问题。

①注视的时间。交谈过程中,有些人让人感觉舒服,有些人则令人不自在,甚至让人感觉不值得交往,这主要与注视的时间长短有关。与对方目光接触的时间超过了全部谈话时间的三分之一时,要么是被认为很吸引人,要么是怀有敌意。因此对于不太熟悉的人,不可长时间地盯着对方的眼睛,以免引起对方的恐惧和不安。如果感觉与对方谈得来,可以一直看着他,让他意识到你喜欢与他交往。他可能也会回报,以建立良好的默契。这样的谈话,起码要有百分之六十以上的时间注视对方。如果谈话时心不在焉,东张西望,或是由于紧张、羞怯不敢正视对方,目光注视的时间不到整个谈话的三分之一,就不容易被人信任。当然,注视时间长短还要考虑到文化背景,对南欧人、阿拉伯人,注视对方过久可能会造成冒犯,故不能照搬。

②注视的位置。注视对方不同位置,传达的信息有区别,造成的气氛也相异。不同的场合和交往对象,目光所及之处应有差别。比如公事注视,这是指人们在工作交往中,联系业

务、洽谈生意及外事谈判时所采用的注视礼节，目光所及区域在额头至两眼之间。这种注视给人一种郑重、严肃的感觉。如果同对手谈判，采用公事注视，对方会认为你对工作认真、严肃，同时也很看重对方，有诚意，因而会慎重考虑你的意见，你在一定程度上也就拥有了控制权。再比如社交注视，这是在舞厅、茶话会、宴会及朋友聚会时用的注视礼节，目光所及区域在两眼到嘴之间。这种注视会令人感到舒服，也很有礼貌，较前者在气氛上要缓和得多。

（2）要学会用眼神表示对他人的尊重与友好。眼神能很好地表达出对他人的尊重与否，例如俯视带有权威感，且有诲人之意，仰视表示尊敬与景仰。因此与人交往时，尽量不要俯视于人；面对长辈、上司和贵宾时，站立或就座应选择较低下，仰视对方，往往会赢得对方的好感。

2. 微笑

五官中，嘴的表现力仅次于眼睛，嘴的开合，嘴的向上、向下运动都能传递一定的信息，如噘嘴表示生气，撇嘴表示鄙夷，努嘴表示纵容，咂嘴表示惋惜等，这些口形的含义早已人所共知，公共关系人员是不宜采用的。

在公共关系活动中，为了表示对交往对象的友好与尊重，公共关系人员的最佳表情应是面带微笑。微笑是一种人人皆知的世界语。微笑传达的信息常能促进双方沟通，融和双方感情。要掌握好微笑，诀窍只有一个：发自真心，有诚意。微笑既不是奴颜婢膝地曲意奉承，强作笑颜，也不是例行公事般皮笑肉不笑，或是笑得夸张放肆。微笑的基本做法是：不发声，不露齿，肌肉放松，嘴角两端向上略微提起，面含笑意，亲切自然，使人如沐春风。其中亲切自然最重要，它要求微笑出自内心、发自肺腑，而无任何做作之态，才能使所有与你接触的人都感到轻松和愉快。

三、服饰礼仪

★ 案 例

一次某公司招聘文秘人员，由于待遇优厚，应聘者很多。中文系毕业的小张同学前往面试，她的背景材料可能是最棒的：大学四年，在各类刊物上发表了3万字的作品，内容有小说、诗歌、散文、评论、政论等，还为六家公司策划过周年庆典，英语口语表达也极为流利，书法也很好。小张五官端正，身材高挑、匀称。面试时，招聘者拿着她的材料等她进来。小张穿着迷你裙，露出藕段似的大腿，上身是露脐装，涂着鲜红的唇膏，轻盈地走到一位考官面前，不请自坐，随后跷起了二郎腿，笑眯眯地等着问话，孰料，三位招聘者互相交换了一下眼色，主考官说："张小姐，请回去等通知吧。"她喜形于色："好！"挎起小包飞跑出门。

（资料来源：严谨. 公共关系礼仪［M］. 重庆：重庆大学出版社，2011.）

所谓服饰，包括服装和饰品两部分。服饰是社会风尚的象征，是个性美的展现。因此，透过服饰的选择，能够体现出人与服饰、精神与形体的和谐，体现出人的性格特点、文化修养、审美能力和情感需求，也能体现出人的地位、财富、成功与否及职业特征。可以说，服饰浓缩了社会的历史、政治、经济、文化和科技，浓缩了一代又一代人对美的认识、情感体验和价值取向。

服饰打扮的原则主要有以下几方面：

（1）整洁原则。这是服饰打扮最根本的原则，一个穿着整洁的人能给人积极向上的感觉，总是受到欢迎，而一个衣衫褴褛的人，给人的感觉是消极颓废的。

（2）个性原则。不同的人由于年龄、性格、职业、文化素养不同，气质也会有所不同，因此，服饰的选择既要符合个性气质，又要能通过服饰突现个性气质。

（3）和谐原则。美的最高法则即和谐。对于服饰打扮来说，和谐应包含两层含义：一是指服饰应与自己的社会属性（即职业、社会地位、文化修养等）相和谐；二是指服饰应与自己的自然属性（即年龄、体型、肤色、发型、相貌特征、性格特征等）相和谐。

人们总是在一定的时间、地点，为某种目的进行活动，因此，服饰打扮一定要合乎礼仪要求，这是工作、事业及社交成功的开端。

第三节 见面礼仪

见面时的礼仪是公共关系人员留给公众第一印象的重要部分。见面礼仪包括介绍、称呼、握手、致意、问候和名片等重要细节。

一、介绍

介绍，简单地说就是向有关人士说明有关情况，使双方相互认识。符合礼仪的介绍可以使互不认识的人之间解除陌生和畏惧，建立必要的了解和信任。社交场合的介绍主要有两种，即自我介绍和为他人介绍。

1. 自我介绍

自我介绍时，须先向对方点头致意，得到回应后，可根据情况，主动向对方介绍自己的姓名、身份、工作单位，同时递上事先准备好的名片。如"我是某某，是某某公司公共关系部经理，很高兴认识您（或很高兴和大家在此见面），请多关照！"

2. 为他人介绍

为他人介绍，首先应了解双方是否有结识的愿望，切不可冒昧引见，尤其在双方职位或地位相差悬殊的情况下。介绍的先后顺序应当是：先向身份高者介绍身份低者，先向年长者介绍年幼者，先向女士介绍男士等，受到特别尊重的一方有了解的优先权。在口头表达时，先称呼应特别尊重的一方，再将被介绍者介绍出来。介绍时，应有礼貌地以手示意，不能伸出手指来指去。被介绍时，除年长者或妇女外，一般应起立；但在宴席、会谈桌上不必起立，而以微笑、点头表示。

二、称呼

合理地称呼对方，既是对他人的尊重，又反映了公共关系人员的礼仪修养。称呼是一个比较复杂的问题，目前在国际上主要有以下几种称呼方式：

（1）一般称呼。这是最简单、最普遍的称呼，是面对陌生公众时最常用的称呼方式，如"小姐""先生""夫人""太太""女士""同志"等。其中,使用频率最高的是"小姐"和"先生",未婚女子可统称"小姐",已婚女子可统称为"夫人"或"太太",如搞不清对方的婚姻状况,可统称"女士"。

(2) 职务称呼。如"张经理""孙局长"等。

(3) 职业称呼。如"王老师""解放军同志"等。

(4) 姓名称呼。如一般同龄人、好朋友之间,直呼其名,显得更亲密。

(5) 亲属称呼。如"王爷爷""张叔叔"等。

不同国家、民族及其语言、风俗习惯不同,反映在称呼方面,也有不同的礼节。要注意每个国家都有不同的称呼方式,要先问清,再称呼,否则容易引起不满或误解。

三、握手

握手既是见面的一种礼节,又是一种祝贺、感谢或相互鼓励的表示。握手的力量、姿势与时间的长短往往能够表达握手人对对方的不同礼遇与态度,显露自己的个性,给人留下不同印象;也可以通过握手来了解对方的个性,从而赢得交际的主动权。

1. 握手姿势

正确的握手姿势是:距离对方一步左右,两足立正,上身微微前倾,面带微笑,伸出右手握住对方的右手。伸出的右手应四指并拢,拇指自然张开,紧握住对方的手,上下摆晃三下就松开自己的手,握手时间应以3~5秒为好。

2. 握手顺序

握手的顺序是指彼此相见时谁先伸手谁应握。它主要根据握手人双方所处的社会地位、年龄、性别和各种条件来确定。一般来说,在社交场合握手的基本规则是:主人与嘉宾相互握手,主人应先伸出手来,宾客待主人伸出手后,方可伸手握之;年长者与年轻者相互握手,年长者应先伸出手来,年轻者待年长者伸出手后,方可伸手握之;身份高者与身份低者相互握手,身份高者应先伸出手来,身份低者待身份高者伸出手后,方可伸手握之;女士与男士相互握手,女士应先伸出手来,男士待女士伸出手后,方可伸手握之。在码头、车站、机场等场合迎接客人,主人应先伸手,以表示非常友好地欢迎对方。

握手时应注意:男子在握手前应脱下手套,摘下帽子。男女握手,一般男子只要握一下女方的手指部分即可,多人同时伸手时,注意不要交叉,待别人握完后再伸手。

3. 握手十忌

(1) 忌握手的时间过长或过短。一般以3~5秒为好。长时间地用力握着异性的手不放是不礼貌的。

(2) 忌握手时冷而无力,缺乏热情。应热情伸手,面带笑容。

(3) 忌握手时东张西望,心不在焉。

(4) 忌握手时一言不发,应配以适当的敬语或问候语,如"您好!""见到您很高兴!""久仰!""恭喜!"等。

(5) 忌同女士握手时先伸出手。

(6) 忌戴手套握手。女士及地位较高的人戴手套握手,被认为是可以的。

(7) 忌握手时用力过大,以免捏得对方咧嘴呼疼。

（8）忌几个人在场时，只同一个人握手，对其他人视而不见。同时有多人相互握手时，要注意待别人握完再伸手，不可交叉握手。

（9）忌握手时不讲究先后次序。握手的先后次序根据握手人双方所处的社会地位、身份性别和各种条件来确定。

（10）忌伸给对方脏手。如客人到来，主动向自己伸出手，碰巧自己又在洗东西、擦油污，可以一面点头致意，一面摊开双手，说明情况，表示歉意，然后赶紧洗手，热情接待。

四、名片

社交场合，没有名片的人是一个没有现代意识的人，不会使用名片的人也是一个没有现代意识的人。名片是公共关系人员个人形象和企业形象的有机组成。

名片，用于社交场合中的相互了解，并在自我介绍或相互介绍之后使用。在递、接名片时，如果是单方递、接，最好用双手递、双手接；双方互送名片时，应右手递，左手接；两种情况都要求名片的正面（写中文字样的一面）朝着对方。接过对方的名片应点头致谢，并认真地看一遍，最好能将对方的姓氏、主要职称或身份轻轻地读出来，以示尊重。遇有看不明白的地方也可以请教。将对方的名片放在桌子上时，其上面不要压任何东西。收起名片时，要让对方感觉到，你是将其名片认真地放在了一个最重要、最稳妥的地方。切忌接过对方的名片一眼不看就立即收起，也不要将其随意摆弄，因为这样会让对方感觉是一种不敬。

如果是事先约定好的面谈，或事先双方都有所了解，不一定要交换名片，可在交谈结束、临别之时取出名片递给对方，以加深印象，表示保持联络的诚意。

第四节 语言礼仪

语言礼仪是指人们在交谈活动中应遵循的礼节和应讲究的仪态等。语言包括听和说两个方面。

一、公共关系语言中的聆听礼仪

外国有一句谚语："用十秒钟的时间讲，用十分钟的时间听。"社会学家兰金指出，在人们日常的语言交往活动（听、说、读、写）中，听的时间占54%，说的时间占30%，读的时间占16%，写的时间占9%。这说明，听在人们交往中居于非常重要的地位。

1. 聆听的方式

交谈中善于聆听的确有许多好处，但要真正做到洗耳恭听，仅仅对人抱有尊敬之心还不够。也就是说，听不仅要用身，还要用心。但有些人做不到这一点。他们在听时往往心不在焉，或左顾右盼，或处理其他事，或摆弄东西，或不时走动。这种方式最易伤害人的自尊心，使说者不愿再讲，更不愿讲心里话。因此不仅无法收到较好的效果，还会影响到双方的关系。也有的人，听时虽然很认真，但却爱挑毛病，或者频加批判，或速下判断，或发出争论。这种方式使人讲话时不得不十分小心，字斟句酌，同时也担惊受怕，不敢吐露真情，从而影响交谈正常而深入地进行。其实最好的听的方式是，站在对方的立场去听，去反应，去认识，去理解，去记忆，因为这种听的方式，既能使听者全神贯注，又能较好地理解说话者的原意，使对方受到尊敬和鼓舞，愿意讲真话，说实话，并发展彼此友好的关系。

2. 聆听应注意的问题

除了听的方式外，在聆听对方谈话时还要注意以下几个方面。

（1）要选择一个安静的环境进行交谈，以减少外界噪声的干扰。

（2）要设法使交谈轻松自如，不要使对方感到拘束，同时消除心理上的障碍，不要预先存在想法，不可显示出不耐烦的样子，也不要过早地做出判断，因为过早表态往往会使谈话夭折。要少讲多听，不要随意打断对方。

（3）要注意谈话者的神态、表情等非语言传播手段，这些往往会透露出话外之意。

（4）要注意自己的身体语言。在他人讲话时，应尽可能地以柔和的目光注视着对方，以便与对方进行心灵上的交流与沟通。要学会用声音、动作去呼应，也就是说要随着说话的人情绪的变化伴以相应的表情。身体要稍稍倾向于说话人，面带微笑。在说话者谈到要点，或是其观点需要得到理解和支持时，应适时适量地点头，或是简洁地表明一下自己的态度。或通过一些简短的插话和提问，暗示对他的话确实感兴趣，或启发对方，以引起感兴趣的话题。这样做会使对方感受到无声的鼓励或赞许，可以赢得其好感。

二、公共关系语言中的说话礼仪

说话的艺术应该说是一门综合艺术，与人的知识修养、道德修养、审美修养、礼仪修养以及社会阅历、气质风度等有直接关系。

保持谦虚，三思后言。语言主要是在两个人间进行的，为了礼貌，任何人都不可能也不应该想怎么说就怎么说，必须顾及对方的情感和情绪，防止"祸从口出"，无意伤人，引起不必要的麻烦和矛盾。谦虚慎言，自我克制，不仅能满足对方的表现欲，还可以为自己提供机会，使自己显得更成熟、更稳重、更有涵养。切忌说话时把话说得太满、太绝、太俗、太硬、太横。

说话时应注意的事项：

（1）话题应尽量避开个人隐私和一些不宜在友好交谈中出现的事情。

（2）话题应尽量符合交谈双方的年龄、职业、思想、性格、心理等特点。例如，同是四十岁的女士，一位安于现状，不思进取；另一位不甘落后，仍在努力拼搏，你若在第一位女士面前夸奖第二位女士，肯定会引起第一位女士不快，谈话亦无法继续下去。

（3）应尽量寻找双方都感兴趣的话题，使谈话富有创新性和吸引力，始终在趣味盎然的氛围中进行。"道不同不相为谋"，志同道合是双方走到一起交谈的前提。

（4）再好的谈资也要看对象、分场合。一个关心国家政治、经济发展的人和一个只知道埋头做生意的人，大谈政治体制改革、经济发展格局，就好像对牛弹琴，丝毫不能引起共鸣，谈话也很难进行。

（5）适度幽默，轻松活泼。恩格斯说："幽默是具有智慧、教养和道德的优越感的表现。"幽默是智慧、爱心和灵感的结晶，是一个人良好修养的表现。日本心理学家多湖辉把幽默称作"语言的酵母"，创造出幽默，就创造出快乐及令人回味的思索。幽默能表现说话者的风度、素养，使人借助轻松活泼的气氛赢得对方的好感，完成公共关系任务。

(6) 控制声调、表情等因素。20世纪70年代，美国心理学家阿尔培特曾经通过研究给出了这样一个公式：友好合理的谈话 = 7% 的说话内容 + 38% 的声调 + 55% 的表情。的确，只有在说话时语调平静、音幅适中，音质柔和饱满，表情轻松自然，面带微笑，才会给人以客气、礼貌的感觉。例如"请"字，用不同的声调和表情来说，就会产生不同的感觉、不同的含义。

(7) 有勇气，适时说"不"。无论是人际交往，还是公共关系交往，有求必应是每个人都在追求的理想目标。但是，由于主客观条件的限制，事实上我们不可能有求必应。实际上，拒绝别人的思想观点、利益要求及行为表现的时候总是多于承诺、应允的机会。

第五节　通信礼仪

一、打电话

(1) 打电话前应有所准备，先考虑好通话的内容，准备需要的文件材料。如果要谈的内容比较多，可以先写下谈话的要点，避免遗漏，并准备好纸笔，记录对方谈话的重要内容。

(2) 打电话应当选择适宜的时间，若无急事，不要在早上七点以前和晚上十点以后打电话，并且应尽量避开午休和用餐时间。通话时间不宜过长，叙述要简明扼要，一般以 3~5 分钟为宜。

(3) 打电话时要使用"您好""请""谢谢""再见"等礼貌用语，态度温文尔雅。

(4) 打电话时礼貌和善意会通过电话传递给对方，说话时应面带微笑，声音愉快，语调温和，语速适中，口齿清晰，用音调和语言表达出诚恳和热情。

(5) 打完电话挂掉时要轻，如果与长辈、上级、客户等通话，应当等对方先挂电话之后再把电话放下。

(6) 打电话拨错电话号码时应向对方道歉。

二、接电话

(1) 电话铃响后应尽快接听，力争在铃响三声内拿起话筒。接电话时的第一句话应当是"您好"，如果在单位里则可以说"您好，××公司"，如果对方没有立即应答，可以主动询问"请问您找哪位通话？"或者"有什么可以帮助您？"等。

(2) 接电话时，应轻拿、轻放，仪态文雅庄重，态度热情，用语礼貌。通话过程中，可以不时轻声回应"嗯""是""对""好"等词语，让对方知道自己一直在倾听。

(3) 接听重要电话，应准备纸和笔，做好电话记录，记录完毕后向对方复述一遍以核对是否正确。

(4) 如果对方请你代转电话，你可以说"请稍等片刻"，然后迅速找人。如果对方指名接电话的人不在，可以说："抱歉，对方不在，需要我转告什么吗？"

(5) 若接到拨错号码的电话，应礼貌地告诉对方："您打错了，这里是××。"

三、使用手机的礼仪

（1）尽量不在电梯里、路口、公交车上等公共场合使用手机，如果确有必要，应该尽可能地压低声音并尽快结束通话。在需要保持安静的公共场所，如电影院、美术馆、音乐厅等，应当关机或使手机处于静音状态。

（2）在上课、开会、会见或其他重要活动期间，应当关机或使手机处于静音状态，以表示对他人的尊重。

（3）开车时、在飞机上以及油库周围，不允许使用手机，以免发生危险。

★案　例

小侯毕业后，投了几十份简历，才获得面试机会，这家公司是人力资源咨询公司，面试方法也与众不同，除了回答问题还在电脑上做了大约3个小时的测评题，面试结束后，让他们在两天之内等通知。小侯因为以前有过一年多的人力资源工作的经验，所以主管将他的名字列在录取名单中，等待与老板研究后再确定。第二天下午，心情急切的小侯打电话给公司说："公司录不录取我没关系，能否把测评结果给我？"接电话的主管愣了一下，和蔼地告诉他："测评结果只是公司用来选拔人才，不给个人。"小侯接着又补充了一句："录不录取我没有关系，我只想要测评结果，因为我测评了3个多小时呢！"放下电话，主管立即将录取名单取出，画掉了小侯的名字。

（资料来源：王文华，薛彦登．公共关系与商务礼仪［M］．北京：中国物资出版社，2010．）

第六节　商务礼仪

通常意义上的商务礼仪主要包括接待礼仪、宴请礼仪、集会礼仪、餐桌礼仪、乘车礼仪等。

一、接待礼仪

接待工作是公共关系人员日常工作的一项重要内容，要做好这项工作就要注意把握以下几点。

（一）办公室接待礼仪

公共关系部经常需要在办公室接待各种来访者，倾听他们的投诉，回答他们的咨询，解决他们的问题，或商量、讨论某些事宜。

对于来访者，无论是何人，首先应以微笑礼貌地表示欢迎，热情招呼来访者坐下，给来访者端上一杯热茶。然后委婉而迅速地了解清楚来访者的身份、来访目的和具体要求，以便决定接待的规格、程序和方式。

对于特别重要的来访者，应由公共关系部经理亲自出面接待并立即传报上级主管乃至最高负责人；按照客人的身份安排对等的接待者是必要的，但通常公共关系部经理被授权代表组织，甚至代表最高负责人出面接待，可适用于接待各种级别或不同层次的客人。

对于专业性较强的访问，公共关系部应立即与有关的专业技术部门联系，积极引荐有关方面的权威人士，并协助做好一切安排。

对于一般的顾客，应耐心地倾听他们的投诉，热情地回答他们的咨询，尽可能解决他们的实际问题，让他们带着满意的心情离去。

（二）迎送礼仪

公共关系接待工作的"善始善终"往往表现在车站、机场、码头的迎送环节上。迎送工作的有关事项如下：

1. 了解客人的基本资料

准确记住客人的名字、相貌特征（如事先有照片），弄清楚客人的身份、来访目的、与本组织的关系性质和程度，到达的时间，乘何种交通工具，以及其他背景材料。

2. 确定迎送规格

根据以上资料，结合本组织的具体情况，确定迎送规格。对较重要的客人，应安排身份相当、专业对口的人士出面迎送；亦可根据特殊需要或关系程度，安排比客人身份高的人士破格接待，或安排副职、助理出面。对于一般客人，由公共关系部派员迎送即可。

3. 做好迎送准备工作

比如，与有关交通部门联系，核实客人的班机或车船班次、时间；安排好迎送车辆；预先为客人准备好客房及膳食；如果对所迎接的客人不熟悉，需要准备一块迎客牌，写上"欢迎×××先生（小姐、女士）"以及本组织的名称；如需要，可准备好鲜花等。

4. 严格掌握和遵守时间

无论迎送，均需要提前15分钟赶到车站或机场迎候客人，要考虑到中途交通与天气原因，绝不能让客人在那里等你。如果你迟到了，无论怎样解释，都很难消除客人的不快和对你失职的印象。如送行时客人需办理托运或登机手续，可由公共关系部派员提前前往代办。

5. 迎接与介绍

接到客人后，立即表示欢迎或慰问，然后相互介绍。通常先将前来欢迎的人员介绍给来宾；或自我介绍，并递上名片。客人初到时一般较拘谨，应主动与客人寒暄，话题宜轻松自然，如询问客人的旅途情况，介绍当地的风土人情、气候特点、旅游特色，询问客人来访的活动安排、筹备情况、有关建议，以及客人可能关心的其他问题。除客人自提的随身小件行李外，应主动帮助客人提行李。

6. 妥善安排

客人抵达住地后，尽可能妥善安排，使客人感到宾至如归。如向客人提供活动的日程计划表、本地地图和旅游指南；向客人介绍餐厅用膳时间及主要的接待安排，了解客人的健康情况及特殊需要（如回程机票、车票、船票）；到达后不要马上安排活动，迎接人员不必久留，以便让客人更衣、休息和处理个人事务；分别前应该约好下次见面的时间及联系方式等。

二、宴请礼仪

为了表示欢迎、答谢、祝贺和融洽气氛，联络感情，公共关系部门常常要设宴招待客人。根据宴请目的，确定宴请规格、种类。宴请规格对礼仪效果的影响是十分明显的。

（一）宴请的种类和形式

宴请的种类和形式较多，以宴会、招待会、茶会、工作餐为主。

1. 宴会

宴会为正餐，分为国宴、正式宴会、便宴和家宴四种。按照举行的时间来分，宴会分为早宴、午宴、晚宴。一般情况下，晚宴和家宴最为隆重。

2. 招待会

招待会是指各种较为灵活的，不备正餐但备有食品和酒水饮料的宴请形式。招待会期间不排座位，宾客自由活动。常见的有冷餐会、酒会两种形式。

冷餐会，即自助餐。其特点是不排座位，菜肴以冷食为主，也可有热菜，供客人自取，客人可以自由活动，也可以多次取食，酒水可以放在桌上，也可由招待端送。冷餐会可在室内或庭院、花园等地举行。可设小桌、椅子自由入座，也可不设椅子站立进餐。举办时间在中午 12 时至下午 2 时或下午 5 时到下午 7 时。

酒会，又称鸡尾酒会。这种宴请形式活泼，便于广泛接触交谈。招待品以酒水为主，略备小吃。不设座椅，仅设桌，以便客人随意走动。酒会举行的时间亦较灵活，中午、下午或晚上均可。

3. 茶会

茶会是一种简单的招待形式。举行的时间多在上午 10 时或下午 4 时左右，以茶或咖啡招待客人。茶会通常设在客厅，而不在餐厅。厅内设茶几、座椅，不排座次。茶会对茶叶和茶具的选用应有所讲究，一般用陶瓷器皿，不用玻璃杯。

4. 工作餐

工作餐是现代交往中经常采用的一种非正式宴请形式，利用进餐时间，边吃边谈。这类活动一般只请与工作有关的人员。工作进餐按时间可分为工作早餐、工作午餐和工作晚餐。宴请的菜肴、程序从简，甚至采用快餐形式或由参加者各自付费。

（二）宴请的组织工作

一般来说，宴请的组织工作主要包括以下方面。

1. 确定宴请的目的、对象、范围与形式

（1）宴请目的。宴请的目的多种多样，既可以为某人，也可以为某件事。如为某人某团赴约谈判；为某展览、展销、订货会的开幕、闭幕；为某工程的破土与竣工等。总之，目的需要明确。

（2）对象。对象是指要明确主客双方的身份，即主宾双方身份要对等。

（3）范围。邀请范围是指请哪方面人士，哪一级别人士，请多少人；主人一方请什么人出陪，这要考虑宴请的性质、主宾身份、惯例等多方面因素，不能只顾一面。邀请范围确定后，就可草拟具体邀请名单。

（4）形式。采用何种形式，很大程度上取决于习惯做法，要根据习惯和需要选择宴请形式。目前，无论是国际或国内，礼宾工作都在简化。宴请的范围趋向偏小，形式更加简便，更注重实际效率和效果。酒会、冷餐会被广泛采用。

2. 确定宴请的时间、地点

宴请的时间对主、宾双方都应适宜。一般不要选择对方的重大节假日，有重要活动或有禁忌的日子。宴请时应先征求对方的意见，口头当面约定较方便，也可用电话联系。

对于宴请地点的选择，一般来说，正式、隆重的宴请活动应安排在高级宾馆大厦内举行。其他可按宴请的性质、规模大小、形式、主人意愿及实际可能而定。原则上选定的场所要能容纳全体人员。

3. 发出邀请及请柬格式

（1）发出邀请。各种宴请活动，一般都要发请柬，这既是一种礼貌，也是提醒客人备忘之用。请柬一般提前一至两周发出，有些时候还需要再提前，以便被邀人及早安排。

（2）请柬格式要求。请柬的内容包括活动形式、举行的时间、地点、主人的姓名。请柬行文不加标点，所提到的人名、单位名、节目名等都应用全称。中文请柬行文中不提被邀请人姓名，其姓名写在请柬封面上。请柬可以印刷也可以手写，但手写字迹要美观清晰。请柬信封上被邀请人的姓名、职务书写要准确。

4. 订菜

宴请的酒菜要根据宴请形式和规格及规定的预算标准而定。选菜不应以主人的爱好为准，主要应考虑主宾的爱好与禁忌。如果宴会上有个别人有特殊要求，也可以单独为其上菜。无论哪种宴请，事先都应列菜单，并征求主管负责人的同意。

宴请的菜肴一般较丰盛。如在中餐宴席上，除冷盘和甜点外，还有鸡、鸭、鱼、肉、虾等数道热菜，最后是汤、冷食和水果。一般都备有精致的菜谱，分别放在第一主人及第二主人的下手。上菜的先后应与菜谱相符。

中餐宴会菜肴的道数，不一定以主宾身份的高低而定。一般国宴在礼仪规格、场面上，虽然都十分宏伟壮观，但菜肴并不一定十分丰富。而往往一些企业间的互相宴请，其费用标准之高，菜肴道数之多，选料之精，往往是国宴无法相比的。

西餐宴请的菜肴与中餐不同。一般菜肴道数不多，其选料、丰盛程度及可口美味诸方面，实在无法与中餐相比。西餐一开始先喝汤，然后陆续上两三道菜，这些菜或是肉类与蔬菜搭配，或水产品（如鱼类）与蔬菜搭配，之后就是甜点、冷饮（如冰激凌）等。至于咖啡，可离席而饮。西餐常以生菜（即色拉）、奶酪配之。

5. 席位安排

正式宴会一般均排席位，也可只排部分人的席位，其他人只排桌次或自由入座，无论哪种做法，都要在入席前通知到每个入席者，现场还要有人引导。

按国际上的惯例，桌次的高低以离主桌位置远近而定，右高左低。同一桌上，席位高低以离主人远近而定。外国习惯男女穿插安排，以女主人为准，主宾在女主人右上方，主宾夫人在男主人右上方。我国则习惯按各人本身的职务排列，如夫人出席，通常把女方排在一起，即主宾坐男主人右上方，其夫人坐女主人右上方。

有关宴会座位具体安排，大致可分为下列几种情况：

(1) 圆桌。

如宴请只设一桌时,一般以设宴的房间正对着房门的一边为正席,排第一主人。正席的正对面为副席,排第二主人,也可排第一主人的夫人。与正席和副席成90°角的线上为两个侧席,右侧的为右侧席,排第三主人;左侧的为左侧席,排第四主人。

关于客人的排列法,一律按先右后左排列。在正席的右侧和左侧排第一客人夫妇;副席的右侧和左侧排第二客人夫妇;在右侧席的右侧和左侧排第三客人夫妇;在左侧席的右侧和左侧排第四客人夫妇。

如果未请宾客的夫人赴宴,则可将第一、二宾客,以先右后左的次序,排在正席两侧;将第三、四宾客排在副席的右侧和左侧,其余依次类推。

如果参加宴请的人数较多,可排多桌。如桌次多,第一桌称为主宾桌,人数可适当安排得多一些,十几人到二十几人均可。用大桌时,桌中央可以鲜花制篮填空。其他桌次以十人至十二人为好。多桌的正席,应面向主宾桌的正席(第一主人席)。排法也同圆桌的排法一样。在每桌上,应设置桌序牌,供来客按桌次与席次入座。桌序号的排法,除主宾桌外,自右向左,按二、三……依序排列。

(2) 长方桌。

要排席桌,常常根据房间的形状和席桌的形状而定。如举行宴请的房间是长方形的,也可将主宾全安排在一张长方桌上就座。其排法如下:

正席可安排在长方桌一顶端,也可安排在长方桌宽边的中央。

如果正席安排在长方桌顶端,则副席为长方桌的另一顶端。来宾与陪客按身份高低的礼宾顺序,仍以先右后左的次序,间隔地分别坐于第一主人和第二主人两侧。

如果正席安排在长方桌宽边的中央,则另一宽边中央为副席。来宾与陪宾也按礼宾顺序,以先右后左的顺序,间隔地分别坐于第一主人或第二主人两侧。

不论是圆桌还是长方桌,也不论是一桌还是多桌,一般将参加宴会的人的姓名与职称写在名签上,摆在每人应坐的桌前。

6. 现场布置

宴会厅、休息厅的布置取决于活动的形式、性质。官方的和其他正式的活动场所的布置应严肃、庄重、大方。不要用彩灯、霓虹灯装饰,可以少量点缀鲜花、刻花等。

宴会上可用圆桌、长桌或方桌。桌子之间距离要适当,各个座位之间距离要相等。

冷餐会常用方桌靠四周陈设,也可根据情况摆在房间中间。座位要略多于全体人数,以便客人自由就座。

酒会一般摆小圆桌或茶几,以便放花瓶、烟灰缸、干果、小吃等,也可在四周设些椅子供妇女和年迈体弱者用。

7. 宴请程序及现场工作

主人一般在门口迎接客人。主人与客人握手后,客人由工作人员引到休息厅,无休息厅可直接入宴会厅,但不入座。休息厅内应有相应身份的人员照料,由招待人员送饮料。

主宾到达后,由主人陪同进入休息厅与其他客人见面。如其他客人尚未到齐,可由其他迎宾人员代表主人在门口迎接。

主人陪同主宾进入宴会厅,全体客人就座,宴会即开始。吃完水果,主人与主宾起立,宴会即告结束。

主宾告辞，主人送至门口，主宾离去后，原迎宾人员顺序排列，与其他客人握别。

章后案例

某公司的业务员张先生晚饭时走进一家西餐厅就餐。服务员很快把饭菜端上来了。张先生拿起刀叉，使劲切割牛排，刀盘摩擦发出阵阵刺耳的响声，他将牛排切成一块块后，接着用叉子叉起，一大块一大块地塞进嘴里，狼吞虎咽，并将鸡骨、鱼刺吐于洁白的台布上。中途，张先生随意将刀叉并排往餐盘上一放，将餐巾撂在桌上，起身去了趟洗手间。回来后却发现饭菜已经被端走，餐桌也已收拾干净，服务员站在门口等着他结账。张先生非常生气，在那儿与服务员争吵起来。

（资料来源：王文华，薛彦登. 公共关系与商务礼仪［M］. 北京：中国物资出版社，2010.）

案例分析题：

请问到底谁做错了？为什么？正确的做法是什么？

思考题

1. 什么是公共关系礼仪？它的原则主要有哪些？
2. 公共关系人员的礼仪修养有哪些？
3. 公共关系人员的形象礼仪有哪些？
4. 公共关系商务礼仪包括哪些？

参考文献

[1] 黄昌年. 公共关系教程 [M]. 2版. 杭州：浙江大学出版社，2007.

[2] 蔡志刚. 公共关系原理与实务 [M]. 西安：西北工业大学出版社，2010.

[3] 张云强. 中国馆：东方之冠 鼎盛中华 [N]. 济南日报，2010-04-28（14）.

[4] 蔡国栋，周立群，滕威振. 互联网时代的公共关系 [M]. 北京：红旗出版社，2016.

[5] 张亚等. 公共关系与实务 [M]. 2版. 北京：科学出版社，2011.

[6] （美）弗雷泽·P. 西泰尔. 公共关系实务 [M]. 潘艳丽，吴秀云，译. 北京：清华大学出版社，2014.

[7] 范徽，潘红梅. 公共关系学组织形象管理的学问 [M]. 北京：高等教育出版社，2014.

[8] 牛海鹏. 公共关系 [M]. 北京：中国人民大学出版社，2011.

[9] 李道平. 公共关系学 [M]. 2版. 北京：高等教育出版社，2013.

[10] 赛来西·阿不都拉. 公关专题活动与经典案例 [M]. 杭州：浙江大学出版社，2014.

[11] 樊荣. 冰与火：王老吉营销风暴 [M]. 深圳：海天出版社，2009.

[12] 杨狄. 企业实用公共关系 [M]. 北京：中国建材工业出版社，2002.

[13] 陈洪涌. CIS策划教程 [M]. 上海：复旦大学出版社，2010.

[14] 周利红，王礼. CI设计 [M]. 长沙：中南大学出版社，2009.

[15] 姚斌，刘颖悟. CI设计 [M]. 北京：人民美术出版社，2010.

[16] 孙波. 国家名牌战略 [M]. 北京：中国质检出版社，中国标准出版社，2013.

[17] 张玉涛，张伟. 公共关系：理论、实务、案例、实训 [M]. 北京：中国传媒大学出版社，2015.

[18] 荣晓华. 公共关系：理论、实务、案例、实训 [M]. 北京：高等教育出版社，2010.

[19] 郑洁. 公共关系实训 [M]. 大连：东北财经大学出版社，2016.

[20] 朱晓杰. 公共关系理论与实训 [M]. 北京：清华大学出版社，2009.

[21] 王志敏. 公共关系理论与实务 [M]. 北京：北京大学出版社，2016.

[22] 李东，王伟东. 公共关系实务 [M]. 北京：北京大学出版社，2012.

[23] 段淳林. 公共关系学 [M]. 广州：华南理工大学出版社，2001.

[24] 刘用卿,段开军.公共关系学[M].重庆:重庆大学出版社,2003.

[25] 李道平.公共关系学[M].5版.北京:经济科学出版社,2014.

[26] 肖辉.实用公共关系学[M].北京:北京大学出版社,2001.

[27] 李温.中外公共关系案例分析[M].大连:大连理工大学出版社,1992.

[28] 王小春.公共关系学[M].北京:新华出版社,2002.

[29] 张百章,何伟祥.公共关系原理与实务[M].大连:东北财经大学出版社,2004.

[30] 李娅菲.试论公共关系中的语言沟通[J].云南行政学院学报,2013(1):80-83.

[31] 杨惠林.有效发挥公共关系传播中非语言的应用[J].湖北函授大学学报,2014(21):63-64,68.

[32] 赵晓明,杨晓梅.公共关系与公关礼仪[M].北京:科学出版社,2017.

[33] 周晓,宋常桐.公共关系与现代礼仪[M].3版.北京:清华大学出版社,2011.

[34] 宋常桐,耿燕.公共关系与现代礼仪教程[M].4版.北京:电子工业出版社,2013.